Massia Kaneman-Pougatch
professeur de français
à l'École de langue et de civilisation
françaises de Genève

Sandra Trevisi
professeur de français

Marcella Beacco di Giura
professeur de français
collaboratrice
au *Français dans le monde*

Dominique Jennepin
professeur de français
aux Cours de Civilisation Française
de la Sorbonne

Café Crème 1

Méthode de français

LANGENSCHEIDT
Berlin - München - Wien - Zürich - New York

Crédits photographiques

Diaf / A. Issler : 76 ; T. Jullien : 68 ; H. Gyssels : 158-2 ; Pratt-Pries : 159-3 ; C. Moirenc : 9, place des Ormeaux, Aix-en-Provence ; C. Moirenc : 45-1 ; B. Régent : 86 ; N. Wheeler : 159-2. **Editing** / Atger : 104 ; J.-F. Marin : 113 g. **Enguerand** / B. Enguerand : 96. **Explorer** / F Chazot : 159-4 ; C. Delpal : 66 ; P. Gleizes : 94 ; S. Grandadam : 142 h ; F. Jolain : 46-2 ; F. Pitchal : 121 bg ; P. Roy : 46-3. **Fotogram-Stone** / J.-F; Causse : 56 ; Chad Ehlers : 123, la Seine à Paris, au pied de Notre-Dame ; D. O'Clair : 18 ; P. Correz : 124 ; N. Giambi : 28, 112 ; M. Huser : 85, aire de loisirs à Créteil, en banlieue parisienne ; F. Ivaldi : 47, le Pont-neuf à Toulouse. **Gamma** / S. Assier : 125 ; A. Benainous : 12 b ; Kubacsi : 20 g ; Swersey : 20d. **Gamma Sports** / M. Dupont : 12 hd ; Roland Garros 1993 : 121 hg. **Hoa Qui** / Bravo J : 159-1 ; S. Grandadam : 159-5 ; D. Narbeburu : 4-3 ; C. Vaisse : 46, 4 ; Wolf-Alfred : 158-1. **Jerrican** / Aurel : 142 bg ; Denoyelle : 105 ; Diane : 84-3 ; Labat : 134 ; Langlois : 150 ; Lecourieux : 50 ; Lescour : 82-4 ; Lespinasse : 126, Montpellier ; Limier : 48 ; Nicaud : 84-1 ; Nicaud : 84-4 ; Nicolas : 84-2 ; Valls : 29. **Photo News** / Bolcina : 121 hd. **Pix** / 158-3 ; Alex : 74, 75, la gare de Bordeaux ; Beuve-Mery : 82-3 ; B. Chemin O. W. R. : 46-1 ; Delva : 36 ; D'Hérouville : 82-1 ; M. Dusart : 82-2 ; P. Gagey : 83 g ; R. Hemon : 133, Col de Vallonpierre, Champoléon ; J. Lebar : 83-1 ; J.P. Lescourret : 142 bd ; Riby : 132 ; C. Sarramon : 158-4 ; G.Tompkinson : 10 ; Trigalou : 84 b ; J.-L. de Zorzi : 143. **Réa** / S. Cuisset : 113 d. **Stills** / Pat-Arnal : 12 g ; Pat-Arnal-Geral : 121 h. **Top** / 122.

Interview F. Ardant, d'après *Arts et spectacles*, unité 13 ; *L'assassin habitait à côté*...unité 16 **DR**.

Nos sincères remerciements à Roland Eluerd qui a participé au projet.

Les différentes rubriques de l'ouvrage ont été plus particulièrement prises en charge par :
S. Trevisi pour « Découvertes », avec la collaboration de José Canelas.
D. Jennepin pour la « Grammaire ».
M. Kaneman-Pougatch pour « Paroles en liberté ».
M. Beacco di Giura pour la « Civilisation ».

Conseil en communication : Tout pour plaire
Conception graphique : Encore lui !
Réalisation : O'Leary
Photogravure : Nord Compo
Illustrations
- **Découvertes** : Catherine Beaumont
- **Boîte à outils** : Paul Woolfenden
- **Paroles en liberté** : Rémi Pépin
- **Cartographie, plans** : Laurent Rullier

Couverture : Encore lui !
Photo couverture : Fotogram Stone / Elies Carole

Redaktionelle Mitarbeit und Betreuung : Annie Faugère, Langenscheidt.

ISBN : 3-468-**45534** - 8

EAN : 300.201150073-6. Collection n° 44. Code de référence : 15.5016.9. Code tiers : 9007. Édition 01

Vorwort

CAFÉ CRÈME schafft die Voraussetzungen für ein erwachsenengerechtes, motivierendes, zügiges Lernen. Hauptmerkmal ist die durchgängige Transparenz, die es Kursteilnehmer und Kursleiter gleichermaßen erlaubt, jederzeit alle Arbeitsabläufe nachzuvollziehen.

CAFÉ CRÈME bietet sprachlich einfache, inhaltlich jedoch anregende Texte, die von Anfang an die Kursmitglieder mit Erfolgserlebnissen zum Weiterlernen ermuntern.

CAFÉ CRÈME ist in Frankreich entstanden unter Mitwirkung deutschsprachiger Berater, die vor allem auf eine durchdachte grammatische Progression geachtet haben.

CAFÉ CRÈME vermittelt im vorliegenden ersten Band die sprachlichen Kenntnisse und das kulturelle Grundwissen, die notwendig sind zur Bewältigung von einfachen Alltagssituationen.

Der erste Band besteht aus vier Kapitelblöcken, die jeweils einer der folgenden Kategorien zugeordnet sind: Informieren *(Partie 1)*, Argumentieren *(Partie 2)*, Erklären *(Partie 3)*, Erzählen *(Partie 4)*. Jeder Kapitelblock zählt vier gleich lange **Unités**, die entsprechend den Hauptarbeitsphasen alle nach dem gleichen dreiteiligen Muster aufgebaut sind:

- **Découvertes**: Auf drei Seiten werden drei oder vier Dokumente (darunter immer ein Hörtext) angeboten. Nach einer kurzen Übung zum Globalverstehen wird die Aufmerksamkeit auf den jeweils sprachlichen Hauptaspekt des Textes gelenkt. Hypothesen werden aufgestellt, um anschließend den neuen Lernstoff in einfachen Übungen anzuwenden.
- **Boîte à outils**: Auf drei Seiten werden Wortschatz und neue Strukturen aus dem Découvertes-Teil erklärt, ergänzt, systematisiert und geübt.
- **Paroles en liberté**: Die zwei letzten Seiten der *Unité* legen den Schwerpunkt auf den mündlichen Ausdruck. Im Mittelpunkt steht ein Hörtext in Form einer spannenden Fortsetzungsgeschichte. Im Anschluß an den abgedruckten Hörverstehenstext werden Verständnisfragen und Übungen zur Aussprache angeboten. In leicht gelenkten Rollenspielen können schließlich die Lernenden eigene Vorstellungen in lebensnahen Situationen mündlich und schriftlich frei ausdrücken.

Durch die vier **Bilans** lassen sich Lernfortschritte und auch eventuelle Schwierigkeiten schnell feststellen.

Gesonderte **Civilisation**-Seiten runden die Kapitel mit zusätzlichen Informationen zur Landeskunde ab.

Im Anhang finden sich eine **Grammatikübersicht** mit deutschen Erklärungen sowie ein alphabetisches zweisprachiges **Register** mit den wichtigsten Wörtern aus dem vorliegenden ersten Band. Auf der letzten Seite befindet sich eine zweisprachige Übersicht über die wichtigsten Wörter und Redewendungen, die im Kursraum auf Französisch benutzt werden.

Das deutsche Arbeitsbuch ist eine wichtige Ergänzung: Die im Lehrbuch vermittelten Inhalte werden dort gefestigt und vertieft. Dabei werden die spezifischen Bedürfnisse deutschsprachiger Lernender besonders berücksichtigt. Deutsche Arbeitsanweisungen und Erklärungen, ein Lösungsschlüssel und ein zweisprachiger Lektionswortschatz geben Sicherheit und ermöglichen ein selbständiges Arbeiten zu Hause. Das Arbeitsbuch kann auch erfolgreich im Unterricht eingesetzt werden.

Autoren und Verlag wünschen allen Benutzern des Lehrwerks CAFÉ CRÈME einen abwechslungs- und erfolgreichen Unterricht!

Inhaltsübersicht

Partie		Themen	Kommunikative Schwerpunkte	Wortschatz	Grammatische Strukturen
PARTIE 1 : BONJOUR...	**Bienvenue**	Begrüßung	• sich vorstellen	• Unterrichtsvokabular	• *je m'appelle...*
	UNITÉ 1 **Préférences**	Geschmack und Vorlieben	• seine Meinung äußern • sagen, was man mag und nicht mag • jdn nach seinen Vorlieben fragen • *tu* oder *vous*	• Vorlieben: Freizeitbeschäftigung, Transport • *aimer/préférer* + Substantiv/Infinitiv	• Bejahung, Verneinung • Fragestellung • *moi, toi, vous* • Verben auf -er: *je, tu, vous* • Best. Artikel *le, la, l', les* • Plural des Substantivs
	UNITÉ 2 **Portraits**	Angaben zur Person	• seinen Namen, seine Staatsangehörigkeit, seinen Beruf angeben und danach fragen • ein Formular ausfüllen	• Berufsbezeichnungen • Ländernamen und Nationalitätsadjektive • Zahlen (I)	• Fragestellung • *être*, Verben auf -er • *être* + Nationalität • *être* + Beruf • Unbest. Artikel *un, une, des*
	UNITÉ 3 **Moi et les autres**	Begegnung, Begrüßung	• jdn begrüßen, jdn vorstellen • nach dem Alter fragen und darauf antworten • über das Wetter reden	• Begrüßungsformeln • Wochentage, Jahreszeiten, Monate • Zahlen (II) • Familie, Verwandte	• *avoir* • Possessivpronomen (I) • *de* + best. Artikel • Frage mit *qui, qui est-ce* • *c'est...*
	UNITÉ 4 **Carnet d'adresses**	Ort und Zeit einer Verabredung	• sich verabreden: anrufen, um Ort und Zeit festzulegen • Adresse erfragen, Adresse angeben	• Uhr- und Tageszeit	• Possessivpronomen (II) • Frage mit *où, quand* • *à* + best. Artikel • Imperativ (Verben auf -er) • *aller, prendre*
	CIVILISATION	**ESPACES**			
PARTIE 2 : À MON AVIS...	***UNITÉ 5*** **La pause de midi**	Essen und Trinken, Restaurant	• im Restaurant • jdn nach Hause einladen • Vorschläge machen	• Mengenangaben • Mahlzeiten	• Teilungsartikel: *du, de la, de l', des* • *pas de* • *boire, venir, manger* • Frage mit *quel* • *moi, toi, lui, elle* • *il y a* • *on = nous*
	UNITÉ 6 **Sport et santé**	Wohlbefinden und Gesundheit	• Unwohlsein beschreiben • einen Arzt besuchen • jdm etwas raten, empfehlen; etwas anordnen	• Menschlicher Körper • Sportarten • Mengenangaben	• *faire, dire* • Passé composé mit *avoir* • Frage mit *combien de* • Pronomen *en* • *il faut* + Infinitiv
	UNITÉ 7 **De toutes les couleurs**	Mode und Kleidung	• etwas empfehlen • seine Meinung äußern • etwas kaufen • sich räumlich orientieren	• Farben • Kleidung • Ortsangaben	• Demonstrativpronomen: *ce, cet, cette, ces* • Mengenadverbien: *beaucoup, très, peu, trop, assez* • *je pense que* • *acheter, payer, finir, choisir* • Ordinalzahlen
	UNITÉ 8 **Un aller-retour**	Ferien, Reisen	• mit dem Zug fahren • Ferien	• Ferienbeschäftigung • Wortfeld: Zeit (*souvent, rarement, la semaine dernière, en retard, en avance, à l'heure* etc.)	• Passé composé mit *être* • *partir, descendre, vouloir, pouvoir, devoir* • Adjektive: Stellung, Femininum, Farbadjektive
	CIVILISATION	**COULEURS**			

Inhaltsübersicht

	Themen	Kommunikative Schwerpunkte	Wortschatz	Grammatische Strukturen
PARTIE 3 : DIS POURQUOI...				
UNITÉ 9 **Au travail !**	Berufsleben	• angegebene Gründe in einem Text verstehen • auf Grund eines Stellenangebots Fragen stellen und Angaben machen	• Berufserfahrung • berufliche Laufbahn	• Frage mit *pourquoi* • *à cause de, parce que* • Komparativ des Adjektivs • Präpositionen für Zeitangaben und vor Ländernamen
UNITÉ 10 **En famille**	Die Familie	• einen informativen Text verstehen • etwas erklären, Erklärungen verstehen • über den Tagesablauf sprechen	• *jouer à/ faire de* • Antonyme: Adjektive und Verben	• Direkte Objektpronomen: • *le, la, l',les* • Verb + *de/à/-* + Infinitiv
UNITÉ 11 **Autour d'un verre**	Das *Café* als Ort der Begegnung	• einem Text Informationen entnehmen • etwas beurteilen • um einen Rat bitten, einen Rat geben • Absichten äußern	• *quelqu'un quelque chose* • *ne… personne/, ne… rien* • Wortfeld: Meinungsäußerung	• Indirekte Objektpronomen *lui, leur* • *plaire, écrire, vivre, envoyer* • *aller* + Infinitiv • Superlativ des Adjektivs
UNITÉ 12 **Embouteillages**	Transportmittel und Verkehr	• einen informativen Text schreiben/ verstehen • sich entschuldigen, sich rechtfertigen	• Gebäude in einer Stadt • Wortfeld: zeitliche Abfolge • sich entschuldigen	• Futur • Verneinung • Frage: Präposition + *qui* • *savoir*
CIVILISATION	**RYTHMES DE VIE**			
PARTIE 4 : ALORS, RACONTE...				
UNITÉ 13 **Souvenirs d'enfance**	Erlebnisse	• Von sich selbst, von Vergangenem erzählen	• Wortfeld: Empfindung, Gefühle	• Imparfait • Imparfait/Passé composé • *il y a* • Zeitangabe: Satz mit *quand* • *connaître*
UNITÉ 14 **Histoires vraies**	Privatleben	• Von eigenen Erfahrungen erzählen	• Freizeitbeschäftigung • Beschreibung einer Wohnung	• Reflexive Verben • *venir de* + Infinitiv • *être en train de* • Zeitangabe: *depuis* • Relativpronomen *qui*
UNITÉ 15 **Une journée à Paris**	Tagesablauf eines Touristen	• Wegbeschreibung • über seinen Wohnort sprechen	• Baudenkmäler • Ortsangaben • Angabe von Breite, Länge, Höhe	• Pronomen *y* und *en* • *bien/mieux* • *bon/meilleur* • *oui* und *si*
UNITÉ 16 **Dénouement**	Kriminalgeschichte	• eine Geschichte (in der Vergangenheit) erzählen	• Personenbeschreibung • Ortsbeschreibung • Wortfeld: zeitliche Abfolge in einer Geschichte	• *apercevoir, croire* • Pluralbildung der Substantive • Wiederholung: Vergangenheitszeiten, Objektpronomen
CIVILISATION	**PARIS, CAPITALE**			
Anhang	Transkription der Hörtexte Grammatikübersicht Wortschatzregister Unterrichtssprache Französisch			

Bienvenue !

1 *Bonjour !*

1 Vous vous appelez comment ?
Présentez-vous et dites votre nom.

2 *Comment allez-vous ?*

À VOUS ! **2 Écoutez et répétez.**

VOCABULAIRE

EN CLASSE DE FRANÇAIS…

À VOUS ! **1** **À deux, écoutez et répétez.**

GRAMMAIRE

JE M'APPELLE…

Je m'appelle Jean.	Je suis étudiant.
Je m'appelle Corinne.	Je suis étudiante.

1 Complétez.

Je m'appelle Éric Martin.
Je suis professeur.

Je m'appellle Corinne.
…Je suis étudiante

Je m'appelle Jean.
Je suis étudiant

PRÉSENTATIONS

DIALOGUE A

Kyoko et Thierry sortent de l'université.

THIERRY : Salut ! Je m'appelle Thierry.
KYOKO : Et moi Kyoko.
THIERRY : Tu es japonaise ?
KYOKO : Oui.
THIERRY : Tu es étudiante ?
KYOKO : Oui, j'apprends le français. Mais à Tokyo, je suis journaliste.

DIALOGUE B

KYOKO : Bonjour !
TOUS Bonjour !
KYOKO : Excusez-moi. Je m'appelle Kyoko. Je suis journaliste.
TOUS Enchanté !
KYOKO : Monsieur s'il-vous-plaît ! Un café crème ! Vous êtes français ?
JACQUES : Oui, oui ! Je m'appelle Jacques Mistral et je suis architecte à Aix-en-Provence.
MARTINE : Et moi, j'habite à Toulouse. Je m'appelle Martine Cazenave.
JOSEPH : Et moi, je suis Joseph.
KYOKO : Et vous êtes ?
JOSEPH : Je suis chauffeur de taxi à Paris.
KYOKO : Et vous, madame, vous êtes française ?
LILIANE : Non. J'habite à Genève et je m'appelle Liliane.
KYOKO : Et vous monsieur ?
TOUS : Chuuut !

Écoutez

❶ Dialogue A : Vrai ou faux ?

1. Thierry est journaliste.
étudiant.

2. Kyoko est japonaise.
française.

❷ Dialogue B : Vrai ou faux ?

1. Jacques est chauffeur de taxi.
journaliste.
architecte.

2. Jacques habite à Toulouse.
à Paris.
à Aix-en-Provence.

Observez et répétez

▶ **Les mélodies**

❸ Écoutez et répétez.

Salut !

Bonjour !

Chut !

Exprimez-vous

À VOUS ! **❹ À deux présentez-vous.**

Partie 1

Bonjour...

UNITÉ 1

Préférences

Savoir-faire
- exprimer une appréciation
- dire ce que l'on aime, ce que l'on n'aime pas
- demander à quelqu'un ce qu'il aime
- *tu* ou *vous*

Vocabulaire
- les goûts : sport, spectacle, transport
- aimer, préférer

Grammaire
- phrase affirmative et négative
- l'interrogation
- *moi, toi, vous*
- verbes en *-er* : *je, tu, vous*
- articles définis : *le, la, les*
- pluriel des noms

J'aime… Je n'aime pas…

J'aime le soleil.
J'aime le jazz.
J'adore Éléonore.
J'aime les aéroports.

J'aime les cafés
Et Paris au mois de mai…

Je n'aime pas Nicole.
Je n'aime pas l'école.
J'aime Arthur.
J'aime la peinture.

J'aime les cafés
Et Paris au mois de mai…

1 **Écoutez et lisez la chanson.**
Repérez les mots que vous connaissez.

J'aime le jazz.
Je n'aime pas l'école.

❷ Oui ou non ? Regardez le tableau.

– *Vous aimez le cinéma ? la danse ?*
– *Oui, j'aime le cinéma. Non, je n'aime pas la danse.*

Continuez.

❸ Lisez la chanson et regardez le tableau. Classez les mots.

le	la	l'	les
soleil	*peinture*	…	..
…	…	…	…

« Tu » ou « vous » ?

1 – Eh, Nicole ! Tu aimes le tennis ?
– Oh oui ! J'aime le tennis.

2 – Arthur, tu aimes la musique, toi ?
– Oui, moi, j'aime la musique et la danse.

3 – Et vous, madame, vous aimez la télévision ?
– Non, monsieur, je n'aime pas la télévision.

4 – Et toi, Arthur, tu aimes le jazz ?
– Non, je n'aime pas le jazz. Moi, j'adore le rock.

5 – Et vous, monsieur, vous aimez les aéroports ?
– Les aéroports ? Non, je n'aime pas les aéroports.

– Et toi, Arthur, tu aimes le jazz ?
– Moi, j'adore le rock.
– Et vous, monsieur, vous aimez…

❹ Écoutez les dialogues. Repérez « tu » et « vous ».

	Tu	Vous
dialogue 1	X	…
dialogue 2	…	…
dialogue 3	…	
dialogue 4		
dialogue 5		

❺ Complétez les dialogues.

– *Tu aimes la musique, toi ?*
– *Oui, moi, j'aime la musique.*
– *Et vous, madame, vous aimez la télévision ?*

1. – Et …, Arthur, … aimes le cinéma ?
– Oui, … … aime le cinéma.

2. – Et …, madame, … … le rock ?
– Ah non, … … n'aime pas le rock !

3. – … … la peinture, monsieur ?
– Oui, … … adore la peinture.

4. – Nicole, … … la danse ?
– Non, …, … adore la musique.

3 Génial !

6 Regardez, lisez et faites des commentaires.

C'est... !

Ce n'est pas... !

4 Portraits

1. J'aime le tennis.
J'aime la musique. Noah
J'aime danser.
C'est génial !

2. Je n'aime pas rêver.
Je n'aime pas les villes.
J'adore la mer. Cousteau
C'est beau !

3. J'aime le cinéma.
J'adore les parfums.
J'aime voyager. Binoche
C'est magnifique !

a

b

c

7 Qui est-ce qui parle ?
Associez le texte et la photo.

8 Pensez à un personnage célèbre.
Relisez le texte et écrivez un petit texte.

« J'aime... Je n'aime pas... J'adore... C'est... »

VOCABULAIRE

1 Classez les verbes et les adjectifs.

j'aime - je déteste - je préfère - j'adore - je n'aime pas - c'est magnifique - c'est génial - ce n'est pas beau - c'est horrible - c'est beau

verbes : *je déteste* .... *je préfère*
– ←——————→ +
adjectifs : *c'est horrible* ...... *c'est génial*
– ←——————→ +

2 Classez les noms.

La voiture, le ski, la boxe, le train, la marche, le cinéma, l'avion, le foot, le théâtre, le judo, la danse, l'opéra, la télévision, le tennis, le vélo.

les spectacles	les sports	les transports
...	...	*la voiture*
...	...	...

3 Formez des mots.
Regardez l'exemple, puis trouvez les noms.

danser ➜ *la danse*

danser	voyager	marcher	rêver
la danse	le voyage	la marche	le rêve

4 Associez les mots.

Moi, je n'aime pas la voiture, je préfère marcher.

Et vous ? Continuez.

Je n'aime pas	*le foot,*	*je préfère*	*voyager*
	marcher		danser
	regarder la télévision		rêver
	le théâtre		l'avion
	la voiture		le tennis
	le train		le cinéma
	...		....

5 Écoutez et complétez.

– Vous ... la danse ?
– Oh oui ! ... danser.
– Et la musique ?
– ... le jazz.
– Et le rock, ... ?
– Non, ... le rock.
– Vous ... le rock, c'est bizarre.

L'alphabet a b c d e f g h i j k l m n o p q r s t u v w x y z

accent aigu	(´)	é
accent grave	(`)	à, è
accent circonflexe	(^)	ê

6 Écoutez et répétez les lettres de l'alphabet.

7 1. Épelez votre nom.
2. À deux, épelez et écrivez vos noms.

GRAMMAIRE

CONJUGAISON : LES VERBES EN -ER

aimer	regarder	danser
J'aim**e**	Je regard**e**	Je dans**e**
Tu aim**es**	Tu regard**es**	Tu dans**es**
Vous aim**ez**	Vous regard**ez**	Vous dans**ez**

Devant une voyelle, **je** devient **j'** : ***J'****aime*.

- **Préférer** prend un accent grave quand on n'entend pas la terminaison :

*Vous préf****é****rez, je préf****è****re, tu préf****è****res.*

L'INTERROGATION

affirmation	interrogation
Tu aimes la danse.	Tu aimes la danse ?

- Pour poser une question, on change l'intonation.
- On utilise aussi **est-ce que** :

Est-ce que *tu aimes la danse ?*

1 Complétez les verbes.

1. – Vous dans... le rock ?
– Oh oui ! j'aim... danser.
2. – Vous aim... l'avion ?
– Non, je détest... l'avion.
3. – Tu aim... le jazz ?
– Oh oui, et j'ador... le rock !
4. – Tu écout... la musique ?
– Non, je regard... la télévision.

LA NÉGATION

forme affirmative	forme négative
J'aime le jazz.	Je **n'**aime **pas** le rock.
Tu aimes le cinéma.	Tu **n'**aimes **pas** le théâtre.
Vous regardez les photos.	Vous **ne** regardez **pas** la télévision.
C'est génial !	Ce **n'**est **pas** beau.

Devant une voyelle, **ne** devient **n'** :
Je ***n'****aime pas.*

3 Écoutez. Est-ce que vous entendez :
1. une affirmation,
2. une question par intonation,
3. une question avec « est-ce que » ?

	1	2	3	4	5	6	7	8	9	10
affirmation										
question par intonation										
question avec « est-ce que » ?										

2 Transformez comme dans l'exemple.

Je déteste l'avion.
→ *Je n'aime pas l'avion.*

1. Vous détestez les voitures.
2. Tu détestes danser.
3. Je déteste les parfums.
4. Tu détestes la boxe.
5. Vous détestez regarder la télévision.

4 Trouvez la question.

1. – Madame, ... ?
– Oh oui, j'aime le tennis.
2. – Et toi, André, ... ?
– Non, je n'aime pas regarder la télévision.
3. – Monsieur, ... ?
– Non, je déteste la boxe.
4. – Toi, ... ?
– Oui, j'adore le jazz.

GRAMMAIRE

LE NOM

	singulier	**pluriel**
	le train	les train**s**
	la voiture	les voiture**s**
	l'avion	les avion**s**

- À l'écrit, le nom prend un **s** au pluriel.

En général, il n'y a pas d'article devant les noms propres : *J'aime Paris, j'aime Arthur.*

L'ARTICLE DÉFINI : LE, LA, LES

	masculin	**féminin**
singulier	**le** **le** train **l'**avion	**la** **la** voiture **l'**activité
pluriel	**les** **les** trains **les** avions	**les** **les** voitures **les** activités

Devant une voyelle, **le** et **la** deviennent **l'** : ***L'****avion,* ***l'****activité.*

5 Complétez avec l'article défini.

1. J'aime … école, … rock, … jazz et … théâtre.
2. J'adore … sport et … voitures.
3. Tu n'aimes pas … danse.
4. Tu détestes … avion. Tu préfères … train.
5. Tu aimes … opéra et … cinéma.

6 Écoutez et complétez.

– Vous aimez … ?
– Oh ! Oui, j'adore …
– Et la musique ?
– J'aime …
– Et le rock, vous aimez ?
– Non, … le rock.
– Vous n'aimez pas le rock ! C'est …

7 Chassez l'intrus.

1. J'aime, j'adore, je préfère, je n'aime pas, les cafés.
2. Les aéroports, la peinture, l'école, je préfère, le soleil.

8 Qu'est-ce qu'elle aime ? Qu'est-ce qu'il déteste ?

Elle aime

Il déteste

BIZARRE !

DIALOGUE

Dans un bureau d'architectes à Aix-en-Provence.

LA SECRÉTAIRE : Madame Lamy ! Pour la conférence de Bruxelles, vous préférez l'avion ou le TGV* ?

ANNIE : Oh moi, le TGV j'aime bien ! C'est rapide et confortable. L'avion, je déteste !

LA SECRÉTAIRE : Très bien ! Voilà le courrier, monsieur Mistral !

JACQUES : Merci !

ANNIE : Hé ! Jacques ! regarde le message !

JACQUES : Hein ?

ANNIE : Écoute, écoute !

> *Salut, Jacques,*
> *Tu aimes toujours jouer ?*
> *À bientôt !*
> *P.*

JACQUES : Jouer ! Mais je déteste jouer !

ANNIE : P. ! C'est bizarre, non ?

*TGV : Train à Grande Vitesse.

Écoutez

1 Vrai ou faux ?

1. Pour la conférence de Bruxelles, Annie Lamy préfère l'avion.
2. Le TGV, c'est rapide.
3. Annie écoute le message.
4. Jacques adore jouer.
5. Le message est bizarre.

2 « Tu » ou « vous » ? Réécoutez le dialogue.

1. La secrétaire dit *vous* à Jacques Mistral.
2. La secrétaire dit … à Annie Lamy.
3. Annie dit … à Jacques.
4. P. dit … à Jacques.

Observez et répétez

▶ Les rythmes

3 Écoutez et répétez.

C'est ra pide

C'est con for table

J'aime le TGV

Le rythme est régulier. Le « e » final ne se prononce pas.

4 Répondez aux questions.

1. Tu aimes danser ?
2. Tu préfères le train ?
3. Tu aimes jouer ?

▶ Les mélodies

5 **Écoutez et répétez.**

– Vous préférez l'avion ?

– Non, j'aime le train.

– Est-ce que vous aimez jouer ?

– Moi ?

– Non, je déteste jouer.

Question : la voix monte.
Affirmation : la voix descend.

6 **Trouvez les questions.**

1. – … ?
– Oui, je déteste la boxe.

2. – … ?
– Moi ? J'adore la musique.

3. – … ?
– Oui, c'est bizarre.

Exprimez-vous

À VOUS ! **7** **À deux, jouez la scène :**

1. entre la secrétaire et Annie ;
2. entre Annie et Jacques.

À VOUS ! **8** **Un journaliste interviewe Jacques Mistral.**
À deux, préparez les questions et les réponses, puis jouez la scène.

Jacques Mistral aime la musique : il préfère l'opéra. Il aime écouter Luciano Pavarotti et Barbara Hendricks. Il adore Verdi et Mozart. Il déteste le rock…

9 **Jouez.**

j'aime	*je déteste*
…	*la boxe*
…	…

1. Faites une liste.
2. Échangez les listes entre vous.
3. Devinez l'auteur de la liste.

UNITÉ 2

Savoir-faire
- dire son nom, sa nationalité, sa profession
- demander à quelqu'un son identité
- remplir une fiche

Vocabulaire
- noms de métiers et lieux de travail
- adjectifs de nationalité
- chiffres et nombres

Grammaire
- l'interrogation
- verbe *être* + adjectif de nationalité
- *être* + nom de profession
- conjugaisons : *être*, verbes en *-er*
- articles indéfinis : *un, une, des*

Portraits

Le champion est infirmier

LE REPORTER : Attention ! Ils arrivent. Oh là là ! Formidable ! Formidable ! Le champion, c'est le ... le champion, c'est le numéro 8 ! Bravo ! Bravo, monsieur ! Bravo !
JEAN LAPIERRE : Merci.
LE REPORTER : Vous vous appelez comment ?
JEAN LAPIERRE : Je m'appelle Jean Lapierre.
LE REPORTER : Alors, vous aimez le sport ?
JEAN LAPIERRE : Oui, j'adore le sport.
LE REPORTER : Qu'est-ce que vous faites dans la vie ?
JEAN LAPIERRE : Je suis infirmier dans un hôpital à Paris.
LE REPORTER : Et vous habitez où ?
JEAN LAPIERRE : À Paris.
LE REPORTER : Et vous, mademoiselle, vous vous appelez Dumas ?
FLORENCE DUMAS : Oui, je suis Florence Dumas.
LE REPORTER : Et qu'est-ce que vous faites dans la vie ?
FLORENCE DUMAS : Je suis pilote.

– Vous vous appelez comment ?
– Vous vous appelez Dumas ?
– Je m'appelle...
– Oui, je suis...
– Qu'est-ce que vous faites dans la vie?
– Je suis...

1 Écoutez. Vrai ou faux ?

1. Jean Lapierre est pilote. ...
2. Jean Lapierre n'aime pas le sport. ...
3. Jean Lapierre est infirmier. ...
4. Florence Dumas est pilote. ...

2 Faites parler J. Lapierre et F. Dumas.

	Jean Lapierre.
Je m'appelle	infirmier.
Je suis	pilote.
	Florence.

2 Des chiffres et des nombres

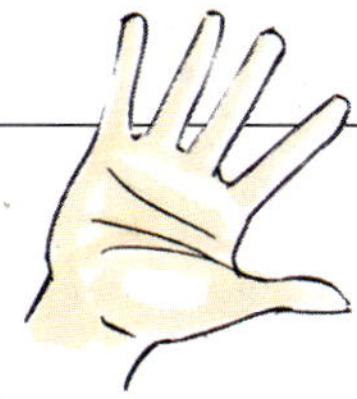

1	2	3	4	5
un	deux	trois	quatre	cinq
6	7	8	9	10
six	sept	huit	neuf	dix

100	200	300	400	500
cent	deux cents	trois cents	quatre cents	cinq cents
600	700	800	900	
six cents	sept cents	huit cents	neuf cents	

1000	2 000	3 000	10 000	100 000
mille	deux mille	trois mille	dix mille	cent mille

3 **Écoutez et lisez les nombres.**

4 **Écoutez et répétez les nombres.**

5 **Écoutez et écrivez les nombres en chiffres.**

6 **Dans cette grille, trouvez les nombres de un à dix. Un nombre manque : à vous de le trouver.**

C	E	V	A	T	N	E	U	N	I
I	I	E	S	I	R	T	F	N	F
N	H	D	I	X	L	R	M	V	H
Q	S	V	C	G	W	O	P	Q	U
R	D	E	U	X	Y	I	K	C	I
B	X	J	N	M	N	S	O	R	T
G	A	C	H	Z	T	F	I	S	S
S	I	X	T	O	G	L	O	V	F
A	T	P	L	Q	U	A	T	R	E
N	E	U	F	G	S	V	B	C	D

3 Grand Marathon

LE JOURNAL DES SPORTS

DEUX CHAMPIONS : UNE FEMME PILOTE ET UN INFIRMIER

3 000 coureurs à Paris.
Ils habitent à Paris, à Rome, à Tokyo, à New York, à Londres...
Ils travaillent.
Ils sont étudiants, professeurs, informaticiens, infirmiers, techniciens...

Classement

Hommes
1. LAPIERRE Jean, Paris, France
2. DOMINGOS Carlos, Lisbonne, Portugal
3. VENTURI Lorenzo, Rome, Italie

Femmes
1. DUMAS Florence, Genève, Suisse
2. VILLENEUVE Céline, Montréal, Canada
3. TAKABE Kayoko, Tokyo, Japon

Jean Lapierre est infirmier dans un hôpital. Il habite à Paris. Il aime le sport et la musique.

Florence Dumas travaille à Genève. Elle est pilote. Elle aime la danse.

7 Lisez l'article du journal et repérez :

les villes	les pays	les métiers
Paris	*France*	*infirmier*
...	...	...

Florence Dumas travaille à Genève. Elle est pilote.
Il habite à Paris.
Il est infirmier.
Ils habitent à Paris.
Ils sont étudiants.

8 Complétez les portraits des coureurs avec les formes verbales : adore, aime, est, sont, travaille, habite, habitent.

Kayoko … à Tokyo. Elle … professeur. Elle … le cinéma et la musique.
Lorenzo … à Rome. Il … technicien. Il … le sport et le théâtre.
Jean et Yves … informaticiens. Ils … à Paris. Jean … le rock et Yves … le jazz.

À VOUS ! **9 Le reporter interviewe un coureur. Relisez le dialogue p. 18. À deux, préparez les questions et les réponses, puis jouez la scène.**

VOCABULAIRE

1 Mettez ensemble les noms de pays et les adjectifs de nationalité.

Les nationalités

japonais / japonaise
suisse / suisse
espagnol / espagnole
italien / italienne
canadien / canadienne
coréen / coréenne
portugais / portugaise
grec / grecque
anglais / anglaise
belge / belge
suédois / suédoise
marocain / marocaine
allemand / allemande
autrichien / autrichienne

Les pays

L'Allemagne, l'Angleterre, l'Autriche, la Belgique, le Canada, la Corée, l'Espagne, la Grèce, l'Italie, le Japon, le Portugal, la Suède, la Suisse.

2 Dites votre nationalité.

3 1. Écoutez et complétez.

– Vous vous appelez comment ?
– Sophie.
– Vous êtes … ?
– Non, je suis … .
– Et toi, tu es … ?
– Non, monsieur, je suis … .
– Et vous, madame, vous êtes … ?
– Je ne comprends pas !
– Vous êtes … ? … ? … ?
– … .
– Madame est … ! C'est très bien.

2. Récrivez le dialogue avec un nom masculin.

– *Vous vous appelez comment ?*
– *Philippe.*
…
– *Et vous, monsieur, vous êtes…*

4 Classez les noms de profession dans le tableau.

Un médecin, un professeur, un étudiant, un cuisinier, un infirmier, un caissier, un vendeur, un ingénieur, un acteur, un serveur, un musicien.

une université *un professeur*	un restaurant …	un hôpital …
une usine …	un grand magasin …	un théâtre …

5 Remplissez la fiche d'inscription du champion Jean Lapierre.

Fiche d'inscription

Nom : Lapierre

Prénom : Jean

Profession : infirmier

Nationalité : français

Ville : Paris

À VOUS ! **6 À deux, remplissez la fiche de votre voisin ou la fiche d'un coureur de votre choix. Posez des questions.**

GRAMMAIRE

L'INTERROGATION

Vous vous appelez **comment** ?
➜ Je m'appelle Jean Lapierre.

Tu t'appelles **comment** ?
➜ Je m'appelle...

Vous habitez **où** ?
➜ J'habite à Paris.

Tu habites **où** ?
➜ J'habite à...

Qu'est-ce que vous faites dans la vie ?
➜ Je suis infirmier.

Qu'est-ce que tu fais dans la vie ?
➜ Je suis...

CONJUGAISON : LE VERBE ÊTRE

indicatif présent

Je **suis**	Nous **sommes**
Tu **es**	Vous **êtes**
Il / elle **est**	Ils / elles **sont**

• Le verbe **être** s'emploie avec :

un nom	ou	**un adjectif**
Tu es professeur.		*Tu es français.*
Elle est étudiante.		*Elle est grecque.*
Ils sont cuisiniers.		*Elles sont suisses.*

CONJUGAISON : LES VERBES EN -ER

indicatif présent

aimer	**habiter**
J'aim**e**	J'habit**e**
Tu aim**es**	Tu habit**es**
Il / elle aim**e**	Il / elle habit**e**
Nous aim**ons**	Nous habit**ons**
Vous aim**ez**	Vous habit**ez**
Ils / elles aim**ent**	Ils / elles habit**ent**

travailler	**préférer**
Je travaill**e**	Je préfèr**e**
Tu travaill**es**	Tu préfèr**es**
Il / elle travaill**e**	Il / elle préfèr**e**
Nous travaill**ons**	Nous préfér**ons**
Vous travaill**ez**	Vous préfér**ez**
Ils / elles travaill**ent**	Ils / elles préfèr**ent**

❶ Trouvez la question.

1. Dites « vous ».

– *Je m'appelle Danièle, Danièle Lamotte.*
➜ *– Vous vous appelez comment ?*

a. – Qu'est-ce que vous faites dans la vie
– Je suis musicienne.
b. – Vous êtes français?
– Non, je suis belge.
c. – Où vous habitez
– J'habite à Genève.

2. Dites « tu ».

a. – Tu t'appelle comment
– Je m'appelle Sophie.
b. – Qu'est-ce que tu fais dans la vie
– Je suis informaticienne.
c. – Tu es marocaine
– Non, je suis grecque.
d. – Tu habites où?
– J'habite à Paris.

❷ Remplacez les verbes entre parenthèses par la forme correcte.

1. Vous (travailler) dans une usine ?
– Non, je (travailler) dans un hôpital.
2. Jacques et Nadine (habiter) à Aix-en-Provence ?
– Non, ils (habiter) à Marseille..
3. Vous (préférer) le train ?
– Oui, moi, j'(adorer) le train.
4. Et Jacques, il (aimer) le théâtre ?
– Non, il (préférer) le cinéma.
5. Sophie (écouter) la radio ?
– Non, elle (regarder) la télévision.
6. Tu (travailler) dans un restaurant ?
– Non, je (travailler) dans un grand magasin.
7. André et Olivier, vous (préférer) l'avion ?
– Oui, nous (préférer) l'avion.

GRAMMAIRE

L'ARTICLE INDÉFINI : UN, UNE, DES

	masculin	féminin
singulier	un	une
	un homme	**une** femme
	un infirmier	**une** infirmière
pluriel	des	des
	des hommes	**des** femmes
	des ouvriers	**des** ouvrières

3 Complétez avec l'article indéfini.

2 600 coureurs au Grand Marathon de Genève : des vendeurs et des vendeuses, des caissiers et des caissières, des ingénieurs, des médecins, des pilotes, des actrices, des étudiants et des étudiantes. Un cuisinier est champion. Il travaille dans un restaurant à Lausanne. Une informaticienne est championne. Elle travaille dans une usine à Lyon.

4 Complétez le tableau avec les noms de profession au féminin.

-/-e	-er/-ère	-eur/-euse
un étudiant une étudiante	un cuisinier une cuisinière un infirmier une ... un ouvrier une ... un caissier une ...	un vendeur une vendeuse un serveur une ...

-teur/-trice	-ien/-ienne	-/-
un acteur une actrice	un musicien une musicienne un technicien une ... un informaticien une ...	un pilote une pilote

5 Formez des phrases comme dans l'exemple.

– *Greta (anglais) ? – Non (suédois)*

➜ – *Greta est anglaise ? – Non, elle est suédoise.*

1. – Valérie et Thierry (technicien) ? – Non (étudiant).
2. – Florence (médecin) ? – Non (pilote).
3. – Vous (français) ? – Non (belge).
4. – Tu (acteur) ? – Non (musicien).
5. – Elles (autrichien) ? – Non (allemand).
6. – Annie et Florence, vous (français) ? – Non (suisse).

6 Faites les portraits.

Mme Boulez
Paris, acteur, théâtre
➜ *Mme Boulez habite à Paris, elle est actrice. Elle travaille dans un théâtre.*

Pat et Fred
Bruxelles, ouvrier, usine

Alain
Nice, informaticien, laboratoire

Éléonore et Marie
Lyon, infirmier, hôpital

Philippe
Bruxelles, professeur, université

À VOUS ! **7 Jouez les dialogues : Alain et Philippe ; Pat, Fred et Mme Boulez...**

Alain : Vous habitez où ?
Philippe : À Bruxelles. Et vous ?
Alain : .....

JOUR D'INSCRIPTION

DIALOGUE A

Thierry Mistral est étudiant en histoire. Aujourd'hui, c'est jour d'inscription.

LA SECRÉTAIRE : Bonjour ! vous êtes monsieur, heu…
THIERRY : Je m'appelle Mistral : M.I.S.T.R.A.L.
LA SECRÉTAIRE : (*Elle cherche dans l'ordinateur.*) Vous êtes Thierry Mistral ?
THIERRY : Oui, je suis étudiant en histoire.
LA SECRÉTAIRE : Ah oui ! Vous habitez toujours à Aix ?
THIERRY : Oui, toujours.
LA SECRÉTAIRE : Très bien ! Au revoir, monsieur !
THIERRY : Au revoir, madame, bonne journée !

DIALOGUE B

Un moment plus tard, à la terrasse d'un petit café. Il rencontre deux amis.

THIERRY : Luc ! Émilie !
LUC : Hé Thierry ! Salut ! Tu es toujours à la fac ?
THIERRY : Oui et toi, qu'est-ce que tu fais ?
LUC : Je fais un stage avec Émilie.
THIERRY : Monsieur, s'il vous plaît ! un café ! (*À Luc.*) Un stage ? Praktikum
LUC : Oui, en informatique.
THIERRY : C'est bien ?
ÉMILIE : C'est intéressant.
LUC : Et Kyoko ?
ÉMILIE : Kyoko ?
THIERRY : Oui, elle est japonaise. Elle étudie le français et elle est géniale.

Écoutez

1 Dialogue A : Donnez la bonne réponse.

1. a. Thierry est à l'hôpital.
b. Thierry est à l'université.
2. a. Il est étudiant.
b. Il est professeur.

2 Remplissez la fiche de Thierry.

Nom : … Mistral
Prénom : … Thierry
Profession : … étudiant
Ville : … Aix

3 Dialogue B : Qu'est-ce qui va ensemble ?

1. Elle étudie le français.
2. Ils ne sont pas à l'université.
3. Il étudie l'histoire.

a. Thierry. 3
b. Kyoko. 1
c. Luc et Émilie. 2

Observez et répétez

▶ Les rythmes

❹ Écoutez et répétez.

– Vous êtes… ?

– Thierry ! Je m'appelle Thierry, Thierry Mistral !

– Je suis étudiant, étudiant en histoire.

L'accent tonique se met

– à la fin d'un mot : Thierry !

– ou d'un groupe de mots : Thierry Mistral !

L'accent tonique se déplace :

– Je suis étudiant.

– Je suis étudiant en histoire.

▶ Les mélodies

❺ Écoutez et répétez.

– Vous vous appelez comment ?

Mot interrogatif à la fin : la voix monte.

– Qu'est-ce que vous faites dans la vie ?

Mot interrogatif au début : la voix descend.

– Vous êtes français ?

La réponse est oui ou non : la voix monte.

❻ À deux, posez des questions et répondez.

1. Vous vous appelez comment ?
2. Vous êtes français(e)…?
3. Qu'est-ce que vous faites dans la vie ?
4. Vous habitez où ?
5. Vous habitez toujours… ?

Exprimez-vous

À VOUS ! **❼ À deux, jouez la scène.**

Vous êtes au centre de loisirs. Aujourd'hui, c'est jour d'inscription. Imaginez le programme et choisissez une activité.

À VOUS ! **❽ Vous êtes journaliste.**

1. Vous interviewez Sophie Bonnot, la star du cinéma français. Vous posez des questions sur l'homme de sa vie (identité, profession, goûts). À deux, jouez la scène.

2. Rédigez votre article.

Bilan

1 Vous aimez ou vous n'aimez pas ? Faites des phrases avec les éléments suivants.

la musique	les cafés
le cinéma	la boxe
travailler	*le théâtre*
la peinture	marcher
l'école	rêver
voyager	le tennis

➜ *J'aime le cinéma mais je n'aime pas le théâtre.*

2 Utilisez des article définis.

Karin n'aime pas les villes. Elle préfère la mer et elle adore le soleil. Elle n'aime pas l' avion, elle préfère le train et la voiture.

3 Trouvez les articles (défini ou indéfini).

Paula est italienne. Elle habite à Rome. Elle travaille dans un laboratoire avec des informaticiens et des ingénieurs. Elle aime la musique et l' histoire.

4 Voici des réponses. Trouvez les questions.

1. Oui, j'adore danser ! Vous aimez
2. Oui, c'est génial ! Vous aimez le concert
3. Je m'appelle Nicolas. Tu t'appelle comment
4. Je suis pilote. Qu'est-ce que vs faites d. l. vie
5. Non, ils sont japonais. Sont ils chinoises
6. À Paris. Vs habitez ou
7. M. et Mme Dubois sont professeurs. Quelle profession
8. Dans un hôpital. Tu travailles ou? sont
9. Je préfère le rock. Quelle musique tu préfères
10. J'étudie l'histoire à l'université.
Qu'est-ce que tu fais dans la vie

5 Faites comme dans l'exemple et trouvez la bonne nationalité.

Keiko – Tokyo

➜ *Keiko habite à Tokyo. Elle est japonaise.*

1. Maria et Iannis – Athènes greques
2. Annie et Catherine – Paris francaises
3. Tu – Madrid espagnole
4. Nous – Bruxelles belges
5. Vous – Genève suisse
6. Pedro – Lisbonne portugais

6 Qu'est-ce qu'ils aiment, qu'est-ce qu'ils n'aiment pas ?

7 Faites comme dans l'exemple et trouvez la bonne profession.

Michel – hôpital

➜ *Michel travaille dans un hôpital. Il est infirmier.*

1. Florence – théâtre Comedienne
2. M. Berger – université professeur
3. Paul et Alain – restaurant
4. M. Dumas – usine
5. Mlle Laurent – grand magasin
6. Vous, Jacques et Luc – aéroport
7. Nous – hôpital

8 Complétez les deux dialogues suivants.

LA SECRÉTAIRE DE L'UNIVERSITÉ : … ! Vous vous appelez comment ?
PAUL : Je … Paul Leroy.
LA SECRÉTAIRE : Vous … où ?
PAUL : J'… à Grenoble.

PIERRE : Tu … la boxe ?
ÉRIC : Non, je … la boxe. Je … le tennis, c'est génial !

❾ Présentez des personnages comme Madonna, Gérard Depardieu, Carl Lewis, Juliette Binoche...

L'actrice Juliette Binoche.

❿ Écrivez les verbes entre parenthèses au temps correct.

1. Nous ne (aimer) pas la danse.
2. Ils (être) au restaurant.
3. Tu (détester) le théâtre.
4. Tu (préférer) le cinéma.
5. Je ne (être) pas pilote.
6. – Vous (habiter) Grenoble ?
– Non, nous (habiter) Aix.
7. Elles (travailler) à l'hôpital.

⓫ Écrivez ces chiffres et ces nombres.

3 – 7 – 6 – 8 –100 – 500 – 900 – 1000 – 10 000 – 100 000

⓬ Complétez.

La marche. ➜ La marche, c'est génial !

1. L'opéra.
2. La peinture de Picasso.
3. La danse.
4. La télévision.
5. La musique de Mozart.

UNITÉ 3

Savoir-faire
- saluer une personne, présenter des personnes
- dire et demander son âge
- parler du temps qu'il fait

Vocabulaire
- les salutations
- les jours de la semaine, les saisons, les mois
- les nombres
- la famille

Grammaire
- le verbe *avoir* : conjugaison et emplois
- les adjectifs possessifs
- la préposition *de* + article
- l'interrogation avec *qui, qui est-ce*
- *C'est...*

Moi et les autres

1 *La Fête de la musique (I)*

ROBERT : Salut, André, ça va ?
ANDRÉ : Bien, et toi ?
ROBERT : Ça va, merci. Tu es seul ?
ANDRÉ : Non, je suis avec ma femme.

ANDRÉ : Claire, je te présente Robert.
ROBERT : Enchanté. Comment allez-vous ?
CLAIRE : Bien. Et vous ?
ROBERT : Très bien. C'est une soirée magnifique et j'adore la musique.
CLAIRE : Et il fait beau et chaud.

- Salut, André, ça va ?
- Comment allez-vous ?
- Bien, et toi ?
- Bien, et vous ?
- Je te présente Robert.
- Enchanté.

1 Écoutez et donnez la bonne réponse.

1. André est avec Claire. ...
2. C'est une soirée magnifique. ...
3. Il fait beau et chaud. ...
4. Robert n'aime pas la musique. ...

À VOUS ! **2 Réécoutez le texte et jouez les scènes en petits groupes.**

2 La Fête de la musique (II)

SANDRINE : Bonsoir, madame Aubert.
MME AUBERT : Bonsoir, Sandrine, comment vas-tu ?
SANDRINE : Je vais très bien. Et vous ?
ANTONIN : Maman, maman ! J'ai soif.
MATHILDE : Maman, j'ai chaud.
MME AUBERT : Ah ! ce sont tes enfants ?
SANDRINE : Oui, ils adorent la musique. Alors, ils sont contents.
MME AUBERT : Ils ont quel âge ?
SANDRINE : Antonin a 5 ans, et Mathilde 3.

J'ai soif.
J'ai chaud.
Ils ont quel âge ?
Antonin a 5 ans.

3 Écoutez et donnez la bonne réponse.

1. Sandrine est seule. ...
   Sandrine est avec Mme Aubert. ...
   Sandrine est avec Mathilde et Antonin. ...
2. Mathilde et Antonin aiment la musique. ...
   Mathilde et Antonin détestent la musique. ...
   Mathilde et Antonin écoutent la musique. ...
3. Antonin a 3 ans. ...
   Antonin a 5 ans. ...
   Antonin a 10 ans. ...

À VOUS ! **4 Réécoutez et lisez le dialogue. À deux, jouez la scène entre Sandrine et Mme Aubert.**

5 Inventez les dialogues.

3 La météo

– Nous sommes le combien aujourd'hui, Jean-Jacques ?
– Le combien sommes-nous aujourd'hui ? Le 21.
– Oui, chers auditeurs, aujourd'hui, nous sommes le 21 juin, c'est l'été. Et il... pleut. Voici la météo !

6 Trouvez les contraires.

1. *Le soleil brille. ≠ Il pleut.*
2. Il fait beau. ≠ ... mauvais
3. Il fait chaud. ≠ ... froid

7 Écrivez un bulletin météo pour votre pays.

Aujourd'hui...

MÉTÉO : LE TEMPS AUJOURD'HUI

Il fait beau dans le Sud et dans l'Est. Le soleil brille sur la Provence et la Côte d'Azur. Dans le nord de la France, il fait mauvais. À Paris, il pleut et il fait froid. Dans l'Ouest, il fait 16 degrés et il pleut.

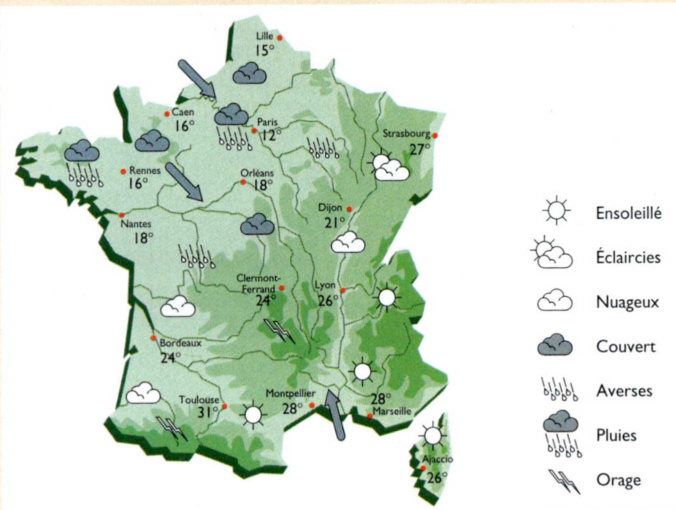

Les jours de la semaine
lundi
mardi
mercredi
jeudi
vendredi
samedi
dimanche

Il fait chaud. Il fait beau.
Il fait froid. Il fait mauvais.
Il fait 16 degrés.
Aujourd'hui, nous sommes le 21 juin.

4 Le calendrier

À VOUS !

8 « Nous sommes le combien aujourd'hui ? »
À deux, posez la question et répondez.

9 Écoutez et lisez les nombres.

10 Écoutez et répétez les nombres.

11 Écoutez et écrivez les dates.

le deux (2), le trois (3), etc.
Mais : le premier (1er).

Le ... mai ; le ... avril ; le ... juin ; le ... août, le ... juillet ; le ... septembre ; le ... décembre ; le ... mars ; le ... janvier ; le ... novembre ; le ... février ; le ... octobre.

Les nombres de 10 à 31

10 dix	20 vingt
11 onze	21 vingt et un
12 douze	22 vingt-deux
13 treize	23 vingt-trois
14 quatorze	24 vingt-quatre
15 quinze	25 vingt-cinq
16 seize	26 vingt-six
17 dix-sept	27 vingt-sept
18 dix-huit	28 vingt-huit
19 dix-neuf	29 vingt-neuf
	30 trente
	31 trente et un

VOCABULAIRE

❶ Repérez les mots que vous ne connaissez pas.

Une famille	**La famille Duval**	
les grands-parents :	Georges et Yvette **Duval**	Robert et Anne **Mazet**
	Marcel **Duval**	Sandrine **Duval**
le couple :	le mari	la femme
les parents :	le père	la mère
	Antonin **Duval**	Mathilde **Duval**
les enfants :	le fils	la fille
	le frère de Mathilde	la sœur d'Antonin

Les relations

les amis :	Robert Leroy est un ami de Marcel Duval.
les collègues :	Sandrine Duval et ses collègues travaillent dans un grand magasin.
les voisins :	La famille Duval et la famille Aubert habitent rue Victor-Hugo.

LA FAMILLE FRANÇAISE EN CHIFFRES

- La famille, c'est un couple marié (ou non marié) avec ou sans enfants.
- Un couple sur huit n'est pas marié. Un couple marié sur trois divorce.
- L'âge moyen du mariage, c'est 27 ans pour la femme, 28 ans pour l'homme.
- La France a 15 millions d'enfants de 0 à 19 ans.
- En moyenne, un couple a deux enfants. Les familles de quatre enfants sont rares.

❷ Qui est-ce ? Continuez comme dans l'exemple.

– *C'est le mari de Sandrine et le voisin de la famille Aubert. Qui est-ce ?*
➜ *C'est Marcel Duval.*

À VOUS ! ❸ Vous êtes à la Fête de la musique avec des collègues. Vous rencontrez des amis. À quatre ou cinq, jouez la scène des présentations.

LES PRÉSENTATIONS

– Céline, je te présente Daniel.

– Céline, voilà mon frère Henri. Henri, c'est Céline.

– Madame Quérou, je vous présente Céline, une amie.

– Monsieur Blot, je vous présente mon frère Henri.

– Bonjour, je m'appelle Gérard Martin.

– Excusez-moi, Françoise Latour, c'est vous ?

GRAMMAIRE

CONJUGAISON : LE VERBE AVOIR

indicatif présent

J'**ai**	Le verbe **avoir** a trois emplois :	
Tu **as**	• **possession**	*J'ai un enfant.*
Il / elle **a**		*J'ai une voiture.*
Nous **avons**	• **âge**	*J'ai 20 ans.*
Vous **avez**		
Ils **ont**	• **état physique**	*J'ai soif, j'ai froid.*

L'ADJECTIF POSSESSIF : MON, TON, SON, MA, TA, SA, MES, TES, SES

singulier

	masculin		féminin	
J'ai	un frère,	un ami,	une sœur,	une amie.
➜ C'est	**mon** frère,	**mon** ami,	**ma** sœur,	**mon** amie.
Tu as	un frère,	un ami,	une sœur,	une amie.
➜ C'est	**ton** frère,	**ton** ami,	**ta** sœur,	**ton** amie.
Il / elle a	un frère,	un ami,	une sœur,	une amie.
➜ C'est	**son** frère,	**son** ami,	**sa** sœur,	**son** amie.

Avant une voyelle, **ma**, **ta**, **sa** deviennent **mon**, **ton**, **son** : ***Mon*** *amie.*

pluriel

	masculin	féminin
J'ai	des parents,	des voisines.
➜ Ce sont	**mes** parents,	**mes** voisines.
Tu as	des parents,	des voisines.
➜ Ce sont	**tes** parents,	**tes** voisines.
Il / elle a	des parents,	des voisines.
➜ Ce sont	**ses** parents,	**ses** voisines.

1 Posez des questions.

Tu / avoir une voiture.
➜ Est-ce que tu as une voiture ?

1. Vous / avoir 18 ans.
2. Ta sœur Sylvie / avoir des amis à Paris.
3. Les Duval / avoir des enfants.
4. Les enfants / avoir soif.
5. Nous / avoir faim.
6. Vous / avoir froid.

2 Avoir ou être ? Donnez la bonne réponse.

	avoir	être		avoir	être
1		X	5		
2			6		
3			7		
4			8		

3 Complétez avec des adjectifs possessifs.

1. mon, ma, mes

Je m'appelle Claire. Je suis mariée et j'ai deux enfants : … mari travaille dans un hôpital. … enfants adorent la musique. … fils a 6 ans, … fille a 8 ans.

2. son, sa, ses

Mon amie Claire a un restaurant : … parents sont cuisiniers. … frère est serveur et … sœur est caissière.

3. Maintenant, vous parlez directement à Claire. Vous posez des questions.

Tu es mariée et tu as deux enfants. Est-ce que ton mari travaille dans un hôpital ? Est-ce que…

GRAMMAIRE

DE + ARTICLE : DU, DE LA, DE L', DES

de + le (masculin singulier) ➜ **du**
*L'âge moyen (de le) **du** mariage.*

de + la (féminin singulier) ➜ **pas de changement**
*La fête **de la** musique.*

de + l' ➜ (masculin et féminin singulier ➜ **pas de changement**).
*Les infirmiers **de l'**hôpital. Les 12 mois **de l'**année.*

de + les (masculin et féminin pluriel) ➜ **des**
*L'ami(e) (de les) **des** voisin(e)s.*

4 Complétez avec la préposition de.

la fête / la musique ➜ la fête de la musique

1. les serveuses / le restaurant du
2. le Sud / la France de la
3. l'âge / les étudiants des
4. les enfants / les voisins des
5. la voiture / le collègue du
6. les ouvriers / l'usine de l'usine

LE PRÉSENTATIF : C'EST

• **C'est + nom**

singulier	pluriel
***C'est** Céline.*	***Ce sont** mes voisins.*
***C'est** la fille de mon ami.*	***Ce sont** tes enfants.*

• **C'est + adjectif**
***C'est** génial !*

C'est l'hiver nous sommes le… neige

Le 21 Mars, c'est le printemps.

5 Reliez les éléments qui vont ensemble.

Aujourd'hui,	c'est un informaticien.
André,	c'est jeudi.
La danse,	c'est magnifique !
Le 21 juin,	c'est ma voisine.
Sandrine,	*c'est la fête de la musique.*
Robert,	c'est un ami de Marcel.

C'est l'automne, c'est le…

C'est l'été, c'est le… soleil

À VOUS ! **6 À deux, par écrit, composez un personnage.**
Donnez des informations sur :
– son âge,
– sa profession,
– ses goûts.
Lisez vos textes et choisissez le personnage le plus original.

IL FAIT CHAUD !

DIALOGUE A

Bruxelles. Annie termine sa conférence sur « La ville aujourd'hui ».

CATHERINE L. : Madame Lamy ! Formidable ! Bravo pour votre conférence !
ANNIE : Merci ! Vous êtes québécoise ?
CATHERINE L. : Ah ! mon accent ! Mais vous aussi vous avez un accent.
ANNIE : Oui, j'habite dans le sud de la France, à Aix-en-Provence.
CATHERINE L. : C'est une ville magnifique.
ANNIE : Et vous ?
CATHERINE L. : Moi, j'habite à Laval ; je suis économiste. Je m'appelle Catherine Léveillé.
ANNIE : Enchantée ! Vous êtes seule à Bruxelles ?
CATHERINE L. : Oui.
ANNIE : Venez, il fait chaud ici, je connais un petit restaurant !
CATHERINE L. : Très bien ! J'ai faim !
ANNIE : Moi aussi !

DIALOGUE B

Aix-en-Provence. Mireille Mistral regarde la télévision, son mari travaille sur son ordinateur.

LA TÉLÉVISION : Et maintenant, la météo avec Marie Levant. Alors Marie, c'est le soleil !
M. LEVANT : Eh oui, Patrice ! aujourd'hui mardi 5 juillet, nous avons un temps magnifique. Il fait beau et chaud sur toute la Provence !
(Jacques éteint brusquement la télé.)
MIREILLE : Oh non, Jacques ! Mon film !
JACQUES : La télé, toujours la télé !
MIREILLE : Et toi et ton ordinateur !
JACQUES : Excuse-moi, j'ai chaud et je suis fatigué.
MIREILLE : Bon ! Bon ! Ah ! Téléphone à ta mère, elle est seule. Elle a 80 ans aujourd'hui !
JACQUES : Non, je vais au bureau.
MIREILLE : Maintenant ? Hé ! Jacques !
JACQUES : Hein, quoi ?
MIREILLE : Un fax pour toi.

> *Salut Jacques,*
> *Je prépare une surprise. À bientôt !*
> *Ton ami P.*

JACQUES : Une surprise ?

Écoutez

1 Dialogue A : Qu'est-ce qui va ensemble ?

1. *Annie Lamy*
2. Catherine Léveillé
3. La conférence
4. Le petit restaurant

a. Bruxelles
b. Laval
c. *Aix-en-Provence*

2 Vrai ou faux ?

1. Catherine Léveillé est architecte.
2. Elle est seule à Bruxelles.
3. Les deux femmes sont dans un petit restaurant.
4. Il fait chaud dans le restaurant.
5. Les deux femmes ont faim.

3 Dialogue B : Répondez aux questions.

1. Est-ce qu'il pleut aujourd'hui sur la Provence ?
2. Qui regarde la télévision ?
3. Mireille est contente ?
4. Qui travaille sur un ordinateur ?
5. Qui est seul ?
6. Qui a 80 ans ?
7. Qui prépare une surprise ?

Observez et répétez

Les rythmes

4 Écoutez et répétez.

ma dame La my

bra vo pour la con fé rence

une ville ma gni fique

Le rythme est régulier.
L'accent tonique se met à la fin du groupe.
Le « e » final ne se prononce pas.

Les mélodies

5 Écoutez et répétez.

– Qui est Mireille ?

– C'est la mère de Thierry.

– Qui est Thierry ?

– C'est le fils de Jacques et de Mireille.

Question avec un mot interrogatif au début : la voix descend.
Affirmation : la voix descend à la fin de la phrase.

À VOUS ! **6 À deux, posez des questions et répondez.**

– *Qui est Kyoko ?*
– *Qui est P. ?*

Exprimez-vous

À VOUS ! **7 Présentations. À quatre, préparez les dialogues et jouez la scène. Albert Lafaille est responsable de la conférence de Bruxelles.**

Il présente les participants :
– Noriko Matzuda est japonaise, médecin à Osaka ;
– Armando Mittali est italien, architecte à Rome ;
– Michel Durel est français, ingénieur à Bordeaux.

La conférence de Noriko Matzuda est formidable…
Il fait chaud, les participants ont soif…

8 Aujourd'hui, vous présentez la météo à la télévision. Rédigez un petit texte, puis présentez la météo dans votre cours de français.

UNITÉ 4

Savoir-faire
- téléphoner pour prendre rendez-vous, fixer l'heure et le lieu
- demander, donner une adresse

Vocabulaire
- les mots pour dire l'heure
- les moments de la journée

Grammaire
- les adjectifs possessifs
- l'interrogation : *où, quand*
- préposition *à* + article défini *(au, à l', à la, aux)*
- impératif des verbes en *-er*
- verbes *aller* et *prendre*

Carnet d'adresses

Un coup de téléphone

LUC : Allô !
MARINE : Luc ? c'est Marine.
LUC : Ah, salut, Marine. Où est-ce que tu es ?
MARINE : Je suis à Lyon, au Festival de danse.
LUC : C'est génial ! Tu es seule ?
MARINE : Oui... et je cherche un hôtel.
LUC : Tu ne vas pas à l'hôtel ! L'appartement est grand et ma sœur est à Paris.
MARINE : Merci. C'est gentil.

– Où est-ce que tu es ?
– Je suis à Lyon, au Festival.
– Tu ne vas pas à l'hôtel !

1 Écoutez. Vrai ou faux ?

1. Marine est la sœur de Luc. …
2. Marine est une amie de Luc. …
3. Marine est seule. …
4. Marine est avec sa sœur. …
5. Marine cherche un hôtel. …

2 Repérez et répétez :

1. les deux questions de Luc ;
2. l'invitation de Luc à Marine ;
3. le remerciement de Marine.

À VOUS ! **Jouez la scène.**

2 *Rendez-vous à la maison*

LUC : Je termine mon travail à cinq heures et demie. Tu es au théâtre ?

MARINE : Oui.

LUC : Tu as mon adresse ?

MARINE : Euh... Non.

LUC : Bon, j'habite rue de Brest. Ce n'est pas loin. Tu prends le quai des Célestins à droite et tu continues tout droit. Tu arrives place du Port du Temple. Ne traverse pas la place. Tourne à droite, tu es rue de l'Ancienne Préfecture. Tu continues et à gauche, tu as la rue de Brest. J'habite au numéro 80.

MARINE : C'est facile ! J'arrive à six heures, six heures et demie. Ça va ?

LUC : Très bien. À tout de suite.

3 Écoutez et complétez.

1. Luc habite …
2. Marine est …
3. Marine arrive à l'appartement de Luc à …

4 Regardez le plan. Cherchez la place des Célestins, l'appartement et le bureau de Luc. Décrivez :

1. le chemin de Marine : *Elle prend...*
2. le chemin de Luc de son appartement à son bureau : *Il prend...*

3 Un message

Nancy, le 14 juin

Cher Paul,
J'arrive à la gare du Nord mardi 21
à 16 heures.
Rendez-vous aux « arrivées », au point rencontre.
Bises. Béatrice

Cannes, le 6 décembre

Chère Isabelle,
J'arrive à l'aéroport de Nice jeudi 12
à 8 heures.
Rendez-vous à la sortie numéro 1.
Amitiés. Jacques

5 Lisez les textes.

6 Écrivez un message pour donner rendez-vous à un(e) ami(e).

Nancy, le 14 juin
Cher Paul…
Chère Isabelle…
Bises.
Amitiés.

4 Je voudrais un rendez-vous

La secrétaire :	Cabinet du docteur Dransard, bonjour !
M. Duval :	Bonjour. C'est Marcel Duval. Je voudrais un rendez-vous.
La secrétaire :	Quand est-ce que vous êtes libre ?
M. Duval :	Jeudi ou vendredi.
La secrétaire :	Jeudi, à dix heures, ça va ?
M. Duval :	Oui, très bien.
La secrétaire :	Votre numéro de téléphone, s'il vous plaît ?
M. Duval :	C'est le 01 42 63 39 11.
La secrétaire :	01 42 63 39 11. Merci. Au revoir.
M. Duval :	Au revoir, mademoiselle.

7 Écoutez et complétez.

1. Monsieur Duval téléphone au …
2. Monsieur Duval est libre …
3. Monsieur Duval a rendez-vous …

– Je voudrais un rendez-vous.
– Quand est-ce que vous êtes libre ?

À VOUS ! **8 Vous prenez un rendez-vous. À deux, jouez la scène.**

VOCABULAIRE

Quelle heure est-il ?

Il est une heure (du matin).
Il est une heure.

Il est une heure (de l'après-midi).
Il est treize heures.

Il est sept heures et quart.
Il est sept heures quinze.

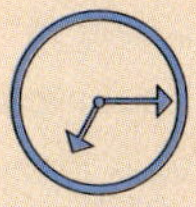

Il est six heures et demie.
Il est dix-huit heures trente.

Il est dix heures moins le quart.
Il est neuf heures quarante-cinq.

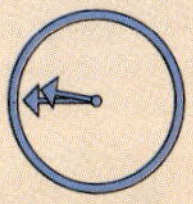

Il est onze heures (du soir).
Il est vingt-trois heures.

Les moments de la journée

C'est le matin.

C'est l'après-midi.

C'est le soir.

C'est la nuit.

1 **Écoutez et écrivez l'heure.**

1. .... **2.** ... **3.** ... **4.** ... **5.** ...

2 **Lisez les phrases, repérez le moment de la journée et associez l'heure du train et le jour de la semaine.**

Lundi, je vais à Paris. Je prends le train de nuit.
Mardi, je vais à Berlin. Je prends le train du matin.
Jeudi, je vais à Albi. Je prends le train de l'après-midi.
Samedi, je vais à Issoire. Je prends le train du soir.

	lundi	mardi	jeudi	samedi
7 h				
14 h 12				
19 h 25				
0 h 30				

3 **Regardez les adresses. Écrivez votre adresse et votre numéro de téléphone.**

L'adresse

M. & Mme Yves Dupuis
15, rue Victor-Hugo
77300 Fontainebleau
Tél. 01 64 22 02 02

Jean Poirier
3, avenue de la Mairie
30150 Roquemaure
Tél. 04 66 50 11 11

Chantal Duparc
2, impasse du Château
95780 La Roche-Guyon
Tél. 01 34 34 56 69

Nicole et Philippe Meyer
3, place de l'Église
57850 Dabo
Tél. 03 87 07 34 34

Catherine Berthon
123, boulevard de la Mer
22560 Trébeurden
Tél. 02 96 23 09 09

Alain Lefloch
7, quai aux Épices
56100 Lorient
tél. 02 97 21 21 52

GRAMMAIRE

À + ARTICLE : AU, À LA, À L', AUX

à + le (masculin singulier) ➜ **au**
*Je suis (à le) **au** festival.*

à + la (féminin singulier) ➜ **pas de changement**
*J'arrive **à la** gare du Nord.*

à + l' (masculin et féminin singulier) ➜ **pas de changement**
*Tu ne vas pas **à l'**hôtel / **à l'**université.*

à + les (masculin et féminin pluriel) ➜ **aux**
*Rendez-vous (à les) **aux** « arrivées » de la gare.*

1 Complétez avec la préposition à.

Je téléphone / le mari de Sylvie.
➜ *Je téléphone au mari de Sylvie.*

1. Aujourd'hui, nous allons / le cinéma.
2. Je présente Céline / les parents de ma femme.
3. Mon amie Céline arrive à 14 heures. Je vais / l'aéroport.
4. – Où est-ce que tu es ? – Je suis / la maison.
5. Rendez-vous / l'appartement. J'habite rue Victor-Hugo, / le numéro 5.

L'IMPÉRATIF DES VERBES EN -ER

forme affirmative	forme négative
Téléphon**e**	**Ne** téléphone **pas**
Téléphon**ons**	**Ne** téléphonons **pas**
Téléphon**ez**	**Ne** téléphonez **pas**
Écout**e**	**N'**écoute **pas**
Écout**ons**	**N'**écoutons **pas**
Écout**ez**	**N'**écoutez **pas**

2 Transformez comme dans l'exemple.

Tu regardes la télé. ➜ *Ne regarde pas la télé.*

1. Nous écoutons la radio à 7 heures.
2. Vous téléphonez à vos enfants.
3. Tu traverses la place et tu tournes à droite.
4. Vous cherchez vos amis.
5. Nous travaillons la nuit.

CONJUGAISON : ALLER, PRENDRE

indicatif présent		impératif présent	
Je vai**s**	Je pren**ds**		
Tu va**s**	Tu pren**ds**	V**a**	Pren**ds**
Il / elle v**a**	Il / elle pren**d**		
Nous all**ons**	Nous pren**ons**	All**ons**	Pren**ons**
Vous all**ez**	Vous pren**ez**	All**ez**	Pren**ez**
Ils / elles v**ont**	Ils / elles prenn**ent**		

Les verbes **aller** et **prendre** ont plusieurs sens :

Je vais à Paris.	Je prends le train.
Je vais à l'aéroport.	Je prends la rue de Brest.
Je vais bien.	Je prends à droite.
Je vais au café.	Je prends un café crème.

3 Remplacez les verbes entre parenthèses par la forme correcte.

1. Lundi, je (aller) à Paris avec mon ami Frédéric. Nous (prendre) le train. Mardi, à Paris, nous (aller) à l'aéroport. Frédéric (aller) à New York et il (prendre) l'avion du matin. Moi, je (prendre) l'avion à midi. Je (aller) à Londres.
2. – Est-ce que vous (aller) bien aujourd'hui ?
– Nous (aller) bien, merci. Et vous ?
– Merci, ça (aller).
3. – J'ai faim.
– Moi aussi. (aller) au restaurant !
– Oui, mais il pleut. (prendre) la voiture.
4. – La gare, s'il-vous-plaît ?
– C'est facile. Vous (aller) tout droit. Rue Victor-Hugo, vous (prendre) à gauche. Ne traversez pas la place de l'Amitié. (aller) tout droit et (prendre) la rue de la Gare. Vous préférez prendre le bus ? (prendre) le bus 58, 68 ou 88 : ils (aller) à la gare.

GRAMMAIRE

L'INTERROGATION AVEC OÙ ET QUAND

où ?	quand ?
*Tu es **où** ?*	*Tu arrives **quand** ?*
***Où** est-ce que tu es ?*	***Quand** est-ce que tu arrives ?*
*Vous allez **où** ?*	
***Où** est-ce que vous allez ?*	

4 Transformez les questions.

Il est où ? ➜ Où est-ce qu'il est ?

1. Elle arrive quand ?
2. Ils vont où ?
3. Nous sommes où ?
4. Vous arrivez à Paris quand ?
5. Tu vas au cinéma quand ?
6. Il va où ?

LE VERBE ÊTRE

- **Être + nom de profession ou adjectif**

*Je **suis** infirmier.* *Alain **est** seul.*

- **Être + préposition**

*Je **suis** à l'hôpital.* *Vous **êtes** à Paris.*

L'ADJECTIF POSSESSIF : NOTRE, VOTRE, LEUR, NOS, VOS, LEURS

singulier

	masculin	féminin
Nous avons	un frère,	une sœur.
➜ C'est	**notre** frère,	**notre** sœur.
Vous avez	un frère,	une sœur.
➜ C'est	**votre** frère,	**votre** sœur.
Ils / elles ont	un frère,	une sœur.
➜ C'est	**leur** frère,	**leur** sœur.

pluriel

	masculin	féminin
Nous avons	des parents,	des voisines.
➜ Ce sont	**nos** parents,	**nos** voisines.
Vous avez	des parents,	des voisines.
➜ Ce sont	**vos** parents,	**vos** voisines.
Ils / elles ont	des parents,	des voisines.
➜ Ce sont	**leurs** parents,	**leurs** voisines.

Nos voisins sont musiciens !

5 Posez les bonnes questions.

Il est 8 heures. ➜ Quelle heure est-il ?
Je suis infirmier. ➜ Qu'est-ce que vous faites ?

1. Je m'appelle Alain Dufeu.
2. J'habite à Paris.
3. Nous travaillons dans un grand magasin.
4. Nous arrivons à 7 heures du matin.
5. Ils ont 18 ans.
6. Elles vont au restaurant.
7. Ils sont au cinéma.

6 Complétez avec des adjectifs possessifs.

1. notre, nos

Nous habitons à Aix. … appartement n'est pas loin du théâtre. Nous habitons avec … parents. … adresse est : 23, place Pascal, à Aix.

2. votre, vos

… amis sont étudiants : … ami Hervé étudie l'histoire, … amie Brigitte étudie le français.

3. leur, leurs

À l'arrivée du Marathon, le reporter demande aux coureurs … nom, … profession et … âge. Il demande aussi le nom de … enfants.

RENDEZ-VOUS

DIALOGUE A

Aix-en-Provence, sur une place. Kyoko et Thierry sont assis au pied d'une fontaine.

THIERRY : Oh là là, il est cinq heures !
KYOKO : Mmm ! on est bien !
THIERRY : Oui ! J'ai rendez-vous avec mon père à cinq heures et demie.
KYOKO : Où est-ce que tu as rendez-vous ?
THIERRY : À son bureau ! Et toi, qu'est-ce que tu fais ?
KYOKO : Moi ? Je fais mes devoirs et, à 8 heures, je vais au festival de danse.
THIERRY : Au festival ? Avec qui ?
KYOKO : C'est secret !
THIERRY : C'est un secret. Pff ! Tu es nulle. Salut !
KYOKO : Thierry ! J'ai rendez-vous avec une amie, tu es content maintenant ?

DIALOGUE B

Au bureau, il est cinq heures et demie.

JACQUES : Ah ! Thierry, c'est toi ? Regarde mon projet.
THIERRY : C'est le nouveau centre culturel ?
JACQUES : Oui. Là, tu as le théâtre, le cinéma et la grande salle de concert.
THIERRY : C'est magnifique ! Hé ! Papa, tu as un fax !

> *Jacques,*
> *Laisse les plans !*
> *Prends le TGV pour Paris !*
> *Rendez-vous jeudi à 18 heures, au Paris-Lyon Palace près de la gare de Lyon.*
> *Ton ami P.*

JACQUES : P. ? P. ? Ha ! Mais c'est Pierre !
THIERRY : Pierre ? C'est qui ?
JACQUES : C'est un ami d'enfance !
THIERRY : Et pour les plans ? Comment il sait ? C'est bizarre !

Écoutez

1 Dialogue A : Répondez aux questions.

1. Qui parle ?
2. Où est-ce qu'ils sont ?
3. Quelle heure est-il ?

2 Donnez la bonne réponse.

1. Thierry a rendez-vous
   a. avec Kyoko ;
   b. avec son père ;
   c. avec un ami.
2. Il a rendez-vous
   a. à cinq heures et demie ;
   b. à cinq heures ;
   c. à huit heures.
3. À 8 heures, Kyoko
   a. va au festival ;
   b. fait ses devoirs ;
   c. danse.

3 Dialogue B : Vrai ou faux ?

1. Le projet de Jacques, c'est un centre culturel.
2. P. donne rendez-vous à Jacques.
3. Le rendez-vous est à Lyon.
4. Le rendez-vous est à 8 heures.
5. P., c'est Pierre.

Observez et répétez

▶ Les rythmes

4 Écoutez et répétez.

à cinq heures
à huit heures
tu étudies
avec une amie

On enchaîne les mots.

▶ Les mélodies

5 Écoutez et répétez.

Regarde mon projet. Laisse les plans !

Prends le TGV !

À l'impératif, la voix descend.

6 Demandez à votre voisin(e) de :

– *répéter les mots ➜ Répétez les mots.*
– écouter la cassette ;
– prendre son livre.

Exprimez-vous

À VOUS !

7 Au cinéma. Lisez le programme, puis, à deux, jouez la scène.

Thierry regarde le programme des cinémas. Il téléphone et donne rendez-vous à Kyoko à 8 heures au cinéma. C'est un film français.

LE RENOIR – 24, cours Mirabeau – 04 42 26 08 32
- Kansas City avec Jennifer Jason Leig : 16 h 15 – 18 h 15 – 20 h 15 – 22 h 15
- Le facteur avec Philippe Noiret : 21 h 00

LE CÉZANNE – 21, rue Goyrand – 04 42 26 00 51
- Conte d'été avec Melvil Poupaud : 18 h 15 – 20 h 15 – 22 h 15

8 L'invitation.

GRANDE FÊTE
chez Julien
samedi
avec musique et danse
13, rue du marché
Aix-en-Provence

Lisez l'invitation de Julien. Vous écrivez à votre ami pour demander l'heure, la date, le numéro de téléphone.

Espaces

1 Un peu de géographie

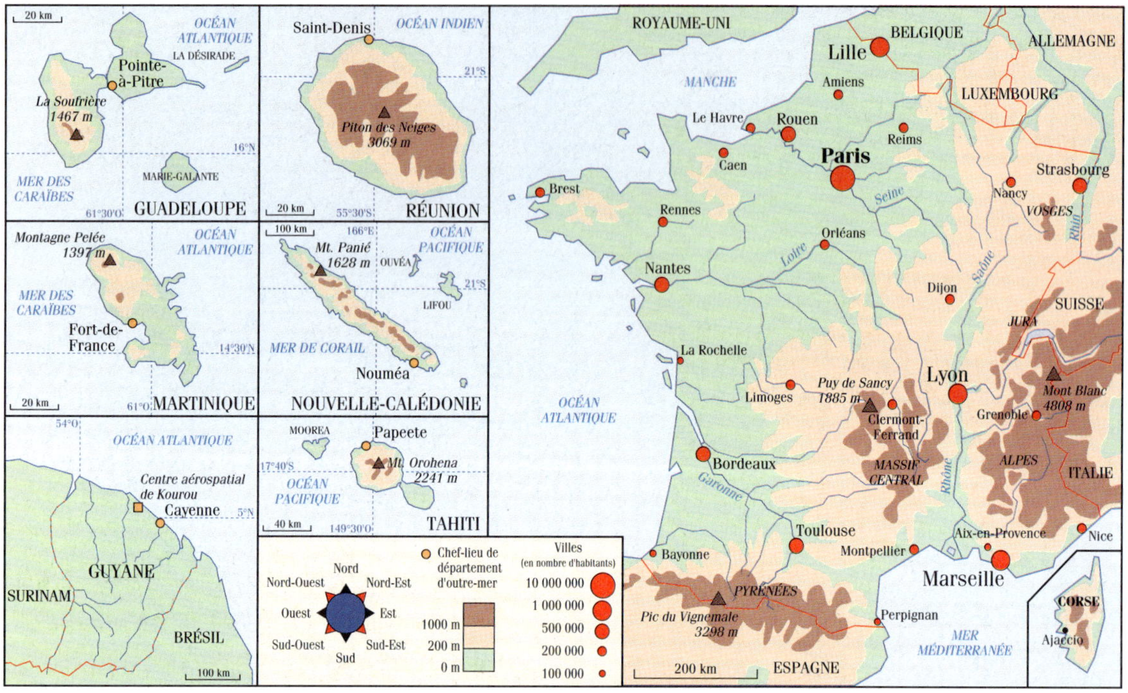

Les Alpes sont des montagnes très hautes. Mais elles ne sont pas un obstacle : on passe facilement d'un côté à l'autre. ***En 219 avant Jésus-Christ, le général africain Hannibal, ennemi des Romains, traverse les Pyrénées et les Alpes.***

La France a la forme d'un hexagone.
Trois côtés donnent sur la mer.
Le paysage français est varié, le climat change du nord au sud, sa végétation est diversifiée. Les arbres caractéristiques sont, au nord, le hêtre, au sud, le pin maritime, le cyprès et l'olivier.

OBSERVEZ – RÉPONDEZ

▶ **Vrai ou faux ?**

Les mers qui entourent la France sont :

a. l'océan Pacifique
b. la mer Méditerranée
c. l'océan Atlantique
d. la Manche
e. la mer Noire

▶ **Repérez sur la carte les Alpes et les Pyrénées et donnez les bonnes réponses.**

1. Les Alpes sont à la frontière de :
a. l'Allemagne **b.** l'Italie **c.** la Suisse

2. Les Pyrénées sont à la frontière de :
a. l'Allemagne **b.** l'Espagne **c.** l'Italie

3. Le sommet le plus élevé est :
a. le Vignemale **b.** le Puy-de-Sancy **c.** le Mont-Blanc

▶ **Repérez sur la carte les grands fleuves et donnez les bonnes réponses.**

1. Un fleuve traverse le Bassin parisien, c'est :
a. la Seine **b.** la Garonne **c.** la Loire

2. Deux fleuves se jettent dans l'océan Atlantique, ce sont :
a. le Rhône **b.** la Garonne **c.** la Loire

3. Un fleuve va du nord au sud, c'est :
a. la Seine **b.** le Rhône **c.** la Garonne

▶ **Et dans votre pays, quelles sont les principales montagnes, les fleuves, etc. ?**
Votre pays est à côté de quels pays, de quelles mers ?

2 Le climat

En France, le climat est très varié.

Les principaux types de climat sont :
le climat océanique : humide, doux avec des pluies fréquentes ;
le climat méditerranéen : chaud et sec en été ;
un climat de transition : les pluies diminuent, l'hiver est plus froid, l'été est plus chaud ;
le climat montagnard : continental, chaud en été, froid en hiver, pluie et neige.

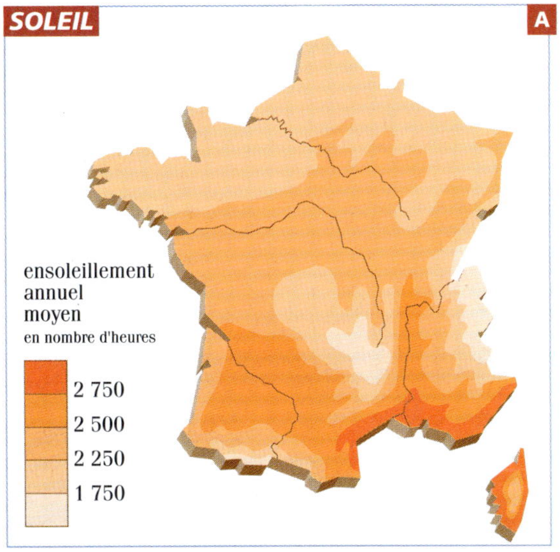

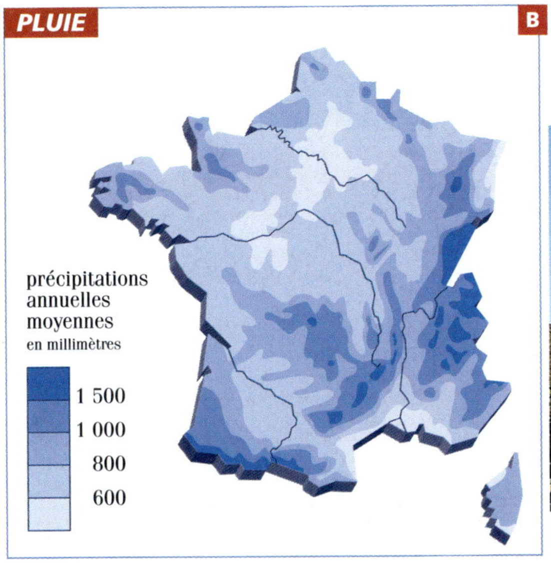

1 2

3

1. Végétation méditerranéenne sur la Sainte Victoire.
2. Forêt de pins dans les Landes.
3. En montagne, dans les Alpes.

OBSERVEZ – RÉPONDEZ

▶ **Regardez la carte A. Dans quelles régions le soleil brille le plus ? Classez les régions de la plus ensoleillée (+) à la moins ensoleillée (–).**

Nord, Nord-Est, Est, Sud-Est, Sud, Sud-Ouest, Ouest, Nord-Ouest.

▶ **Le soleil divise le territoire français d'est en ouest ou du nord au sud ?**

▶ **Regardez la carte B. Elle illustre la quantité de pluie qui tombe sur le territoire français. Classez les régions de la plus humide (+) à la moins humide (–).**

Nord, Nord-Est, Est, Sud-Est, Sud, Sud-Ouest, Ouest, Nord-Ouest.

civilisation

3 Les paysages

3

1 4

2

1. En Normandie, dans le pays d'Auge.
2. Un port méditerranéen, Saint-Tropez.
3. Une station de ski dans les Alpes, Courchevel.
4. Un paysage du Jura, Baume-les-Dames.

4 Mon pays, ton pays

OBSERVEZ – RÉPONDEZ

- **Qu'est-ce que vous aimez ? La mer ? la campagne ? la montagne ?**
- **Choisissez la photo du paysage que vous préférez. Dites pourquoi et comparez vos réponses.**

POUR PARTIR EN VACANCES LES FRANÇAIS AIMENT

la mer (46 %)
la campagne (23 %)
la montagne (14 %)

- **À votre avis, pourquoi est-ce que les Français préfèrent la mer ?**

À VOUS DE JOUER ! **Écrivez une présentation de votre pays ou de votre région.**
Mon pays a la forme…

Partie 2

À MON AVIS...

UNITÉ
5

Savoir-faire
- au restaurant
- inviter quelqu'un à la maison
- faire des propositions

Vocabulaire
- la quantité
- les repas

Grammaire
- *du, de la, de l', de, des*
- *pas de*
- les verbes *boire, venir, manger*
- l'interrogation avec *quel*
- *moi, toi, lui, elle…*
- *il y a*
- *on = nous*

La pause de midi

Qu'est-ce que vous mangez ?

VOUS AIMEZ

LE SALÉ ?

Vous mangez :

☐ du poisson 

☐ de la viande 

☐ du fromage 

Vous ne mangez pas :

☐ de confiture

LE SUCRÉ ?

☐ des gâteaux,
☐ du chocolat 

☐ des fraises, 
☐ des abricots 

☐ de la confiture

☐ de citrons

Vous buvez de l'eau, mais aussi des jus de fruits, du vin, de la bière.

Vous aimez le sucré. Vous mangez de la confiture, des gâteaux… et vous buvez de l'eau ! Vous ne mangez pas de citrons.

❶ **Lisez et remplissez le test.**

❷ **Qu'est-ce que vous mangez ?**

Je mange des gâteaux. *Je ne mange pas de viande.*
Je mange … *Je ne mange pas …*

❸ **Qu'est-ce que vous buvez ?**

Je bois de l'eau. *Je ne bois pas de vin.*
Je bois … Je ne bois pas …

2 Au restaurant

Demander la carte

LA CLIENTE : Monsieur, monsieur, garçon !
LE SERVEUR : J'arrive !
LA CLIENTE : Je voudrais la carte, s'il vous plaît.
LE SERVEUR : Voilà, madame.

Commander

LA CLIENTE : Monsieur, s'il vous plaît !
LE SERVEUR : Oui, madame.
LA CLIENTE : Quel est le plat du jour ?
LE SERVEUR : Des moules avec des frites.
LA CLIENTE : C'est lourd ?
LE SERVEUR : Non, non.
LA CLIENTE : Très bien, je prends le plat du jour.

Demander l'addition

LA CLIENTE : Je voudrais l'addition, s'il vous plaît !
LE SERVEUR : Vous ne prenez pas de café ?
LA CLIENTE : Non, merci.

Protester

LE SERVEUR : Voilà l'addition.
LA CLIENTE : 60 francs ! 60 francs pour des moules et des frites froides, c'est cher !

Je voudrais la carte / l'addition s'il vous plaît !
Quel est le plat du jour ?

4 Écoutez les dialogues. Répondez aux questions.

1. La cliente prend du café ?
2. Est-ce que la cliente mange des moules et des frites ?
3. Quel est le plat du jour ?
4. La cliente est contente ?

À VOUS ! **5 Qu'est-ce que vous dites pour...**

- appeler le serveur ?
- demander la carte ? l'addition ?
- commander ?
- demander un renseignement au serveur ?

Jouez la scène.

« Au Soleil de Provence »

6 Lisez le document 3.
Repérez :

- les aspects positifs,
- les aspects négatifs,
- les propositions.

À VOUS! 7 Vous répondez à une enquête.

Écrivez trois petits textes sur le modèle du document. Faites des propositions.

AU SOLEIL DE PROVENCE

Inscrivez ici vos critiques et vos suggestions

Je ne mange pas de viande.
Proposez un plat de légumes à midi !

La viande est bonne
mais les frites sont froides !

Les plats sont bons, mais
les vins sont chers.
Changez la carte des vins !

Les plats sont bons, mais les vins sont chers !

Les invitations

8 Où et quand est-ce qu'Annette invite Mme Picard et Gérard ?

À VOUS! 9 Vous téléphonez pour inviter un ami ou une amie à dîner chez vous samedi.

À deux, imaginez la conversation.

- À quelle heure ?
- À quelle adresse ?
- Vous dites votre menu.
- Est-ce que votre ami / amie aime ça ?

Viens dîner chez moi.
Venez dîner à la maison.

Télécopie

Destinataire : Madame Picard
Expéditeur : Annette Lefloch

Madame,

Samedi, j'ai 20 ans. Venez dîner à la maison.
J'invite aussi des amis de l'université.

Amitiés
Annette Lefloch

A Montmartre :
La place des Abbesses
Photo B.B.

Gérard,
Samedi, j'ai 20 ans.
Viens dîner chez moi.
J'invite aussi des amis de l'université.
Bisous
Annette

Gérard Dupont
3, rue des Petits Ponts
75013 PARIS
FRANCE

© Image'In - Tél. : (1) 43.49.15.50
7510102602

VOCABULAIRE

1 Lisez le texte.

Repérez les nombres et les mots exprimant la quantité.

50 tonnes pour un seul homme

En une vie, nous mangeons 50 tonnes d'aliments, en 87 600 repas. Cela représente 10 tonnes de légumes, 900 kilos de sucre, près de 2 000 kilos de fromage, 17 000 œufs, 6 bœufs, 16 porcs, 21 000 baguettes de pain... Plus la confiture, les fruits... Et on boit aussi !

2 Qu'est-ce qu'il y a sur les tables ?

Dans le restaurant, il y a une grande salle.

Dans la salle, il y a cinq tables. Sur la table 1, il y a une assiette, une fourchette, une cuillère, une nappe, un couteau et une serviette.

Qu'est-ce qu'il y a sur les tables 2, 3, 4 et 5 ?

Continuez...

3 La quantité

100 grammes	de viande	1 verre	d'eau
200 g	de poisson	2 verres	de lait
300 g	de légumes	3 verres	de vin
400 g	de fruits	1 litre	de jus de fruits
500 g	de fromage	2 litres	de bière
1 kilo	d'abricots		
2 kg	de riz	1 tasse	de café
3 kg	de pommes de terre	2 tasses	de thé

Et vous ?

- Quelle quantité d'aliments est-ce que vous mangez par jour ?
- Quelle quantité de boissons est-ce que vous buvez ?
- Et par semaine, par mois, par an...?

4 Associez des mots.

Trouvez les contraires des mots suivants.

Ce sont des mots pour apprécier un plat ou un repas.

lourd	froid
bon marché	bon
chaud	*léger*
mauvais	cher

5 Vous mangez à quelle heure ?

En France, on prend le petit déjeuner de 7 h à 9 h, on déjeune entre midi (12 h) et 14 h et on dîne entre 19 h et 20 h. Et chez vous ?

GRAMMAIRE

LA QUANTITÉ INDÉTERMINÉE

• Les articles partitifs **du**, **de la**, **de l'**, **des**

Je mange **du** pain.	Je mange **de la** viande.
Je bois **des** jus de fruits.	Je bois **de l'**eau.

❶ **Complétez avec du, de la, de l', des.**

1. Il adore manger.

Au petit déjeuner, il boit … chocolat, … lait ou … café sucré. Il mange … œufs, … pain avec … beurre et … confiture. À midi, il va au restaurant : il prend … viande avec … frites, … fromage et … fruits, … ananas avec … crème. Il boit … vin.

Le soir, il dîne chez lui : il mange … charcuterie, … fromage et … gâteaux. Il boit … bière.

2. Vous mangez léger.

Qu'est-ce que vous prenez :

– au petit déjeuner ?
– à midi ?
– au dîner ?

Au petit déjeuner, je bois …

3. Vous invitez des amis à déjeuner.

Quel est votre menu ?

Comme hors-d'œuvre : *des crudités, du… , de la…*

Comme plat principal : …

Comme dessert : …

Comme boisson : …

4. Dimanche, vous êtes quatre pour le déjeuner.

Quelle quantité est-ce que vous prenez ?

Pour le hors-d'œuvre, je prends 300 grammes de fromage, un kilo de tomates...

Pour le plat principal, …

LA QUANTITÉ « ZÉRO »

Il mange **du** pain.	Il ne mange pas **de** pain.
Il mange **de la** viande.	Il ne mange pas **de** viande.
Il boit **de l'**eau.	Il ne boit pas **d'**eau.
Il boit **des** jus de fruits.	Il ne boit pas **de** jus de fruits.

• Après un verbe à la forme négative, on emploie la préposition **de**, **d'**, avant le nom.

❷ **Complétez avec l'article partitif ou la préposition de.**

1. Annie est sportive.

Elle ne boit pas … vin, pas … bière.
Elle boit … eau et … jus de fruits.
Elle ne mange pas … porc, pas … gâteaux.
Elle mange … légumes et … fruits.

2. Aline n'aime pas le sucré.

Qu'est-ce qu'elle ne mange pas ? Qu'est-ce qu'elle ne boit pas ?

L'INTERROGATION AVEC QUEL

	masculin	féminin
singulier	**Quel** est le plat du jour ?	**Quelle** est ta boisson préférée ?
pluriel	**Quels** fruits sont sucrés ?	**Quelles** activités est-ce que tu aimes ?

❸ **Écoutez et complétez avec quel, quelle, quels, quelles.**

– Pardon, monsieur. C'est pour une enquête.
– Oui ?
– Première question : … sont vos aliments préférés ?
– J'aime le poisson, les fruits de mer, j'adore les moules !
– … est votre boisson préférée ?
– C'est la bière.
– … bière ?
– La bière allemande.
– … est votre repas préféré ?
– C'est le dîner, mais j'aime le petit déjeuner aussi.
– Vous dînez à … heure ?
– À sept heures, sept heures et demie.
– Vous avez … âge ?
– Euh !
– … est votre profession ?
– Pilote.
– Merci, monsieur. Bonne journée !

GRAMMAIRE

LES PRONOMS MOI, TOI, LUI, ELLE

Je suis à la maison	➜ chez **moi**	nous	➜ chez **nous**
Tu es à la maison	➜ chez **toi**	vous	➜ chez **vous**
Il est à la maison	➜ chez **lui**	ils	➜ chez **eux**
Elle est à la maison	➜ chez **elle**	elles	➜ chez **elles**

• Après une préposition, on emploie un pronom tonique :
Elle vient sans sa fille mais avec son fils.
*➜ Elle vient sans **elle** mais avec **lui**.*

• On emploie aussi les pronoms toniques pour insister ou pour marquer l'opposition :
***Moi**, je travaille. Et **lui**, il va au cinéma.*

CONJUGAISON : MANGER, BOIRE, VENIR

manger	**boire**	**venir**
Je mang**e**	Je boi**s**	Je vien**s**
Tu mang**es**	Tu boi**s**	Tu vien**s**
Il / elle mang**e**	Il / elle boi**t**	Il / elle vien**t**
Nous mang**eons**	Nous buv**ons**	Nous ven**ons**
Vous mang**ez**	Vous buv**ez**	Vous ven**ez**
Ils / elles mang**ent**	Ils / elles boiv**ent**	Ils / elles vienn**ent**

Voyager se conjugue comme **manger**.
*Je mange ➜ nous mang**eons***
*Je voyage ➜ nous voyag**eons***

6 Complétez avec des formes de manger, boire et venir.

1. Je vais au cinéma. Tu … avec moi ?
2. Nous avons un match dimanche : nous ne … pas de vin et nous … des plats légers.
3. Mes parents … dîner. Ils ne … pas de viande, ils ne … pas de vin.
4. Qu'est-ce que vous … au petit déjeuner, du thé ou du café ?
5. Je … du chocolat avec du lait et je … du pain avec du beurre et de la confiture.
6. Et toi, tu … du chocolat aussi ? Est-ce que tu … des fruits au petit déjeuner ?
7. Anne, … dîner à la maison jeudi avec ton mari.
8. Nous allons à l'université. Vous … avec nous ?

4 Transformez les phrases.

Je voyage sans mon mari. ➜ Je voyage sans lui.

1. Je dîne chez mes amis.
2. À midi, je déjeune avec ma fille.
3. Dimanche, je vais chez mon père.
4. Il travaille pour madame Richard.
5. Pierre dîne avec ses amies.

5 Lisez le texte. Sur le même modèle, imaginez la semaine d'un(e) ami(e).

Lundi, je dîne chez moi. Mardi, j'ai rendez-vous avec Claire à 18 heures et je dîne avec elle. Mercredi, je vais chez mes parents et je dîne avec eux. Jeudi, je déjeune avec Pierre au restaurant. Vendredi, je travaille avec Henri et je déjeune avec lui, chez lui.

Lundi, mon ami(e)…

LE PRONOM ON

– Vous venez ? **On** va boire un café.
– Non. Nous, **on** va au cinéma.

7 Au restaurant, qu'est-ce qu'on fait ?

Appeler le serveur. ➜ On appelle le serveur.

1. Commander.
2. Demander l'addition.
3. Parler des plats.
4. Parler de sports, de cinéma…

« CHEZ MARTINE »
CAFÉ-RESTAURANT

DIALOGUE A

Nous sommes à Toulouse, dans un petit café-restaurant du centre-ville : « Chez Martine ».

MARTINE : Michel, s'il te plaît ! Un café et l'addition pour la cinq.
MICHEL : Tout de suite, madame Cazenave !
MARTINE : Tiens, voilà les sportifs ! Alors, messieurs, en forme ?
PREMIER SPORTIF : Toujours ! Qu'est-ce qu'on mange aujourd'hui ?
MARTINE : Comme plat du jour, il y a du rôti de veau, des épinards et des frites. J'ai aussi du cassoulet.
DEUXIÈME SPORTIF : Non, non. J'aimerais le plat du jour, et toi ?
PREMIER SPORTIF : Moi aussi, mais pas de frites !
MARTINE : Et qu'est-ce que vous buvez ? deux demis ?
PREMIER SPORTIF : Non, pas d'alcool, de l'eau. On a un match dimanche.
MARTINE : Toujours le rugby !

DIALOGUE B

« Chez Martine », à l'heure du thé.

MARTINE : Voilà votre jus d'orange, Sophie. Vous prenez du gâteau ?
MME MARCEAU : Mm ! le gâteau est délicieux, Sophie.
SOPHIE : Et ma ligne, madame Marceau !
MARTINE : Mais vous êtes mince comme un fil !
CÉLINE : Maman !
MARTINE : Qu'est-ce qu'il y a, Céline, je n'ai pas le temps !
CÉLINE : Je vais chez Virginie.
MARTINE : Encore ? Ah non ! Et tes devoirs ?
CÉLINE : Maman, s'il te plaît !
MME MARCEAU : Ah, les adolescentes !
MICHEL : Madame Cazenave, téléphone !
MARTINE : J'arrive.
Allô ! Allô ! Allô !... *(Elle raccroche.)*
Personne ! C'est bizarre.

Écoutez

1 Dialogue A : Vrai ou faux ?

1. On est dans un restaurant.
2. Les sportifs prennent le plat du jour.
3. Ils ne boivent pas d'eau.
4. Michel est un client.
5. Le café et l'addition sont pour la table 5.

2 Dialogue B : Devinez.

1. Qui est madame Marceau ?
2. Comment est le gâteau ?
3. Qui est mince comme un fil ?
4. Céline fait ses devoirs ?
5. Qui est au téléphone ?

3 Qu'est-ce qui va ensemble ?

▼ 1. *Les deux sportifs ne boivent pas d'alcool.*
2. Sophie est mince comme un fil.
3. Madame Marceau commande du gâteau.
4. Céline ne fait pas ses devoirs.
5. Martine travaille.

a. Elle n'a pas le temps.
▲ b. *Ils ont un match dimanche.*
c. Elle va chez Virginie.
d. Il est délicieux.
e. Elle ne mange pas de gâteau.

Observez et répétez

▶ Les sons [i] [y] [u]

4 Écoutez et classez les aliments.

	[i]	[y]	[u]
sucre		*sucre*	
riz			
confiture			
jus de fruits			
poulet			
moule			
yaourt			
cassoulet			
citron			

5 Jouez.

A dit : « Je vais au supermarché et je prends du sucre. »
B répète et complète : « Je vais au supermarché et je prends du sucre et du riz. »
C répète et complète : « Je vais au supermarché et je prends du sucre, du riz et de la confiture. »

Continuez...

▶ Les mélodies

6 Écoutez les appréciations et trouvez l'intrus.

1. Mm ! le gâteau, il est délicieux !
2. Les frites ? Je n'aime pas les frites froides !
3. Mm ! votre cassoulet, il est... génial !
4. Le rôti de veau ? Mm ! formidable !

Vous déjeunez chez Martine. Appréciez les plats.

Exprimez-vous

À VOUS ! **7 L'invitation**

1. Vous organisez une fête. Chaque participant apporte une spécialité sucrée ou salée. Faites la liste des hors-d'œuvre, des plats, des desserts et des boissons.

Mercedes est espagnole. Elle apporte une paella. Pour une paella, vous prenez du riz, du poulet, des moules, des haricots verts.

2. Vous invitez des amis à dîner, mais
A ne mange pas de viande,
B déteste le poisson,
C, le sportif, mange léger.
Avec un(e) ami(e), vous imaginez des menus et vous discutez.

3. Écrivez une carte ou un fax pour inviter un(e) ami(e).

UNITÉ 6

Sport et santé

Savoir-faire
- dire qu'on est malade, s'adresser à un médecin
- ordonner, conseiller

Vocabulaire
- le corps humain
- les sports
- la quantité

Grammaire
- les verbes *faire* et *dire*
- passé composé avec *avoir*
- interrogation *combien de*
- pronom *en*
- *il faut* + infinitif

1 *Ça ne va pas !*

1. – Bonjour. Comment ça va ?
   – Mal ! Hier, j'ai fait de la marche. Et aujourd'hui, j'ai mal aux jambes.
2. – Salut, ça va ?
   – Non, ça ne va pas. J'ai mal au cœur. J'ai mangé trop de gâteaux hier.
3. – Bonjour, madame.
   – Qu'est-ce que vous dites ? Mais vous n'avez pas de voix !
   – Excusez-moi, mais j'ai mal à la gorge. Hier, j'ai traversé la ville sous la pluie.

J'ai fait de la marche.
J'ai mangé trop de gâteaux.
J'ai traversé la ville…

❶ Oh là là ! Ça ne va pas !

J'ai mal…

Continuez.

❷ Écoutez.
C'est dans quel dialogue ?

Elle a mangé trop de gâteaux.
Elle a fait de la marche.
Elle a traversé la ville sous la pluie.

❸ Associez.

Aujourd'hui,	Hier,
1. j'ai mal à la gorge,	**a.** j'ai bu trop de café.
2. j'ai mal au nez,	**b.** j'ai fait de la boxe.
3. j'ai mal à l'estomac,	**c.** j'ai travaillé toute la journée.
4. j'ai mal à la tête,	**d.** *j'ai mangé trop de chocolat.*
5. j'ai mal aux jambes,	**e.** j'ai marché sous la pluie.
6. *j'ai mal au cœur,*	**f.** j'ai fait du vélo pendant cinq heures.

2 Chez le médecin

LE MÉDECIN : Bonjour, monsieur.
LE MALADE : Bonjour, docteur.
LE MÉDECIN : Asseyez-vous.
LE MÉDECIN : Alors…
LE MALADE : Je ne me sens pas bien. J'ai mal à la gorge, j'ai mal à la tête et j'ai de la fièvre.
LE MÉDECIN : Ouvrez la bouche. Faites ah !
LE MALADE : Ah ! Aaah !
LE MÉDECIN : Bien. Ce n'est pas grave. C'est la grippe… Euh… Restez chez vous… Voilà. Prenez deux comprimés avant les repas.
LE MALADE : Combien de comprimés, docteur ?
LE MÉDECIN : Vous en prenez deux à midi et deux le soir.
LE MALADE : Merci, docteur.

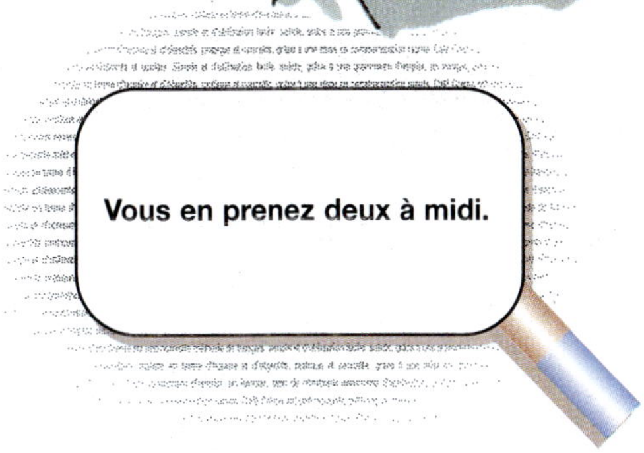

4 Écoutez le dialogue et choisissez les bonnes réponses.

1. Le malade dit :
   - « Bonjour, monsieur. » …
   - « Bonjour, monsieur le docteur. » …
   - « Bonjour, docteur. » …
   - « Je n'ai pas faim. » …
   - « J'ai la grippe. » …
   - « J'ai de la fièvre. » …
2. Le médecin dit :
   - « Comment allez-vous ? » …
   - « Vous avez mal où ? » …
   - « C'est la grippe. » …

5 Écrivez quatre petits dialogues comme dans l'exemple.

Deux avant les repas ->
- *Prenez deux comprimés avant les repas.*
- *Pardon, j'en prends combien ?*
- *Vous en prenez deux avant les repas.*

1. Trois le soir.
2. Un au déjeuner, deux au dîner.
3. Un le matin.
4. Un après les repas.

3 Un message

Francine,
Je suis malade. Hier soir, j'ai mangé beaucoup de fromage et trop de gâteaux. J'ai mal au ventre et à l'estomac. J'ai un peu de fièvre.
Je suis chez le médecin.
Bisous
Michel

À VOUS ! **6 Michel est chez le médecin. À deux, jouez le dialogue.**

7 Hier, vous avez invité des collègues chez vous. Complétez.

	un peu de	beaucoup de	trop de
Qu'est-ce que vous avez mangé ?	…	…	*viande*
Qu'est-ce que vous avez bu ?	…	*café*	*vin*

À VOUS ! **8 Aujourd'hui, vous êtes malade. Vous écrivez un message à vos collègues : vous n'allez pas travailler.**

4 Il faut faire du sport !

Quel sport pour quel âge ?

Vous avez moins de 40 ans

● Faites du sport : tous les sports sont bons pour vous.
Vous pouvez faire du football ou du tennis, de la marche ou de la natation.

Vous avez entre 40 et 50 ans

● Vous pouvez faire de la natation, du ski, de la marche, du vélo.
Vous pouvez aussi faire du tennis, mais faites attention : il faut avoir une bonne technique.

Vous avez entre 50 et 60 ans

● Vous pouvez pratiquer tous les sports, mais il faut consulter votre médecin.

Vous avez plus de 60 ans

● Vous pouvez faire de la natation, de la marche et du vélo, de la gymnastique et de la danse.

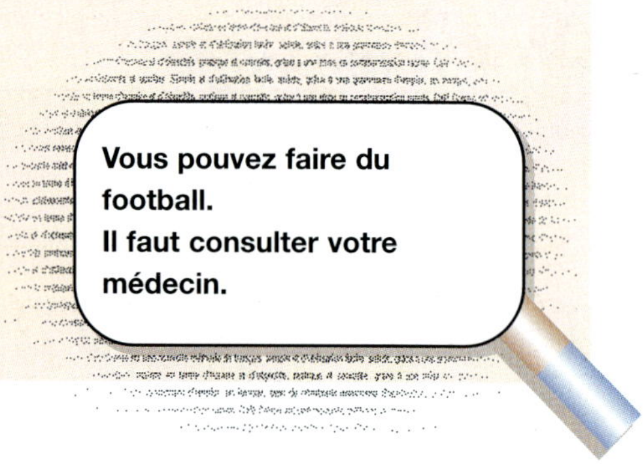

9 Lisez le texte et repérez les mots que vous connaissez.

10 Et vous, quels sports est-ce que vous faites ? Et vos amis ?

Je fais du... , de la..., de l'... , des...
Jacques fait du...

11 Repérez les expressions utiles pour donner un conseil, puis conseillez :
Vous pouvez... Il faut... Faites...

Marc a 28 ans -> Faites du sport, Marc.
Vous pouvez faire du football et du tennis.

Continuez : *Annie a 32 ans ; Patrick a 64 ans ; Corinne a 52 ans ; Pierre a 40 ans.*

VOCABULAIRE

1 Retrouvez les parties du corps.

O	R	E	I	L	L	E	S	A	N	E	Z	J
R	O	P	I	E	D	S	Y	E	U	X	O	A
A	L	A	B	A	O	T	E	T	E	U	E	M
C	O	U	R	J	G	O	R	G	E	D	P	B
A	I	L	A	T	I	M	A	R	F	O	I	E
D	I	E	S	U	M	A	I	N	S	S	O	S
V	E	N	T	R	E	C	H	E	V	E	U	X

LE CORPS HUMAIN

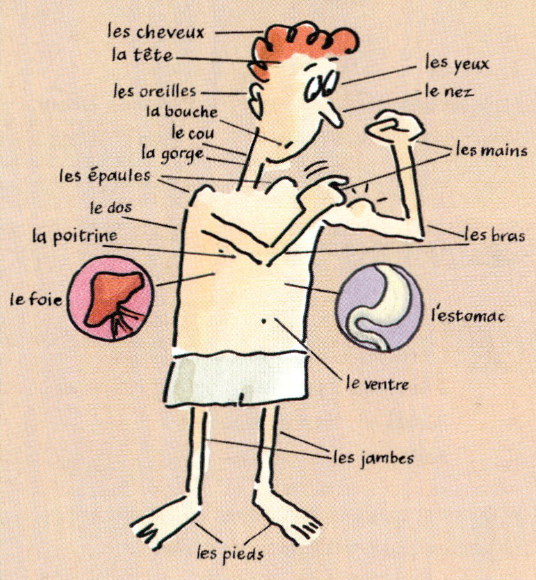

LA QUANTITÉ

Je ne suis pas en forme :

je ne mange pas assez de fruits,

je bois un peu de vin,

je ne bois pas beaucoup de lait,

je mange assez de pain,

je mange beaucoup de pâtes,

et je prends trop de médicaments.

2 Lisez le texte. Relevez et classez les expressions de quantité.

pas assez de ←→ trop de

– ←→ +

3 Jacques fait un régime. Michel ne fait pas de régime. Qui parle ? Jacques ou Michel ?

1. J'adore faire un régime. …
2. Je ne fais pas assez de sport. …
3. Je ne mange pas assez de légumes. …
4. Je mange peu de viande. …
5. Je mange peu de sucre. …
6. Je bois trop de café et de bière. …
7. Je bois beaucoup d'eau. …
8. Je ne suis pas en forme. …
9. Je suis en forme. …

4 Choisissez les deux affirmations les plus importantes pour vous. Puis faites un classement ou une statistique dans votre groupe.

- ❑ On ne fait pas assez de sport.
- ❑ On mange trop de viande, mais pas assez de légumes.
- ❑ On ne boit pas assez d'eau.
- ❑ On prend trop de médicaments.
- ❑ On boit beaucoup de boissons sucrées.

5 Qu'est-ce qu'il faut faire pour être en forme ? Complétez les listes.

il faut	il ne faut pas
faire du sport.	*manger trop de viande.*
manger beaucoup de légumes.	…
…	…

6 Et vous, qu'est-ce que vous faites ?

Moi, je fais un peu de sport.
Je ne mange pas de viande / je mange trop de viande…

Continuez.

GRAMMAIRE

CONJUGAISON : FAIRE ET DIRE

présent de l'indicatif		impératif présent	
Je fai**s**	Je di**s**		
Tu fai**s**	Tu di**s**	Fai**s**	Di**s**
Il / elle fai**t**	Il / elle di**t**		
Nous fais**ons**	Nous dis**ons**	Fais**ons**	Dis**ons**
Vous fait**es**	Vous dit**es**	Fait**es**	Dit**es**
Ils / elles f**ont**	Ils / elles dis**ent**		

Faisons se prononce [fəzõ].

Le verbe **faire** a plusieurs emplois :
*Qu'est-ce que vous **faites** dans la vie ?*
*Il **fait** beau, il **fait** froid.*
*Je **fais** un exercice de français.*
***Faites** ah !*

- Quand le complément de **faire** désigne une activité, on emploie souvent **du**, **de la**, **de l'**, **des** :
*Je fais **de la** marche, **du** judo, **de la** peinture...*

1 Complétez avec des formes de dire et de faire.

1. Qu'est-ce que vous (faire) dans la vie ? Je (faire) de l'informatique.
2. Pour dire bonjour à un médecin, vous (dire) « monsieur » ou « docteur » ?
3. Mes amis (faire) du sport : Alain (faire) du vélo, Céline et Catherine (faire) de la natation.
4. Ils (dire) « vous » à leurs parents.
5. Nous (faire) du tennis après le petit déjeuner.
6. Je (faire) toujours de la marche après le dîner.
7. Nous (dire) au revoir à nos amis.

LE PASSÉ COMPOSÉ AVEC AVOIR

forme affirmative	forme négative
J'**ai** travaill**é**	Je **n'**ai **pas** travaillé
Tu **as** travaill**é**	Tu **n'**as **pas** travaillé
Il / elle **a** travaill**é**	Il / elle **n'**a **pas** travaillé
Nous **avons** travaill**é**	Nous **n'**avons **pas** travaillé
Vous **avez** travaill**é**	Vous **n'**avez **pas** travaillé
Ils / elles **ont** travaill**é**	Ils / elles **n'**ont **pas** travaillé

- Le passé composé se forme avec un auxiliaire (généralement le verbe avoir) et le participe passé du verbe.

- À la forme négative, **n' (ne)** se place avant **avoir** et **pas** se place après **avoir** :
*Je **n'**ai **pas** travaillé.*

LE PARTICIPE PASSÉ

Le participe passé des verbes en **-er** est régulier :

travaill **-er**	➜	travaill **-é**
préfér **-er**	➜	préfér **-é**
mang **-er**	➜	mang **-é**

Le participe passé d'autres verbes est irrégulier :

avoir	➜	**eu**
être	➜	**été**
dire	➜	**dit**
faire	➜	**fait**
boire	➜	**bu**
prendre	➜	**pris**
pleuvoir	➜	**plu**
il faut	➜	**il a fallu**

2 Mettez les verbes entre parenthèses au passé composé.

Vous (prendre) le train de nuit. ➜ Vous avez pris…
1. Je suis malade : hier (marcher) sous la pluie.
2. Les enfants n'ont pas faim : ils (manger) trop de frites à midi.
3. Hier, il (pleuvoir) et aujourd'hui, il fait beau.
4. Nous (boire) trop de café hier soir.
5. Arlette (avoir) 20 ans hier.
6. Tu (faire) un bon voyage ?

3 Mettez les verbes entre parenthèses au passé composé à la forme négative.

Je (marcher) sous la pluie.
➜ Je n'ai pas marché sous la pluie.
1. Il (pleuvoir)
2. Je (manger) trop de gâteaux.
3. Les enfants (être) malades.
4. Je (prendre) des médicaments.
5. Je (travailler).

GRAMMAIRE

LE PRONOM EN

En remplace le nom qui suit une expression de quantité.

1. du, de la, de l', des	*Tu bois **du** thé ? Oui, j'**en** bois.* *Elle mange **des** fruits ? Non, elle n'**en** mange pas.*
pas de	*Nous n'avons **pas de** vin. Nous n'**en** avons pas.*
2. beaucoup de, assez de, un peu de, trop de	*Je fais **beaucoup de** ski. J'**en** fais **beaucoup**.* *Vous faites **un peu de** sport ? Vous **en** faites **un peu** ?*
3. un kilo, 300 grammes, une tasse, un verre, un litre, une bouteille...	*Je prends **un kilo** de pommes. J'**en** prends **un kilo**.* *Il boit **un litre** d'eau. Il **en** boit **un litre**.*
4. un, une, deux, trois...	*J'ai **une** voiture. J'**en** ai **une**.* *J'ai **trois** sœurs. J'**en** ai **trois**.*
5. Combien de... ?	*Je prends **combien de** comprimés ? J'**en** prends **combien** ?*

4 Répondez comme dans l'exemple.

Vous avez une voiture ?
→ Oui, j'en ai une.

1. On prend du pain pour le dîner ?
2. Ta femme boit du jus d'orange au petit déjeuner ?
3. Tu prends deux comprimés avant les repas ?
4. Vous prenez un kilo de tomates ?
5. Vos enfants font de la natation ?

5 Transformez comme dans l'exemple.

Vous avez des amis ? (beaucoup)
→ Oui, j'en ai beaucoup.

1. Votre fils prend des médicaments ? (trop)
2. Vos enfants mangent des pâtes ? (beaucoup)
3. Votre mari fait du sport ? (pas assez)
4. Vous faites de la peinture ? (un peu)
5. Vos parents boivent du café ? (trop)

BONJOUR LA FORME !

DIALOGUE A

Dans une salle de gymnastique. On entend de la musique disco.

LE MONITEUR : 5-6-7-8 ! Baissez les bras !
SOPHIE : Oh ! je suis fatiguée !
LE MONITEUR : Bon, hier on a travaillé les jambes, aujourd'hui on étire le dos.
VALÉRIE : C'est bientôt fini ?
LE MONITEUR : Courage ! Levez la tête, rentrez le ventre et souriez !
SOPHIE : Mais j'ai mal partout !
LE MONITEUR : Il faut souffrir pour être belle !
VALÉRIE : Hou ! j'ai trop mangé à midi ! J'ai mal à l'estomac !
LE MONITEUR : Mais c'est un hôpital ici, pas un cours de gym !

DIALOGUE B

Quelques instants plus tard, chez Martine.

MARTINE : Ben alors les petites, ça ne va pas ?
VALÉRIE : Oh là là ! on a fait trop d'exercices.
SOPHIE : Aïe ! je ne peux pas bouger !
MME MARCEAU : Il faut faire attention, mais le sport c'est bon pour la santé.
SOPHIE : Vous avez fait du sport, madame Marceau ?
MME MARCEAU : Du sport, mais j'en fais toujours !
VALÉRIE : Ah bon, quel sport ?
MME MARCEAU : J'ai 70 ans, je fais du judo et je suis en pleine forme !
SOPHIE : 70 ans !
VALÉRIE : Du judo !
MARTINE : Eh bien, chapeau madame Marceau ! Allô, oui c'est Martine, oui je vais bien ! comment ? qui ? un ami ? bon... oui... oui... oui... oui... au revoir ! (*À Mme Marceau*) C'est très bizarre !

Écoutez

1 Dialogue A : Quelles sont les parties du corps mentionnées dans le dialogue. Faites la liste.

2 Qu'est-ce qui va ensemble ?

1. étirer	**a.** la tête
2. lever	**b.** le dos
3. rentrer	**c.** les bras
4. baisser	**d.** le ventre

3 Le moniteur dit : « Mais c'est un hôpital ici ! » Pourquoi ? Il y a trois explications dans le texte.

4 Dialogue B : Vrai ou faux ?

1. Valérie et Sophie ont fait trop d'exercices.
2. Madame Marceau fait du judo.
3. Madame Marceau a soixante-cinq ans.
4. Le sport n'est pas bon pour la santé.
5. Madame Marceau est en pleine forme.

Observez et répétez

Les sons [e] et [ə]

5 Écoutez le moniteur et classez les mots dans le tableau.

	[e]	[ə]
– Marchez !	*Marchez*	…
– Levez les bras !	…	…
– Étirez votre dos !	…	…
– Montez votre genou droit !	…	…
– Baissez une épaule !	…	…
– Ne regardez pas vos pieds !	…	…
– Est-ce que vous aimez jouer ?	…	…

Les mélodies

6 Écoutez la cassette et repérez les petits mots qui expriment la douleur :

Ah ! – Oh là là ! – Aïe ! – Hou ! – Mm !

7 Dites que vous avez mal :

1. à la tête ;
2. aux pieds ;
3. à l'estomac.

Exprimez-vous

À VOUS !

8 Céline est malade. À deux, jouez la scène. Céline a mal à la tête. Sa mère n'est pas contente. Elle donne des conseils à sa fille.

- *Céline ne fait pas de sport.*
- *Elle ne fait pas de gymnastique.*
- *Elle ne marche pas.*
- *Elle écoute toujours de la musique.*
- *Elle mange trop sucré.*
- …

À VOUS !

9 Sophie et Valérie sont en voyage. Elles écrivent une carte postale à Martine. Imaginez un texte, puis dictez la carte à votre voisin(e).

- *Elles marchent beaucoup.*
- *Il fait chaud.*
- *Elles boivent des litres d'eau.*
- *Elles sont en forme.*
- *Hier, elles ont fait du tennis.*
- *L'hôtel est formidable.*
- *Les restaurants ne sont pas chers.*
- …

Bilan

1 Complétez par les pronoms toniques moi, toi, etc.

1. Pierre a beaucoup d'amis. Il va chez … le dimanche. Sa femme n'aime pas sortir ; elle ne vient pas avec … .

2. Est-ce que Mme Martin est là ? J'ai une lettre pour … .

3. Je t'aime ! Je voudrais être avec … .

4. J'ai fini mon travail à 8 heures et vous avez fini à 10 heures. J'ai fini avant … .

5. Nous allons au cinéma ce soir. Est-ce que tu viens avec … ?

6. … tu aimes le sucré, … je préfère le salé.

2 Voici des réponses. Trouvez les questions.

1. J'en ai trois.

2. Oui, il en fait beaucoup.

3. Elle en prend deux par jour.

4. J'en ai acheté 1 kg.

5. On en boit au petit déjeuner.

6. Il y en a au supermarché.

3 Complétez par des articles (défini, indéfini ou partitif).

Le dimanche, les Duval déjeunent toujours chez eux. M. Duval adore faire … cuisine. Il prépare … menu spécial pour sa femme et ses enfants : … fruits de mer, … poulet au curry, … salade verte, … fromage et pour finir … belle tarte aux fraises. … parents boivent … vin et … enfants … eau ou … Coca-Cola.

4 Vous invitez des amis à déjeuner. Quel est votre menu ?

5 Écrivez les phrases à la forme négative. Attention aux articles !

1. J'ai pris du café après le déjeuner.

2. Mathilde a faim.

3. Les enfants aiment le chocolat.

4. Elle est malade.

5. Nous faisons du sport.

6. Buvez de la bière !

7. Regarde la télévision !

8. Elle a acheté des fruits hier.

6 Paul a fini de travailler à 17 h 30. Qu'est-ce qu'il a fait après ? Employez le passé composé.

Paul (rencontrer) Hervé au club de tennis à 18 heures. Ils (faire) une partie de tennis. Ils (jouer) longtemps. Ils (boire) une bière au bar du tennis. Ils (regarder) les joueurs de tennis. Paul (téléphoner) à deux amies. Il (donner) rendez-vous à Brigitte et Camille au restaurant le Voltaire. Les quatre copains (manger) au restaurant et ils (passer) une bonne soirée.

7 Écrivez les verbes entre parenthèses au temps correct.

1. Vous voulez aller place de la Victoire ? (prendre) la rue à gauche !

2. Hier nous (voir) un film génial à la télévision.

3. (ne pas aller) au cours ! Tu es trop malade.

4. Hier matin, M. Martin (prendre) sa voiture pour aller au bureau.

5. (venir) chez moi ! (ne pas aller) à l'hôtel ! J'ai un grand appartement.

6. – Vous (faire) de la musique ? – Oui, un peu de guitare.

7. Les enfants (ne pas boire) d'alcool.

8. L'été, beaucoup de Français (prendre) l'avion et (aller) à l'étranger.

9. Pendant le printemps 1996, on (ne pas avoir) beaucoup de soleil à Paris et il (pleuvoir) souvent.

10. Les deux filles Durand (s'appeler) Agathe et Rose.

11. Les Espagnols (dire) « adiós », les Français « au revoir ».

8 Formez des phrases avec son, sa, ses, leur ou leurs devant le nom.

1. Madame Duval voyage avec … mari.

2. Ils vont au café avec … copains.

3. Pour aller à Lyon, ils prennent … voiture.

4. Elle habite chez … sœur.

5. Pierre téléphone souvent à … amis.

6. Elles parlent à … voisine.

9 Écrivez les nombres suivants.

99 – 23 – 14 – 87 – 7 – 65 – 73 – 41 – 80 – 71

❿ Écrivez l'heure comme dans l'exemple.

13 h 15 ➜ treize heures quinze ou une heure et quart

16 h 30	3 h 45	12 h
17 h 15	8 h 55	
24 h	20 h 30.	

⓫ Quelle est la météo ?

1. en juillet à Madrid
2. en août à Rio de Janeiro
3. en février à Québec
4. en novembre à Reims
5. en mai à Nice
6. en juin à Stockholm

⓬ Décrivez une personne de votre famille (son âge, sa profession, ses goûts, sa ville...).

Ma sœur a vingt-quatre ans, elle est mariée, elle a deux enfants...

⓭ Monsieur Leblond est malade. Il est chez le docteur. Complétez leur conversation.

M. Leblond : Bonjour, docteur.

Le docteur : ... ! Vos nom, prénom, âge et adresse s'il vous plaît.

M. Leblond : ...

Le docteur : Quel est votre problème ?

M. Leblond : ... au dos et aux jambes.

Le docteur : ... ?

M. Leblond : Oui, beaucoup et hier ... tennis avec mon fils pendant 4 heures.

Le docteur : ... ?

M. Leblond : 19 ans.

Le docteur : M. Leblond, vous êtes trop ... pour jouer avec un jeune homme de 19 ans. Voilà des comprimés. Vous ... prenez trois par jour. Buvez ... et mangez ..., faites ... de sport et regardez ... la télé !

UNITÉ 7

Savoir-faire
- conseiller
- donner son opinion
- acheter
- se repérer dans un espace intérieur

Vocabulaire
- les couleurs
- les vêtements
- l'orientation dans l'espace

Grammaire
- les démonstratifs : *ce, cet, cette, ces*
- les quantificateurs : *beaucoup, très, trop, assez*
- *je pense que*
- les verbes *acheter, payer, finir, choisir*
- les nombres ordinaux

De toutes les couleurs

1 *Des goûts et des couleurs*

Le noir est à la mode et on porte beaucoup de noir cette année.

C'est très joli le noir, mais il y a beaucoup d'autres couleurs :

le blanc — *le bleu* — *le vert* — *le jaune* — *l'orange* — *le marron* — *le rouge*

- Vous êtes brune ou brun ?
Choisissez le jaune ou le rouge.
- Vous êtes rousse ou roux ?
Vous pouvez porter toutes les couleurs.
- Vous avez les cheveux blonds ou châtains ?
Préférez les bleus et les verts.

Trouvez votre style.
Faites des essais devant votre glace !
Choisir des vêtements, c'est un plaisir.

Notre conseil :
Associez des couleurs très opposées, le jaune et le noir, ou le rouge et le vert, et non pas des couleurs très voisines, le rouge et l'orange ou le vert et le bleu... mais vous êtes libre !

1 Lisez le texte et repérez les mots que vous comprenez.

2 Repérez les noms de couleurs. Comparez avec votre langue.

3 Quelles sont les couleurs conseillées pour les bruns, les blonds, les roux ? Quelles couleurs est-ce que vous portez ?

2 *Le plaisir de choisir*

Je ne suis pas d'accord ! Pour moi, choisir un vêtement, ce n'est pas un plaisir.

À mon avis, toutes les couleurs à la mode sont belles.

Je suis brune et je pense que je peux porter toutes les couleurs.

4 Cherchez les expressions utiles pour dire votre opinion.

pour moi...
à mon avis...
je pense que...
je ne suis pas d'accord...

À VOUS ! **5 Vous êtes d'accord ou pas ? En groupe, discutez les deux opinions suivantes, puis classez les arguments dans un petit tableau :**

	Pour	Contre
C'est très joli, le noir.	...	...
Choisir des vêtements, c'est un plaisir.	...	...

6 Écrivez un petit texte pour exprimer vos opinions sur les couleurs à la mode :
J'aime..., je déteste..., je préfère..., je pense que..., à mon avis..., etc.

3 *Dans un grand magasin*

LA CLIENTE 1 : Pardon, je cherche le rayon de l'alimentation.
L'HÔTESSE : L'alimentation, c'est au sous-sol. Prenez l'escalier devant vous.
LA CLIENTE 2 : Le rayon des vêtements pour femme, s'il vous plaît ?
L'HÔTESSE : C'est au premier étage, madame. L'escalier est là, en face de la sortie.
LA CLIENTE 3 : Excusez-moi, je ne trouve pas les chaussures pour enfants.
L'HÔTESSE : C'est là, à côté de l'entrée, à gauche.
LA CLIENTE 3 : Merci bien.
LA CLIENTE 4 : Mademoiselle, le rayon sports, s'il vous plaît.
L'HÔTESSE : C'est au deuxième étage. Vous avez l'escalier derrière vous.
LA CLIENTE 4 : Merci.

devant vous...
en face de la sortie...
à côté de l'entrée...
à gauche...
derrière vous...

7 Écoutez le dialogue. Vrai ou faux ?

1. Le rayon pour femme est au sous-sol. ...
2. Le rayon sports est au deuxième étage. ...
3. Le rayon de l'alimentation est au premier étage. ...
4. Les chaussures pour enfants sont à côté de l'entrée, à gauche. ...

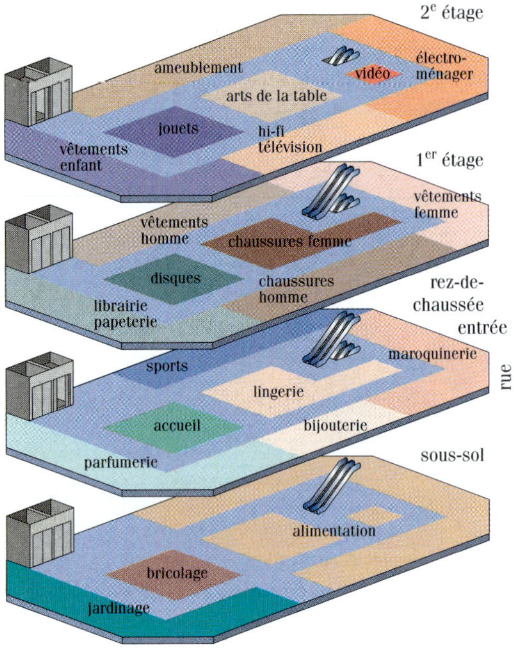

8 **Regardez le plan du grand magasin. Où est le rayon sports ? Le rayon alimentation ? Le rayon parfumerie ? Le rayon chaussures ?**

9 **Repérez dans le dialogue p. 67, les expressions utiles pour demander un renseignement.**

À VOUS ! **10** **Regardez le plan du magasin. Une dame est au rayon parfumerie. Elle cherche le rayon chaussures. À deux, jouez la scène.**

4 *N'achetez pas sans essayer*

LA CLIENTE : Hier, j'ai acheté cette veste, mais elle est trop grande. J'aimerais en essayer une plus petite.
LA VENDEUSE : Bien sûr, madame. Quelle est votre taille ?
LA CLIENTE : Je fais du 40.
LA VENDEUSE : Voilà un 40. La cabine est à gauche.
…
Ça va ?
LA CLIENTE : Non, c'est trop large. Vous avez un 38 ?
LA VENDEUSE : Oui, voilà un 38.
Ah, c'est parfait ! Ces vestes sont très jolies.
LA CLIENTE : C'est ma taille, mais ce rouge ne me va pas.
LA VENDEUSE : Essayez le jaune. Vous êtes brune et, à mon avis, le jaune vous va bien. Et cet été, le jaune est à la mode.
LA CLIENTE : Elle coûte combien ?
LA VENDEUSE : 1 200 francs.
LA CLIENTE : Mm… Elle me plaît…

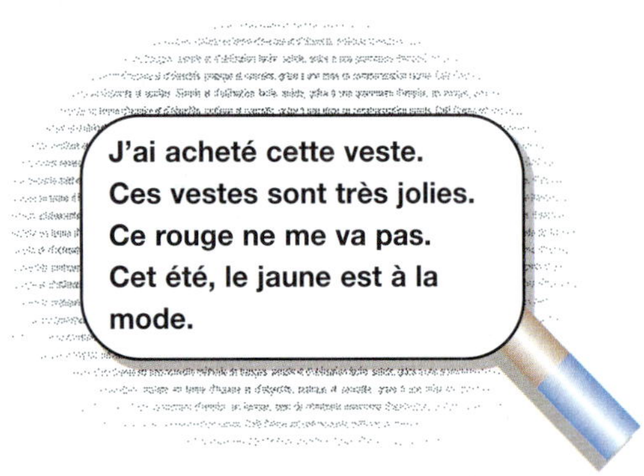

11 **Écoutez et retrouvez la question de la cliente.**

1. Pour essayer une veste.
2. Pour demander sa taille.
3. Pour demander le prix.

12 **Quel est le conseil de la vendeuse ?**

À VOUS ! **13** **Un homme va dans un grand magasin pour acheter un blouson. Une vendeuse le conseille. Préparez, puis jouez la scène.**

VOCABULAIRE

LES VÊTEMENTS

❶ **Quels vêtements est-ce que vous portez au travail ? Et chez vous ?**

TAILLE ET POINTURE

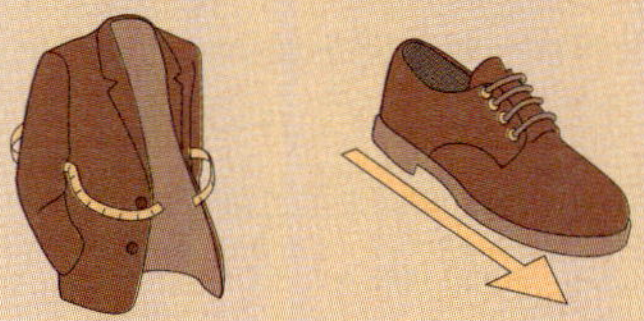

– Quelle est votre taille ?
– Je fais du 40.

– Quelle est votre pointure ?
– Je fais du 37.

❷ **Et vous, quelle est votre taille pour une veste, pour un pantalon / une jupe, pour une chemise / un chemisier ?**
Quelle est votre pointure ?

À VOUS! ❸ **À deux, préparez deux dialogues comme dans l'exemple, puis jouez la scène.**

– *Je prends ce pantalon. Il coûte combien ?*
– *400 francs. Vous payez comment ?*
– *En espèces.*

POUR DEMANDER LE PRIX ET POUR PAYER

– Ça coûte combien ?
– Ce blouson coûte combien ?
– Quel est le prix de ce blouson ?

– Vous payez comment ?
en espèces,
par carte bancaire,
par chèque.

POUR INDIQUER LE LIEU

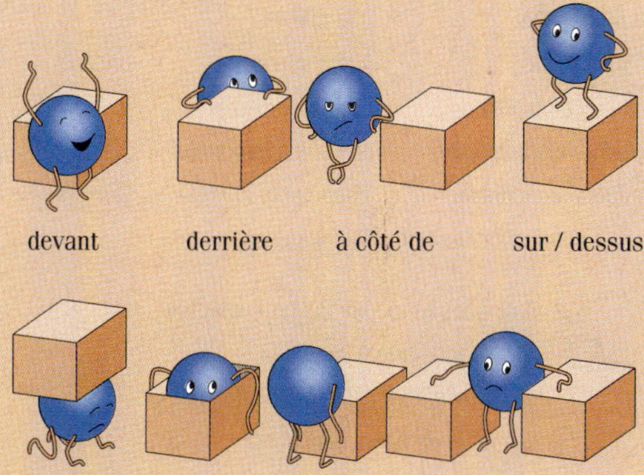

❹ **Regardez les dessins. Où est le client ?**

GRAMMAIRE

L'ADJECTIF DÉMONSTRATIF : CE, CETTE, CES

	masculin	féminin
singulier	**ce (cet)** **ce** pull **cet** homme, **cet** aliment	**cette** **cette** veste **cette** orange
pluriel	**ces** **ces** pulls **ces** hommes, **ces** aliments	**ces** **ces** vestes **ces** oranges

Au masculin, devant une **voyelle** ou un **h** muet, **ce** devient **cet**.

1 Complétez avec des adjectifs démonstratifs.

1. – Tu aimes … pull avec … jupe ?
– Non, je préfère la jupe noire.
2. – … chaussures coûtent combien, s'il vous plaît ?
– 520 francs.
3. – Qu'est-ce que je mets … après-midi ?
– Mets ta robe bleue.
4. – Qu'est-ce que tu fais … soir ?
– Je travaille !

CONJUGAISON : CHOISIR

indicatif présent	indicatif passé composé	impératif présent
Je chois**is**	J'ai chois**i**	
Tu chois**is**	Tu as chois**i**	Chois**is**
Il / elle chois**it**	Il / elle a chois**i**	
Nous choisi**ssons**	Nous avons chois**i**	Choisi**ssons**
Vous choisi**ssez**	Vous avez chois**i**	Choisi**ssez**
Ils / elles choisi**ssent**	Ils / elles ont chois**i**	

Les verbes en **-ir** du type **choisir** changent de radical au pluriel :
*Je **chois**is ➜ nous **choisis**sons.*
*Je **fin**is ➜ nous **finis**sons.*

2 Complétez avec la forme correcte de choisir ou de finir.

1. Madame, vous (finir) le fromage ? Vous prenez un dessert ? Voici la carte, (choisir).
2. Qu'est-ce que tu (choisir), la jupe ou le pantalon ?
3. Nous (finir) à 7 heures. Viens dîner à 8 heures.
4. Mes amis (choisir) toujours des vêtements noirs.
5. À quelle heure est-ce que tu (finir) ton travail ?

CONJUGAISON : ACHETER, PAYER

indicatif présent		impératif présent	
J'achèt**e**	Je pai**e**		
Tu achèt**es**	Tu pai**es**	Achèt**e**	Pai**e**
Il / elle achèt**e**	Il / elle pai**e**		
Nous achet**ons**	Nous pay**ons**	Achet**ons**	Pay**ons**
Vous achet**ez**	Vous pay**ez**	Achet**ez**	Pay**ez**
Ils / elles achèt**ent**	Ils / elles pai**ent**		

participe passé
achet**é** pay**é**

Acheter prend un accent grave quand on n'entend pas la terminaison :
*J'ach**è**te ; nous ach**e**tons.*

Payer s'écrit avec **i** quand on n'entend pas la terminaison :
*Je pa**i**e ; nous pa**y**ons.*

• **Essayer** se conjugue comme payer.

3 Complétez avec la bonne forme du verbe entre parenthèses et répondez aux questions.

1. – On (acheter) de la viande pour le dîner ?
– Oui, nous en (acheter).
2. – Ils (acheter) leurs vêtements dans un grand magasin ?
– Non, ils (préférer) un petit magasin.
3. – Monsieur, vous (payer) comment ?
– Je (payer) en espèces.
4. Nous (acheter) nos chemises en Angleterre. Nous (payer) par carte bancaire.
5. Je (essayer) cette robe. Elle ne me va pas bien !

LA PHRASE SUBORDONNÉE

C'est une phrase en deux parties, une proposition principale et une proposition subordonnée.

• Pour exprimer son opinion, on peut utiliser **penser que** + une phrase subordonnée :
Je pense que ce pantalon est trop cher.
Ma femme pense que je mange trop.

4 Donnez votre avis sur les opinions suivantes. Utilisez je pense que.

Tu écoutes trop tes amis.
➜ Je pense que tu écoutes trop tes amis.

1. Ces vêtements sont chers.
2. On ne travaille pas assez.
3. On prend trop de comprimés.
4. La télé est géniale.
5. La mode est horrible.

GRAMMAIRE

5 Notez l'ordre d'arrivée des coureurs.

France
Jacques Denis : *3e (troisième)*
François Rivière : …
Gilles Delaud : …

Italie
Giuseppe Peretti : …
Leonardo Mancuso : …
Marco Mattoni : …

Allemagne
Gerd Müller : …
Franz Kunze : …
Albert Graf : …

DES MOTS POUR APPRÉCIER : ASSEZ, BEAUCOUP / TRÈS, TROP

avec un verbe	**avec un adjectif**
J'aime **beaucoup** ce rouge.	Ce rouge est **très** beau.
On mange **assez**.	Le judo est **assez** difficile.
Je travaille **trop**.	La veste est **trop** large.
Je **ne** bois **pas assez**.	Le café **n'**est **pas assez** chaud.

• On emploie **beaucoup** avec un verbe, on emploie **très** avec un adjectif.

Au passé composé, **assez**, **beaucoup**, **trop** se placent entre l'auxiliaire et le participe passé : *J'ai **assez** mangé ; Je n'ai pas **trop** travaillé.*

6 Complétez avec trop, assez, beaucoup ou très.

1. J'aime bien ces pantalons, mais le 38 est … petit. Je voudrais un 40.
2. Non merci, pas de sucre ! Le café est … sucré.
3. Katya est suédoise : elle a les cheveux … blonds.
4. Je ne peux pas boire ce thé : il est … chaud.
5. Ça va très bien : j'adore voyager et je voyage … .
6. Cette voiture de sport n'est pas … grande pour une famille avec deux enfants.
7. Attention ! Vous travaillez … .

LES NOMBRES ORDINAUX

1er, 1re	premier, première
2e	deuxième (ou second, seconde)
3e	troisième
4e	quatrième
5e	cinquième
6e	sixième
20e	vingtième
21e	vingt et unième
22e	vingt-deuxième
	… dernier, dernière

Le masculin et le féminin sont identiques sauf dans trois cas :
premier, **première** ;
dernier, **dernière** ;
second, **seconde** [səgõ, səgõd].

LE PRONOM PERSONNEL

Je peux porter cette couleur.
➜ Cette couleur **me** va bien.

Tu portes ce pantalon au travail.
➜ Ce pantalon **te** va bien.

Vous pouvez acheter cette veste.
➜ Cette veste **vous** va bien.

Elle prend ce pull.
➜ Ce pull **lui** va bien.

Il achète ces chaussures.
➜ Ces chaussures **lui** vont bien.

• Le masculin et le féminin ont la même forme.

À la forme négative, le pronom se place entre **ne** et le verbe :
*Ces couleurs ne **lui** vont pas bien.*

7 Complétez avec me, te, vous ou lui.

J'ai acheté un pantalon. Je pense qu'il me va bien.
1. Toi, tu ne portes pas de pantalon, mais cette jupe … va bien.
2. Ma sœur est grande et tous les vêtements … vont bien.
3. Jacques, l'ami de ma sœur, travaille dans un bureau et il porte des blousons. À mon avis, les blousons ne … vont pas bien.
4. Vous portez toujours des robes, madame. Cette robe rouge … va très bien.

C'EST LA MODE !

DIALOGUE A

Sophie est vendeuse dans une boutique de mode pour hommes.

LE CLIENT : Bonjour ! Je peux essayer cette veste ?
SOPHIE : Oui, la cabine est derrière vous.
LE CLIENT : Je n'aime pas la couleur.
SOPHIE : Moi, je pense que le marron vous va bien !
LE CLIENT : Oui, mais je préfère le bleu.
SOPHIE : En bleu, je n'ai pas votre taille.
LE CLIENT : Je peux essayer ce blouson ?
SOPHIE : Bien sûr ! Alors ?
LE CLIENT : À mon avis, il est trop court !
SOPHIE : Mais c'est la mode !
LE CLIENT : J'aime bien ce pantalon, il est à combien ?
SOPHIE : 850 francs !
LE CLIENT : Quoi ! 850 francs, c'est cher !
SOPHIE : Mais c'est une belle qualité !
LE CLIENT : Oh ! il est deux heures, je dois retourner au bureau.
SOPHIE : Vous n'essayez pas le pantalon ?
LE CLIENT : Non merci ! Au revoir, j'ai passé un bon moment !

DIALOGUE B

C'est la fin de la journée, chez Martine.

SOPHIE : (*Elle entre.*) Oh j'en ai par-dessus la tête !
MARTINE : Allez, asseyez-vous, Sophie.
SOPHIE : Les clients essaient tout et ils n'achètent rien.
MME MARCEAU : À mon avis, c'est trop cher !
LE CLIENT : Eh oui, les gens n'ont pas d'argent !
MARTINE : Hé ! Céline, où est-ce que tu vas avec cette robe noire ?
CÉLINE : Elle me va bien, non ?
MARTINE : Mais elle est trop serrée !
CÉLINE : C'est la mode ! Je sors avec Mathieu.
MARTINE : Mais je ne suis pas d'accord, tu sors tous les soirs.
LE CLIENT : Dites donc, madame Cazenave, votre Céline, c'est une jolie fille maintenant !
MICHEL : Madame Cazenave, téléphone !
MME MARCEAU : C'est encore lui ? L'inconnu ?
SOPHIE : Je pense que oui ! Allô ! oui… oui… une surprise, jeudi ? Au Paris-Lyon Palace ? C'est qui ? comment ? Pierre !

Écoutez

1 Dialogue A : Le client essaie deux vêtements : un blouson et une veste. Dans quel ordre ?

Le premier vêtement, c'est… Le second, c'est…

2 Trouvez le vêtement.

1. Je n'ai pas votre taille.	**a.** Un pantalon.
2. Ça coûte 850 francs.	**b.** Une veste marron.
3. C'est trop court.	**c.** Un blouson.
4. Je n'aime pas la couleur.	**d.** Une veste bleue.

3 Vrai ou faux ?

1. Le client essaie la veste, mais il achète le pantalon.
2. Le client essaie le pantalon et passe un bon moment.
3. Le client n'essaie pas le pantalon : il retourne au bureau.

4 Dialogue B : Trouvez la bonne réponse.

1. Chez Sophie :
- **a.** les clients achètent mais n'essaient pas ;
- **b.** les clients essaient mais n'achètent pas.

2. Martine pense que :
- **a.** la robe est trop serrée ;
- **b.** la robe n'est pas à la mode.

3. Les clients n'achètent rien :
- **a.** les vêtements sont trop chers ;
- **b.** les couleurs ne sont pas jolies.

Observez et répétez

▶ Les sons [s] et [z]

5 Écoutez et classez les noms de vêtements.

	[s]	[z]
une veste	*veste*	...
un pantalon de sport	...	...
un blouson		
une chemise		
un chemisier		
des chaussettes		
des chaussures		

▶ La liaison [z]

Il est deux heures.

Ils essaient des pantalons.

Elles achètent des collants.

Les amis de mes amis sont mes amis.

On fait la liaison entre les mots.

▶ Les mélodies

6 Pour donner votre avis.

Moi, je préfère le bleu.

À mon avis, c'est trop serré.

Pour moi, c'est très court.

Exprimez-vous

À VOUS !

7 Vous êtes invité(e) à une grande fête.

1. Qu'est-ce que vous pouvez mettre ? Vous discutez avec un(e) ami(e). À deux, jouez la scène.

2. Vous écrivez à un(e) ami(e) français(e) pour décrire vos vêtements de fête.

UNITÉ 8

Un aller-retour

Savoir-faire
- comprendre les annonces à la gare
- prendre le train
- parler des vacances
- exprimer ses goûts

Vocabulaire
- les activités de vacances
- le vocabulaire du temps *souvent, rarement, tous les jours, la semaine / l'année dernière, en retard, en avance, à l'heure....*

Grammaire
- le passé composé avec *être*
- les verbes *partir* et *descendre vouloir, pouvoir, devoir*
- emploi de *alors*
- les adjectifs

1 À la gare de Toulouse

« Toulouse, ici Toulouse,
tous les voyageurs descendent du train.

Correspondance pour Montauban,
départ 11 h 13, quai n° 2, voie C,
correspondance pour Carcassonne,
départ 11 h 29, quai n° 4, voie B.
Toulouse, ici Toulouse. Terminus.

Tous les voyageurs descendent du train.

La correspondance pour Montauban part du quai n° 2, voie C, départ 11 h 13,
la correspondance pour Carcassonne part du quai n° 4, voie B, départ 11 h 29. »

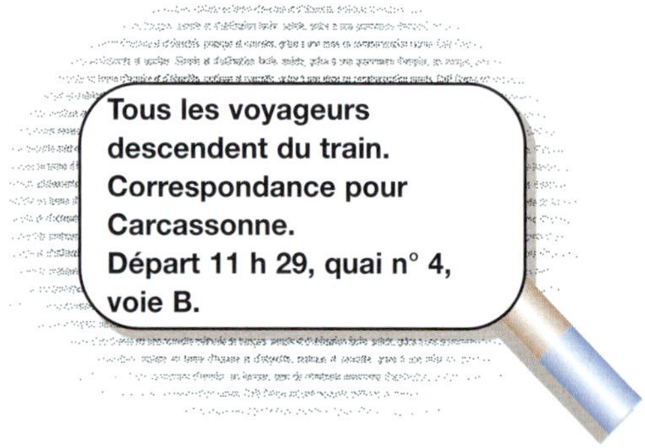

1 Écoutez le texte, puis répondez aux questions.

1. À quelle heure part le train pour Montauban ?

2. De quel quai part le train pour Montauban ?

3. À quelle heure est-ce qu'il y a une correspondance pour Carcassonne ?

4. Sur quelle voie part le train pour Carcassonne ?

2 Lisez le texte et repérez les expressions nécessaires pour comprendre les informations dans une gare.

2 Avant le départ

Aux renseignements, à la gare de Toulouse

UN VOYAGEUR : Je voudrais les heures de train pour La Rochelle.
UN EMPLOYÉ : Vous voulez partir quand ?
UN VOYAGEUR : Le 17 juin, dans l'après-midi.
UN EMPLOYÉ : Vous pouvez prendre le TGV de 13 h 51, mais vous devez changer à Bordeaux. Vous arrivez à la Rochelle à 19 h 13.
UN VOYAGEUR : Merci bien. Et pour le retour, je voudrais voyager le 30, dans l'après-midi.
UN EMPLOYÉ : 17 h, 18 h, 19 h... Ah, il y a un train direct La Rochelle-Toulouse, départ de la Rochelle à 19 h 06, arrivée à Toulouse à 0 h 23.
UN VOYAGEUR : C'est très bien. Merci beaucoup.

Au guichet

LE VOYAGEUR : Je voudrais un billet aller-retour pour la Rochelle, s'il vous plaît. Je prends le TGV de 13 h 51, et je pars le 17 juin.
L'EMPLOYÉ : Vous devez changer à Bordeaux.
LE VOYAGEUR : C'est ça.
L'EMPLOYÉ : Première ou seconde classe ?
LE VOYAGEUR : Seconde.
L'EMPLOYÉ : Et pour le retour ?
LE VOYAGEUR : Je voudrais rentrer le 30 juin. Il y a un train à 19 h 06 La Rochelle-Toulouse.

Je voudrais les heures de train...
Vous voulez partir quand ?
Vous pouvez prendre le TGV...
Vous devez changer à...

3 Écoutez. Vrai ou faux ?

1. Le client veut aller à Toulouse. ...
2. Il veut partir le 22 juin. ...
3. Il veut acheter un billet de première classe. ...
4. Il y a un train direct La Rochelle-Toulouse. ...
5. Il prend un aller-retour. ...

4 Qui emploie ces formes ? Le voyageur ou l'employé ?

Je voudrais...
Vous voulez...
Vous pouvez...
Vous devez...

À VOUS !

5 Vous êtes à la gare de Toulouse. Au guichet, jouez la scène.

Utilisez les informations suivantes :

- aller simple pour Genève
- départ de Toulouse : 22 h 59
- arrivée à Genève : 8 h 20
- prix du billet seconde classe : 373 F
- prix du billet première classe : 550 F

3 Retour de vacances

– Alors, Nadine, ces vacances ?
– Ah, j'ai passé des vacances magnifiques ! Je suis allée à La Rochelle en train et je suis restée quatre jours à l'hôtel.
– Tu n'es pas allée chez ton frère ?
– Non. Ensuite, mes amis anglais sont venus. Nous sommes partis pour Biarritz en voiture, et nous avons fait du camping.
– Génial ! Et en juin, les campings sont calmes et bon marché !

6 Classez les formes du passé composé :

Avec avoir	Avec être
J'ai passé	*Je suis allée*
…	…

7 Mettez les verbes suivants à la bonne place : est allée, est partie, sont venus, est restée.

Béatrice … à Paris en avion. Elle … une semaine à l'hôtel. Ensuite, ses amis belges … en voiture. Béatrice … avec eux pour Lyon.

4 Enquête : vos vacances

• *La revue* **Tout m'intéresse** *fait une enquête sur les vacances*

QU'EST-CE QUE VOUS AIMEZ FAIRE EN VACANCES ?

• J'habite dans une petite ville. Je ne sors pas souvent. Je ne fais pas de sport.
Alors, en vacances, j'aime rencontrer des gens, faire du ski en hiver, aller à la plage en été.

• À midi, je mange tous les jours un sandwich. Alors, pour moi, les vacances, c'est aller au restaurant, bien manger et bien boire.

• Je travaille beaucoup, je vais rarement au cinéma ou au concert. Alors, les vacances, pour moi, c'est dormir, rencontrer des amis et sortir avec eux.

• J'ai 70 ans. Je ne travaille plus. Alors, je suis toujours en vacances ! J'aime voyager, visiter des musées.

VOILÀ LE RÉSULTAT DE L'ENQUÊTE.
(Les réponses sont classées par ordre d'importance.)

1. Rencontrer des gens
2. Faire du sport
3. Bien manger, bien boire
4. Dormir
5. Lire
6. Être amoureux
7. Visiter des expositions

8 Classez les expressions du plus au moins.
souvent, tous les jours, rarement, toujours, ne … plus

9 Dans votre groupe, un participant joue le rôle du journaliste. Les autres répondent à ses questions et justifient leurs réponses.

– *Qu'est-ce que vous aimez faire en vacances ?*
– *Je… . Alors en vacances, je …*

Continuez.

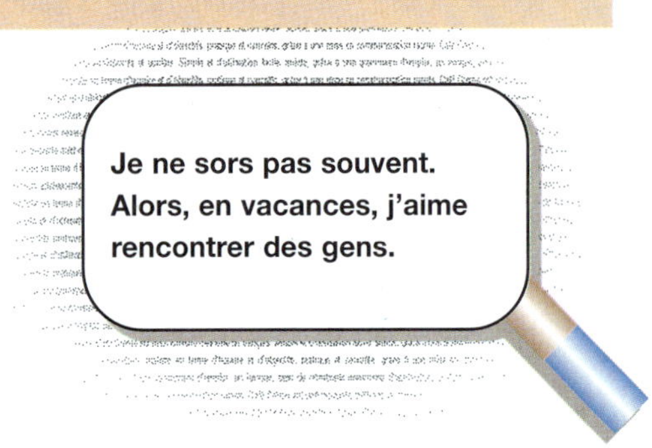

VOCABULAIRE

LES LOISIRS

Qu'est-ce que vous faites pendant vos vacances ?

- Vous aimez les vacances tranquilles ?
  - Vous allez au restaurant.
  - Vous dormez.
  - Vous allez à la plage.

- Vous aimez les vacances culturelles ?
  - Vous faites des excursions.
  - Vous rencontrez des gens.
  - Vous visitez des musées, des châteaux, des églises et des expositions.

- Vous aimez les vacances sportives ?
  - Vous faites de la randonnée à pied, à cheval, à vélo.
  - Vous nagez.
  - Vous faites du tennis.

1 Quel est votre type de vacances ? Faites une enquête dans votre groupe et classez les résultats.

2 Associez les mots de la même famille.

le voyage	la rencontre	acheter	la sortie
le visiteur	partir	entrer	la visite
sortir	visiter	arriver	l'acheteur
l'arrivée	l'achat	rencontrer	le départ
voyager	l'entrée	le voyageur	

LE TEMPS

Vous pouvez utiliser les expressions suivantes pour indiquer

le passé	**le présent**
hier, samedi	aujourd'hui
le week-end dernier	ce week-end
la semaine dernière	cette semaine
le mois dernier	ce mois(-ci)
l'année dernière	cette année

LA FRÉQUENCE

Il ne travaille pas ; il travaille rarement / souvent ; il travaille tous les jours / toutes les semaines / tous les mois ; il travaille toujours.

3 Qu'est-ce qui va ensemble ?

Il est 20 h 15.	*Le film commence à 20 h.*	*Je suis en retard.*
Il est 9 h.	J'ai rendez-vous à 9 h.	Je suis en avance.
Il est 20 h.	Nous dînons à 19 h 30.	Je suis en retard.
Il est 14 h.	Mon train part à 15 h.	Je suis à l'heure.

4 Est-ce que vous arrivez à l'heure ? en avance ? en retard ? à vos rendez-vous, à votre cours de français, à votre travail ?

GRAMMAIRE

CONJUGAISON : PARTIR, DESCENDRE

indicatif présent		impératif présent		participe passé	
Je par**s**	Je descend**s**			part**i**	descend**u**
Tu par**s**	Tu descend**s**	Par**s**	Descend**s**		
Il / elle par**t**	Il / elle descen**d**				
Nous parton**s**	Nous descend**ons**	Part**ons**	Descend**ons**		
Vous part**ez**	Vous descend**ez**	Part**ez**	Descend**ez**		
Ils / elles part**ent**	Ils / elles descend**ent**				

• **Sortir** se conjugue comme **partir** : *Je sors … nous sortons.*

❶ Complétez avec la forme correcte du verbe entre parenthèses.

1. – Où est-ce que vous (descendre) ?
– Je (descendre) au terminus.
2. – Le train pour Paris (partir) à quelle heure ?
– À quatre heures.
3. – Vous (partir) quand ?
– Ma femme et moi, nous (partir) samedi, et les enfants (partir) dimanche.
4. Pour les vacances, nous (descendre) dans le sud.
5. – Cette année, tu (partir) en vacances avec Jean ?
– Non, je (partir) seule.

CONJUGAISON : VOULOIR, POUVOIR, DEVOIR

indicatif présent

Je veu**x**	Je peu**x**	Je doi**s**
Tu veu**x**	Tu peu**x**	tu doi**s**
Il / elle veu**t**	Il / elle peu**t**	Il / elle doi**t**
Nous voul**ons**	Nous pouv**ons**	Nous dev**ons**
Vous voul**ez**	Vous pouv**ez**	Vous dev**ez**
Ils / elles veul**ent**	Ils / elles peuv**ent**	Ils / elles doiv**ent**

participe passé

voul**u**	p**u**	d**û**

• Ces trois verbes sont souvent suivis de l'infinitif :
*Je **veux** aller au cinéma. Je ne **peux** pas sortir.*
*Je **dois** travailler.*

On emploie **je voudrais** pour demander poliment quelque chose :
*Mademoiselle, **je voudrais** un café, s'il vous plaît.*

LE PASSÉ COMPOSÉ AVEC ÊTRE

forme affirmative	forme négative
Je **suis** all**é**(**e**)	Je **ne** suis **pas** allé(e)
Tu **es** all**é**(**e**)	Tu **n'**es **pas** allé(e)
Il **est** allé	Il **n'**est **pas** allé
Elle **est** all**ée**	Elle **n'**est **pas** allée
Nous **sommes** all**é**(**e**)**s**	Nous **ne** sommes **pas** allé(e)s
Vous **êtes** all**é**(**e**)**s**	Vous **n'**êtes **pas** allé(e)s
Ils **sont** all**és**	Ils **ne** sont **pas** allés
Elles **sont** all**ées**	Elles **ne** sont **pas** allées

• Les verbes qui indiquent un changement de lieu : **aller**, **rentrer**, **partir**, **sortir**, **descendre**, etc. ainsi que le verbe **rester** forment le passé composé avec être.

Le participe passé s'accorde avec le sujet :
– Il prend un **e** au féminin singulier :
*Elle est parti**e**.*
– Il prend un **s** au masculin pluriel :
*Les voyageur**s** sont descendu**s** du train.*
– Il prend **es** au féminin pluriel :
*Ma femme et ma fille sont sorti**es**.*

Après le **vous** de politesse singulier, le participe passé ne prend pas de **s** :
*Monsieur, vous êtes arriv**é** !*
*Madame, vous êtes arriv**ée** !*

❷ Mettez les verbes entre parenthèses au passé composé.

La jeune femme (arriver) à la gare de Toulouse à 18 h. Elle (descendre) du train, elle (aller) dans un café et elle (téléphoner). À 18 h 18, un homme (arriver) dans une voiture rouge. L'homme (descendre) de la voiture. La femme (sortir) du café. Et ils (partir).

GRAMMAIRE

L'ADJECTIF QUALIFICATIF

• Le masculin et le féminin de l'adjectif

En général, l'adjectif féminin prend la terminaison **e**.

On distingue trois cas.
Le masculin et le féminin sont :

semblables à l'oral et à l'écrit	**semblables à l'oral, différents à l'écrit**	**différents à l'oral et à l'écrit**
magnifique	direct, directe	petit, petite
horrible	joli, jolie	grand, grande
tranquille	génial, géniale	beau, belle

• La place de l'adjectif

En général, l'adjectif se place derrière le nom :
Du fromage ***français****, un homme* ***bizarre****, la ville* ***voisine****.*

Exceptions :
Beau, **bon**, **joli**, **mauvais**, **petit**, **grand** et quelques autres adjectifs se placent avant le nom :
Un ***petit*** *magasin, une* ***mauvaise*** *heure, du* ***bon*** *vin.*

Au masculin, devant une **voyelle** ou un **h** muet, **beau** devient **bel** : *Un* ***bel*** *enfant, un* ***bel*** *homme.*

• Les adjectifs de couleur

nom de couleur		**adjectif de couleur**	**nom de couleur**		**adjectif de couleur**
le blanc	➜	blanc, blanche	le jaune	➜	jaune
le vert	➜	vert, verte	le rouge	➜	rouge
le noir	➜	noir, noire	l'orange	➜	orange
le bleu	➜	bleu, bleue	le marron	➜	marron

Les adjectifs de couleur se placent toujours après le nom : *Une voiture* ***bleue****, un pull* ***vert****.*

Marron et orange sont invariables :
Une chaussure ***marron****, des chaussures* ***marron****.*

3 Qu'est-ce qui va ensemble ?

1. Je veux faire un voyage magnifique.
2. Ils veulent inviter leurs collègues au restaurant.
3. Vous voulez faire du sport pendant les vacances ?
4. Nous voulons aller à Bruxelles.

a. Ils peuvent aller chez Martine, c'est bon et pas cher, ou au Grand Palace, mais c'est cher.
b. Vous pouvez prendre l'avion du matin ou le train de nuit.
c. Tu peux aller au Canada ou en France !
d. Vous pouvez faire de la marche, du vélo ou du tennis.

4 Complétez comme dans l'exemple.

un hiver froid – une année froide.

1. un été chaud – une semaine …
2. un fromage salé – une viande …
3. un pull rouge – une jupe …
4. un infirmier belge – une infirmière …
5. un étudiant canadien – une étudiante …
6. un pantalon marron – une chaussette …
7. un bel appartement – une … maison
8. un beau bureau – une … voiture

VIVE LES VACANCES !

DIALOGUE A

Madame Marceau veut faire un voyage !

MME MARCEAU : Monsieur ! j'aimerais faire un voyage, mais pas trop cher !
L'EMPLOYÉ : Très bien ! Nous avons des voyages organisés en car.
MME MARCEAU : En car ? Mais je déteste les voyages en car.
L'EMPLOYÉ : Et une croisière ? En juillet, c'est assez tranquille !
MME MARCEAU : Une croisière ! Oh non, c'est ennuyeux !
L'EMPLOYÉ : Bon, bon !
MME MARCEAU : Écoutez monsieur, moi j'aime les vacances sportives !
L'EMPLOYÉ : Et bien, heu, nous avons un club de vacances sur la Côte d'Azur !
MME MARCEAU : Un club, mais quelle horreur ! Non ! Je voudrais faire une randonnée !
L'EMPLOYÉ : Une randonnée ?
MME MARCEAU : Oui ! à pied, à cheval, à vélo…
L'EMPLOYÉ : Mais madame, ici c'est une agence de voyages pour le troisième âge !
MME MARCEAU : Ah ! Ce n'est pas « Pays d'aventures » ? Oh ! Excusez-moi ! Au revoir, monsieur !
L'EMPLOYÉ : Je rêve !

DIALOGUE B

« Chez Martine ».

MARTINE : Bravo ! messieurs ! combien ?
LE SPORTIF : 18 à 6 !
LA CLIENTE : Bien joué ! Dites ! vous avez vu madame Marceau ?
MICHEL : Mais elle est partie au bout du monde !
MARTINE : Et moi aussi, je prends des vacances ! Demain, je pars pour Paris.
LA CLIENTE : Oh ! vous aussi ?
MARTINE : Écoutez ! L'inconnu du téléphone… Je pense que c'est un ami d'enfance, un original.
LA CLIENTE : Ah bon ?
MARTINE : Il prépare une surprise, il m'a donné rendez-vous dans un pa-la-ce.
TOUS : Un palace ?
MARTINE : Alors ce soir, j'offre la tournée. Hé ! Michel, musique s'il te plaît ! Et santé !
TOUS : Santé ! Santé !

Écoutez

1 Dialogue A : Trouvez la bonne réponse.

Madame Marceau est :
a. dans une maison pour des gens du « troisième âge » ;
b. dans une gare ;
c. dans une agence de voyages.

2 Retrouvez l'ordre.

L'agence fait trois propositions à madame Marceau. Dans quel ordre ?
a. un club de vacances ;
b. un voyage organisé en car ;
c. une croisière.

3 Quelle est sa réaction ?

1. Madame Marceau pense que…, c'est trop ennuyeux.
2. Elle pense que…, c'est horrible.
3. Elle déteste…

4 Dialogue B : Répondez aux questions.

1. Est-ce que les sportifs ont fait un bon match ?
2. Est-ce que madame Marceau est « Chez Martine » ?
3. Où est-ce que Martine veut aller ?
4. Où est-ce qu'elle a rendez-vous ?
5. Qui a donné rendez-vous à Martine ?

Observez et répétez

▶ Les sons [e] et [ɛ]

5 Repérez les [e] et les [ɛ] dans les slogans suivants :

Vous êtes fatigué ? Alors voyagez en TGV !
Vous aimez la mer, partez en croisière !
Les randonnées à pied, c'est bon pour la santé !
Les amoureux de la mer ont rendez-vous à La Rochelle !

6 Inventez des slogans sur le même modèle.

Vous pouvez utiliser : *bon marché, voyage organisé, rencontrer, cher, pas cher…*

▶ Les mélodies

7 Écoutez et répétez.

J'aime les vacances sportives, alors je fais de la randonnée.
Je pars en vacances, alors j'offre la tournée.
Je déteste l'avion, alors je voyage en train.
La voix monte sur « alors ».

8 Et vous ?

Qu'est-ce que vous faites ? Qu'est-ce que vous aimez ? Utilisez « alors » dans votre réponse.

Exprimez-vous

À VOUS ! **9 Bon voyage !**

1. Vous êtes à l'agence Arc-en-ciel. Vous choisissez un voyage. À deux, jouez la scène entre l'employé et le client.

2. Vous rédigez à votre tour des annonces de voyage.

ARC-EN-CIEL
VOYAGES
15, rue de Metz
31000 Toulouse

- **15 jours en Corse**
  à l'hôtel Miramar : 3 200 francs
- **Les Alpes à vélo**
  (en petits groupes)
  une semaine : 1 200 francs
- **Croisière en Méditerranée sur le « Mers du Sud »**
  une semaine : 6 200 francs
  trois restaurants, piscine, concerts, cinéma, disco

Couleurs

Les rues, comme les paysages, changent d'un pays à l'autre. Les formes et les couleurs des maisons, des boutiques, des cafés, les marchés, « l'écrit » de la rue créent une atmosphère particulière : une rue de ville japonaise ou américaine est différente d'une rue de Lille, Paris ou Nice. Pourquoi ?

1 Couleurs des villes

1. *Nice.* Les couleurs de ce vieux quartier sont caractéristiques du Sud de la France.

3. *Paris, boulevard Haussmann.* Ce quartier de Paris est un quartier bourgeois de la fin du XIXe siècle : les maisons sont en pierre, elles ont le même nombre d'étages et des mansardes (chambres sous les toits). Les colonnes Morris, avec les affiches des spectacles, sont typiques de Paris.

2. *Lille.* Les maisons du Nord ont des toits hauts et inclinés à cause du climat (pluie, neige). L'architecture caractérise ce quartier historique (façades des maisons).

4. *Les grands magasins, comme le Printemps, à Paris,* les Galeries Lafayette, La Samaritaine, etc. sont nés à la fin du XIXe siècle.

OBSERVEZ – RÉPONDEZ

▶ **Quelles sont les couleurs dominantes de chaque photo ?**

▶ **Photo 1**

1. Quels détails font penser à un climat chaud ?
a. les fenêtres
b. le linge à l'extérieur
c. les toits plats

2. Comment sont les façades des maisons ?
a. est-ce qu'elles sont décorées ?
b. est-ce que les balcons sont tous aux mêmes étages ?

3. Selon vous, c'est un quartier :
a. bourgeois ou populaire ?
b. ancien ou moderne ?

▶ **Photo 2**

1. Les trois façades sont différentes. Quel est le détail commun ?

2. Les toits des maisons sont en pente ou plats ?

3. Selon vous, c'est un quartier historique ou moderne ?

▶ **Photo 3**

1. Combien d'étages ont les maisons ?

2. À quels étages sont les balcons ?

3. De quelle couleur est la colonne à gauche de la photo ?

▶ **Photo 4**

Qu'est-ce qu'on peut faire en janvier dans ce grand magasin ?

2 Histoire des rues

Les noms des rues « parlent » : de l'histoire d'un pays, de ses rapports avec les autres pays, de ses hommes célèbres…

Ce plan est une partie du 8e arrondissement de Paris construit après 1830 autour de la gare Saint-Lazare.

Les plaques des rues.
À Paris, elles sont bleues avec le nom de la rue en blanc.

OBSERVEZ – RÉPONDEZ

▶ **Relevez sur le plan :**

1. les noms des villes d'Europe ;
2. le nom de la place au centre.

▶ Dans votre ville, est-ce qu'il y a des rues avec des noms de capitales, de musiciens, de peintres… ?

▶ **Que signifie l'abréviation Arrt. sur les plaques ?**

L'arrondissement est une division administrative des grandes villes (Paris a 20 arrondissements, Lyon 9, Marseille 16). Le numéro de l'arrondissement correspond aux derniers chiffres du code postal.

75018 : 75 = département de Paris,
18 = 18e arrondissement de la ville de Paris.

69006 : 69 = département du Rhône,
6 = 6e arrondissement de la ville de Lyon.

À VOUS DE JOUER ! **Faites l'enveloppe pour écrire à :**

– Monsieur Thibault Duchêne ; il habite à Paris, dans le 13e arrondissement, au 129 de l'avenue d'Italie.

– Mademoiselle Francine Albertin ; elle habite à Lyon, dans le 3e arrondissement, au 37 de la rue Servient.

3 Couleurs des rues

Brasserie à Saint-Cloud.
Dans une brasserie, on peut boire et manger presque à toute heure. On trouve des sandwiches, mais aussi des plats chauds. Dans une brasserie, on peut aussi acheter des cigarettes (tabac), des timbres, des cartes téléphoniques, jouer aux courses de chevaux et à d'autres jeux.

1

À la pause de midi, dans une grande ville, on peut prendre un repas rapide dans un restaurant ou une brasserie.

2

3

Dans toutes les villes de France, il y a des marchés à l'extérieur, sur des places et dans les rues.

4

OBSERVEZ – RÉPONDEZ

▶ **Photo 1**

1. Quel est le nom de la brasserie ?
2. Quels sont les noms des jeux ?
3. Qu'est-ce qu'il y a à côté de la brasserie ?

▶ **Photo 2**

Qu'est-ce qu'on peut manger ? À quelle heure ?

▶ **Photo 3**

Qu'est-ce que le client peut manger pour 59 F ?

▶ **Dans quelle brasserie est-ce qu'on parle japonais ?**

▶ **Photo 4**

1. Quels légumes est-ce que vous reconnaissez ?
2. Quels sont les prix des concombres, des tomates, des haricots verts ?
3. Est-ce qu'on trouve les mêmes légumes sur les marchés de votre pays ?

Partie 3

Dis pourquoi...

UNITÉ 9

Au travail !

Savoir-faire
- comprendre la cause d'un événement dans un texte écrit
- demander et donner des informations à partir d'une annonce professionnelle

Vocabulaire
- l'expérience professionnelle
- le parcours professionnel

Grammaire
- l'interrogation avec *pourquoi*
- le comparatif
- *à cause de, parce que*
- les prépositions de temps
- les prépositions devant un nom de pays

Portrait de la semaine

Dans les années 90, en France ou au Portugal, en Allemagne ou aux Pays-Bas, les salariés ont changé de métier plus que dans le passé. Pourquoi ?
La vie professionnelle a changé à cause du chômage : beaucoup d'entreprises ferment parce qu'il n'y a pas assez de travail.

Pascal, 30 ans, a été basketteur professionnel. Il a travaillé dans un grand magasin comme responsable du rayon sports. En 1994, il a perdu son emploi. Pour retrouver du travail, il a envoyé des CV et il est allé à des rendez-vous. Pendant son chômage, il a toujours circulé dans Paris à vélo: un VTT[1] est plus économique qu'une voiture !

Toutes les réponses à ses demandes d'emploi ont été négatives, mais il a eu une idée : il a créé la première agence de coursiers cyclistes professionnels. Ils sont aussi rapides que leurs concurrents motorisés. Ils ne sont pas en retard à cause des embouteillages ! Et ils sont beaucoup moins chers !

1. VTT : vélo tout terrain.

Toutes les réponses ont été négatives.
Il a eu une idée.
Ils sont aussi rapides que leurs concurrents et beaucoup moins chers.

❶ Choisissez la bonne réponse.

1. Dans les années 90,
   - il n'y a pas de chômage. …
   - Il y a du chômage, alors beaucoup de salariés ont changé de profession. …
   - Il y a assez de travail pour tous les salariés. …
2. Aujourd'hui, Pascal est responsable
   - d'un grand magasin. …
   - d'un rayon de VTT. …
   - d'une agence de coursiers. …
3. Il est allé à ses rendez-vous
   - en VTT. …
   - en voiture. …
   - en train. …
4. Avant son chômage, il a été
   - basketteur professionnel. …
   - cycliste professionnel. …
   - coursier professionnel. …

❷ Ils ont été… Il a eu… Complétez les phrases avec (ils) ont été / (il) a eu.

1. Pascal a déposé dix CV et il … trois rendez-vous.
2. Il a circulé en VTT, alors … une idée.
3. Pascal et son ami sont allés à des rendez-vous et ils … contents.
4. Ses collègues … très gentils avec lui.

❸ Complétez comme dans l'exemple.

À Paris, les vélos sont (= rapide) que les voitures. Ils sont (– cher) et (+ économique).

➜ À Paris, les vélos sont aussi rapides que les voitures. Ils sont moins chers et plus économiques.

1. Les vestes vertes sont (+ beau) que les bleues et elles sont (= cher).
2. Je suis (+ sportif) que mon mari.
3. Les enfants sont souvent (+ grand) que leurs parents.
4. Au printemps, les fruits sont (– sucré) qu'en été.
5. Souvent, le train est (= rapide) que l'avion.

2 *Offre d'emploi*

❹ Compréhension. Répondez aux questions.

1. Quel est le numéro de l'annonce ?
2. L'entreprise cherche un technicien pour quel service ?
3. Dans quelle ville est l'entreprise ?
4. Quelle est la durée du contrat ?

ANNONCE N° 45

On recherche…

INFORMATICIENS

à Orléans
P.M.E. (communication)
recherche
un technicien en informatique
pour son service après-vente.
Contrat à durée indéterminée

❺ Réécrivez l'annonce et utilisez des phrases complètes. Ajoutez les articles.

Une entreprise …

C'est …

3 À l'ANPE

LE DEMANDEUR D'EMPLOI : Je voudrais des informations sur l'annonce n° 45.

LE CONSEILLER ANPE : Oui... (*Il interroge son ordinateur*). C'est votre premier emploi ?

LE DEMANDEUR D'EMPLOI : Non. J'ai déjà une expérience professionnelle. J'ai travaillé à INFORMATIQUE CENTRE comme technicien pendant trois mois, de mars à juin.

LE CONSEILLER ANPE : Et pourquoi est-ce que vous êtes parti ?

LE DEMANDEUR D'EMPLOI : Parce que l'entreprise a fermé en juin, à cause de problèmes financiers.

LE CONSEILLER ANPE : Vous avez travaillé jusqu'en juin. Vous êtes donc au chômage depuis deux mois. Quel âge avez-vous ?

LE DEMANDEUR D'EMPLOI : 28 ans.

LE CONSEILLER ANPE : Vous parlez des langues étrangères ?

LE DEMANDEUR D'EMPLOI : Oui, je parle assez bien l'anglais, et je comprends l'allemand.

LE CONSEILLER ANPE : Vous aimez voyager ?

LE DEMANDEUR D'EMPLOI : Oui, pourquoi ?

LE CONSEILLER ANPE : L'annonce 45, c'est une entreprise de 10 salariés. Elle cherche un jeune de moins de trente ans, pour visiter ses clients en France et à l'étranger. Ça vous intéresse ?

LE DEMANDEUR D'EMPLOI : Ça m'intéresse, bien sûr ! Quel est le salaire ?

LE CONSEILLER ANPE : Entre 8 000 et 10 000 francs par mois, avec un treizième mois.

LE DEMANDEUR D'EMPLOI : Bon. Qu'est-ce que je dois faire maintenant ?

LE CONSEILLER ANPE : Il faut envoyer votre curriculum vitae à cette adresse :
LOIRE COM. 25, rue de la République
45000 Orléans. Envoyez votre lettre
à l'attention de monsieur Berger.

ANPE : Agence nationale pour l'emploi.

... parce que l'entreprise a fermé.
... à cause de problèmes financiers.

6 Écoutez le texte et répondez aux questions.

1. Le demandeur d'emploi a déjà travaillé ?
2. Il a quel âge ?
3. Est-ce qu'il aime voyager ?
4. Qu'est-ce qu'il doit envoyer à l'entreprise ?

7 Qu'est-ce qui va ensemble ?

1. Pourquoi est-ce qu'il va à l'ANPE ?
2. Pourquoi est-ce qu'il est au chômage ?
3. Pourquoi est-ce qu'il veut travailler à LOIRE COM. ?
4. Pourquoi est-ce que son entreprise a fermé ?

a. Parce que son entreprise a fermé.
b. Parce qu'il cherche du travail.
c. À cause de problèmes financiers.
d. Parce qu'il aime voyager.

8 Dans le dialogue, repérez les expressions de temps : déjà, pendant... Puis réutilisez ces expressions dans un dialogue de recherche d'emploi.

VOCABULAIRE

LA FORMATION ET LA VIE PROFESSIONNELLE

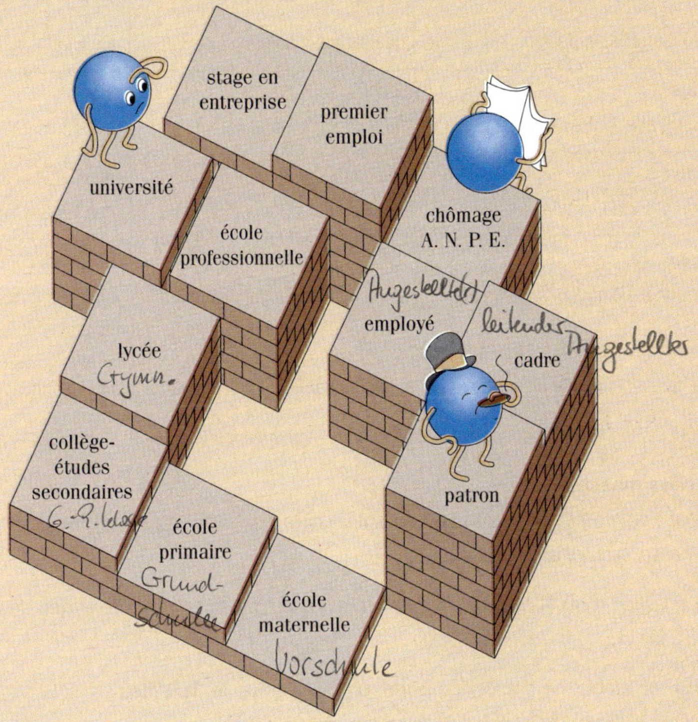

À VOUS !

1 Votre entreprise cherche un architecte et un informaticien. Laure Leduc et Paul Doriat ont rendez-vous avec vous. Vous posez des questions.

Quel est leur âge ? Où est-ce qu'ils habitent ? Quelle est leur formation ? leur expérience professionnelle ? etc.

Laure LEDUC
1, rue des Lilas, 45000 Orléans

née le 5 mars 1971 à Nancy
mariée, 1 enfant

- bac en 1988
- études d'architecte de 1989 à1994 stage de 6 mois chez un architecte à Zurich en 1995
- Responsable de projet chez A.R.T. de 1995 à 1996

À la recherche d'un emploi depuis janvier 1997

Langues : allemand, anglais

2 Relisez le CV de Laure Leduc et de Paul Doriat et écrivez votre CV.

PAUL DORIAT

12, rue Vincent, 78250 Meulan
né le 28 avril 1970 à Paris
célibataire

– Formation de technicien informaticien chez INFORMATIX de 1987 à 1991

– Voyages en Allemagne, en Grèce et au Canada pour INFORMATIX (service après-vente) jusqu'en décembre 1994

– De 1995 à 1996 : responsable du service informatique chez BOULARD

– À la recherche d'un emploi d'informaticien, en France ou à l'étranger

Langues : anglais

GRAMMAIRE

LES PRÉPOSITIONS DEVANT LES NOMS DE PAYS

	masculin singulier	féminin singulier	pluriel
	le Canada, le Japon,	la France, l'Italie,	les États-Unis, les Pays-Bas.
Je suis, je vais	**au** au Canada, au Japon,	**en** en France, en Italie,	**aux** aux États-Unis, aux Pays-Bas.
Je viens	**du** du Canada, du Japon,	**de / d'** de France, d'Italie,	**des** des États-Unis, des Pays-Bas.
Je pars	**pour le** pour le Canada, pour le Japon,	**pour la / pour l'** pour la France, pour l'Italie,	**pour les** pour les États-Unis, pour les Pays-Bas.

La majorité des noms de pays sont féminins.

- Pour répondre à la question **où ?**, on emploie **en** : – *Vous habitez où ? – J'habite **en** Autriche.*
- Pour répondre à la question **d'où ?**, on emploie **de** ou **d'** : – *Vous venez d'où ? – Je viens **d'**Autriche.*

Avec les noms de pays masculins :

- pour répondre à la question **où ?**, on emploie **au** devant un nom masculin singulier et **aux** devant un nom pluriel : *Nous travaillons **au** Maroc. Ils sont **aux** Pays-Bas.*
- pour répondre à la question **d'où ?**, on emploie **du** devant un nom masculin singulier et **des** devant un nom pluriel : *Je viens **du** Portugal. Elles viennent **des** États-Unis.*
- Après le verbe **partir**, on emploie la préposition **pour** suivie de l'article **le**, **la**, **l'**, **les** : *Vous partez **pour le** Luxembourg, **la** Belgique, **l'**Allemagne, **les** Pays-Bas.*

1 Complétez avec la bonne préposition.

1. Mes parents habitent à Lausanne, … Suisse.
2. Ma sœur habite à Montréal, … Canada.
3. Je pars … Portugal. Après, je vais … Espagne.
4. Je travaille … Suède depuis 6 mois.
5. – Vous venez … États-Unis ?
– Non, je viens … Canada.

L'EXPRESSION DE LA CAUSE

Les salariés changent souvent de profession. **Pourquoi ?**
Pourquoi est-ce que *les salariés changent souvent de profession ?*

***À cause** du chômage.*
***Parce qu'**il n'y a pas assez de travail.*

- À la question : **Pourquoi ?**
  Pourquoi est-ce que… ?

On répond avec **à cause de**, **parce que**.

À cause de est suivi d'un nom.
Parce que est suivi d'une proposition subordonnée.

2 Trouvez des questions pour les réponses suivantes. Employez pourquoi est-ce que ?

– *Parce que je n'aime pas le sucre.* ➜ *Pourquoi est-ce que vous ne prenez pas de dessert ?*

1. Parce qu'il est au chômage.
2. Parce qu'ils sont malades.
3. Parce que nous sommes dimanche.
4. Parce qu'il a faim.

3 Répondez aux questions. Employez parce que ou à cause de.

– *Pourquoi est-ce que les jeunes achètent souvent des vêtements noirs ?*
➜ *Parce qu'ils aiment le noir. / À cause de la mode.*

1. Pourquoi est-ce que vous êtes en retard ?
2. Pourquoi est-ce qu'on envoie un CV ?
3. Pourquoi est-ce qu'ils font du sport ?
4. Pourquoi est-ce qu'elle ne boit pas de café ?

GRAMMAIRE

LA COMPARAISON

• **Avec un adjectif**

Alain est **plus grand que** Philippe.	+	➜	plus que
Philippe est **moins grand qu'**Alain.	–	➜	moins que
Alain est **aussi grand que** Daniel.	=	➜	aussi que

Le comparatif de **bon** est irrégulier :
*Les pommes sont **meilleures** que les poires.*
*Les poires sont **moins / aussi bonnes** que les pommes.*

• **Avec un verbe**

Béatrice travaille **plus que** Catherine.	+	➜	plus que
Catherine travaille **moins que** Béatrice.	–	➜	moins que
Béatrice travaille **autant que** Valérie.	=	➜	autant que

4 Comparez les deux hôtels. Employez les adjectifs cher, calme, grand.

5 Comparez les deux personnages. Employez les adjectifs beau, petit, sympathique.

RAPPELEZ-VOUS !

verbinden
Comment on enchaîne des idées :

• Pour exprimer l'opposition : **mais**
*Il pleut, **mais** il fait de la marche.*

• Pour exprimer la cause : **parce que**
*Elle va souvent à l'opéra **parce qu'elle** aime la musique.*

• Pour exprimer la conséquence : **alors** ou **donc**
*J'ai faim, **alors** je mange.*
*J'ai soif **donc** je bois.* doch, also, folglich

• Pour exprimer le but : **pour**
*J'ai pris un taxi **pour** arriver à l'heure.*

6 Construisez des phrases comme dans l'exemple.

Nous / travailler / vous (–)
➜ *Nous travaillons moins que vous.*

1. Cette année / pleuvoir / l'année dernière (–)
2. Tu / boire / moi (=)
3. Alain / manger / sa sœur (+)
4. Je / voyager / ma femme (=)
5. Tu / sortir / tes amis (–)

7 Trouvez le mot de liaison.

Claire a trouvé un grand appartement
… elle veut être à côté de son travail.
… pouvoir inviter ses amis plus souvent. X
… elle est très contente.
… il coûte très cher.

IL Y A TOUJOURS UNE SOLUTION !

DIALOGUE A

Dans une banlieue de Paris. Joseph Sanson, chauffeur de taxi, est prêt à partir.

UN CLIENT : *(Par le taxiphone.)* Pouvez-vous me conduire rapidement à la gare d'Austerlitz, s'il vous plaît ! J'habite 7, rue de la République.

JOSEPH : Tout de suite, monsieur, j'arrive.

PATRICK : *(Par la fenêtre.)* Dis papa, tu peux me conduire au jazz club ?

JOSEPH : Si tu veux, mais je suis pressé.

PATRICK : J'arrive, mais je cherche mon saxo. Voilà !

ANGÈLE : *(Par la fenêtre.)* Joseph ! n'oublie pas de prendre le pain.

JOSEPH : D'accord ! Qu'est-ce que tu fais au club ?

PATRICK : On répète pour le concert de samedi soir.

JOSEPH : Bon ! Voilà ton club. Salut fiston.

PATRICK : Salut papa, bonne journée !

JOSEPH : Hé ! n'oublie pas, la musique, c'est le sel de la vie !

PATRICK : *(Moqueur.)* Eh toi n'oublie pas… le pain !

DIALOGUE B

Antoine, un copain de Patrick est devant la porte du Jazz Club « Nouvel Orléans ».

PATRICK : Hé ! Antoine, qu'est-ce que tu fais là ?

ANTOINE : Je t'attends, je peux te parler cinq minutes ?

PATRICK : Bien sûr, viens au club, je suis seul.

ANTOINE : Merci ! t'es sympa !

PATRICK : Alors ?

ANTOINE : Ben, je suis au chômage. Je ne trouve pas de travail.

PATRICK : Qu'est-ce que tu as fait ?

ANTOINE : Tout ! J'ai répondu à des annonces, j'ai écrit des lettres, je suis allé à des rendez-vous.

PATRICK : Et pourquoi ça n'a pas marché ?

ANTOINE : À cause de mon âge et parce que je n'ai pas beaucoup d'expérience.

PATRICK : À cause de ton âge ?

ANTOINE : Oui, je suis trop jeune !

PATRICK : Trop jeune ! Bon ben écoute, j'ai une idée.

ANTOINE : Ah oui ?

PATRICK : On cherche un type à la caisse pour vendre les billets. Tu peux faire ça ?

ANTOINE : Avec un bac, je peux toujours essayer !

Écoutez

1 Dialogue A : Vrai ou faux ?

1. Joseph est chauffeur de taxi.
2. Son client va à un club de jazz.
3. Patrick doit acheter du pain.
4. Patrick a un concert ce soir.

2 Répondez aux questions.

1. Pourquoi est-ce que Patrick prend son saxophone ?
2. Pourquoi est-ce qu'il répète ?
3. Pourquoi est-ce que Joseph va à la gare d'Austerlitz ?

3 Dialogue B : Qu'est-ce qui va ensemble ?

1. Antoine veut rencontrer Patrick.
2. Patrick invite Antoine au club.
3. Patrick est sympa.
4. Antoine ne trouve pas de travail.
5. Patrick propose un travail à Antoine.

a. parce qu'il est trop jeune.
b. parce que le club cherche un caissier.
c. parce qu'il veut parler à son ami.
d. parce qu'il est seul.
e. parce qu'il écoute son ami.

Observez et répétez

▶ Les sons [o] et [ɔ]

❹ Écoutez et repérez les sons [o] et [ɔ].

Pour son orchestre, Patrick a besoin des instruments suivants :

	[o]	[ɔ]
un alto	*alto*	…
un cor	…	…
un saxo	…	…
un piano	…	…
un accordéon	…	…
un orgue	…	…

▶ Les mélodies

❺ Écoutez et répétez.

Je ne trouve pas de travail à cause de mon âge.

– À cause de ton âge ?

Je ne pars pas en vacances à cause de mon stage.

– À cause de ton stage ?

Pour exprimer l'étonnement, la voix monte.

À VOUS ! **❻ Trouvez la phrase puis lisez à deux le dialogue à haute voix.**

1 …
– À cause de ton travail ?

2. …
– À cause de ta santé ?

3. …
– À cause de la pluie ?

4. …
– À cause des embouteillages ?

Exprimez-vous

À VOUS ! **❼ Un journaliste de « Radio Tour Eiffel » interviewe Joseph et son fils sur leur vie professionnelle, leurs loisirs, leur famille. Préparez les questions et les réponses, puis jouez la scène.**

À VOUS ! **❽ Patrick cherche du travail pour l'été.**

Il prépare son CV *(identité, études, expérience professionnelle, loisirs…).*

UNITÉ 10

En famille

Savoir-faire
- comprendre un texte informatif écrit
- donner / comprendre des explications dans un échange oral
- donner son emploi du temps quotidien

Vocabulaire
- *jouer à / faire de*
- les contraires : adjectifs et verbes

Grammaire
- les pronoms personnels : *le, la, l', les*
- la comparaison
- le pronom *en* dans la comparaison
- verbes + infinitif avec *à*, *de*, ou sans préposition

Familles, je vous aime !

Le nombre des divorces augmente, le nombre des mariages diminue, mais on continue à aimer la famille. 58 % des Français pensent qu'elle est plus importante que l'amour. Les rapports entre parents et enfants changent. Aujourd'hui, les parents ne peuvent plus dire à leurs enfants « c'est comme ça, et c'est tout ». Ils veulent créer une relation de confiance, alors ils passent plus de temps avec eux.

Pour passer plus de temps avec sa petite fille de 6 ans, Annie a choisi de travailler chez elle. Elle est divorcée et elle vit seule avec la petite Sandra. Jusqu'à 8 heures du matin, Annie est la maman de Sandra. Elle prépare le petit déjeuner pour sa fille, l'habille et l'accompagne à l'école. Le soir, elle va la chercher, mais de 9 heures à 17 heures, devant son ordinateur, Annie travaille chez elle pour une compagnie d'assurances.

Le mercredi, Sandra ne va pas à l'école. C'est « le jour de son père » : elle le rencontre le mercredi après-midi et aussi en fin de semaine. Annie doit souvent travailler pendant l'été ; les vacances, Sandra les passe avec son père ou chez ses grands-parents.

Sa fille, elle l'habille et l'accompagne...
elle va la chercher...
son père, elle le rencontre...
les vacances, elle les passe...

1 **Un journaliste pose des questions à Annie. Imaginez ses réponses.**

1. Vous êtes mariée ?
2. Vous avez des enfants ?
3. Votre fille s'appelle comment ?
4. Vous travaillez où ?
5. Qu'est-ce que vous faites le matin ?
6. Sandra rencontre son père quand ?

2 **Qu'est-ce qui va ensemble ?**

1. Éléonore veut divorcer. b
2. Je suis avec ma petite sœur. a
3. Nos parents partent en vacances. d
4. Daniel a essayé une belle veste. c

a. Je l'accompagne à l'école.
b. Jean l'aime toujours.
c. Il l'achète.
d. On les accompagne à la gare.

L'emploi du temps d'Annie

	PENDANT LA SEMAINE	PENDANT LE WEEK-END
	Der Wecker klingelt.	
6 h 30	Le réveil sonne. La sonnerie me réveille. Je fais ma toilette.	
7 h 00	Je réveille Sandra. Elle fait sa toilette.	
7 h 30	Je prépare le petit déjeuner. Nous prenons le petit déjeuner.	***Le samedi***
8 h 00	J'accompagne Sandra à l'école.	Je prends le petit déjeuner avec Sandra.
8 h 30	Je fais le lit. Je fais le ménage.	Son père vient la chercher.
9 h 15	Je travaille avec mon ordinateur.	Je joue au tennis.
12 h 30	Je mange un sandwich.	Je déjeune avec des amis.
13 h 00	Je travaille.	Je joue du piano.
16 h 30	Je fais les courses.	Je vais au cinéma.
17 h 00	Je vais chercher Sandra.	
18 h 30	Je fais la cuisine.	***Le dimanche***
19 h 00	Nous dînons	Je dîne avec Sandra.
20 h 00	Je fais la vaisselle.	
21 h 00	Je regarde un film à la télé.	Je regarde une émission à la télé. Je lis un livre.
22 h 00	Je vais au lit.	Je vais au lit.

3 **Regardez l'emploi du temps d'Annie et répondez aux questions.**

1. À quelle heure est-ce qu'elle prend son petit déjeuner pendant la semaine ? et le week-end ?
2. Qu'est-ce qu'elle fait à 16 h 30 ? à 18 h 30 ? à 20 h 00 ?
3. Qu'est-ce qu'elle fait comme sport ? comme musique ?

2 *Le théâtre et la vie*

Armand Gatti, le metteur en scène, monte des pièces avec des acteurs non professionnels.
Les acteurs sont des jeunes ou des personnes plus âgées sans emploi.
Ils ont répondu à une petite annonce du metteur en scène.
Ensuite, ils ont passé des auditions et ils ont fait un stage d'un mois.

Pendant le stage

LE JOURNALISTE : Vous travaillez comment ?
L'ACTEUR 1 : On parle, on raconte et on joue notre vie.
LE JOURNALISTE : C'est difficile ?
L'ACTEUR 1 : Assez. En ce moment, j'ai envie de partir de la maison, mais mes parents pensent que je suis trop jeune. Chez moi, l'atmosphère est mauvaise, et ici, je dois revivre cette situation sur la scène, alors…
L'ACTRICE 1 : Ce n'est pas facile et j'ai souvent envie d'arrêter. J'en ai envie, mais je suis trop fière. Alors je continue.
LE JOURNALISTE : Et vous, qu'est-ce que vous pensez de votre travail ici ?
L'ACTRICE 2 : C'est parfois difficile, mais c'est très intéressant. On a plus de temps qu'à la maison pour parler de nos problèmes. Quand on joue une de ses pièces au festival d'Avignon, en France, c'est un succès !

Après la représentation

LE JOURNALISTE : Est-ce que la pièce a changé vos rapports avec vos parents ?
UN ACTEUR : Oui, on a parlé d'eux. C'est une preuve d'amour.
UNE ACTRICE : Nous parlons de nous et de nos problèmes : on a moins de difficultés sur la scène qu'à la maison.
UN ACTEUR : Et nos parents nous comprennent.

… j'ai envie de partir… j'en ai envie…
… on a parlé d'eux.
On a moins de difficultés sur la scène qu'à la maison.

4 Écoutez le texte, puis répondez aux questions.

1. Qui est Armand Gatti ?
2. Qui sont les acteurs ?
3. Qu'est-ce qu'ils font pendant le stage ?
4. Où est-ce qu'on a joué la pièce ?

5 « J'ai envie de… mais… ». Lisez les questions et choisissez la bonne réponse.

1. Tu as envie de jouer et de parler de ta famille ? a
2. Vous avez envie de regarder le film ce soir à la télévision ?
3. Est-ce que vous avez envie de faire du théâtre ? b
4. Est-ce que vous avez envie de partir en vacances ? c

a. Oui, mais je pense que c'est très difficile.
b. Oui, mais je pense que j'ai encore beaucoup de travail ce soir.
c. Oui, mais je pense que je suis trop jeune.
d. Oui, mais je pense qu'il fait trop mauvais.

6 Répondez aux questions de l'exercice 5 comme dans l'exemple.

Tu as envie de jouer et de parler de ta famille ?
➜ *(a) Oui, j'**en** ai envie, mais je pense que c'est très difficile.*

VOCABULAIRE

ACTIVITÉS

Le sport, le jeu	Les instruments de musique	Le rôle (scène, théâtre, etc.)
JOUER		
au, à la, à l', aux	*du, de la, de l' des*	*pas de préposition*
Je joue au tennis, à la balle	Je joue du piano de la trompette	Je joue dans une pièce de théâtre le rôle d'Annie la scène avec mon voisin

Le sport, le jeu	Les instruments de musique	Le rôle (scène, théâtre, etc.)
FAIRE		
du, de la, de l', des	*du, de la, de l', des*	*pas de préposition*
Je fais du tennis de la natation	Je fais du piano de la trompette	Je fais le ménage ma toilette

❶ Sport, musique, travail à la maison... Utilisez le tableau ci-dessus. Faites des phrases avec jouer et faire. Attention aux prépositions.

Je fais la vaisselle.

...

❷ Quel est votre emploi du temps pendant la semaine ? Et pendant le week-end ? Réutilisez les expressions de la page 95.

❸ Trouvez les contraires des verbes et des adjectifs suivants

arrêter	➜	*continuer*
travailler		horrible
être marié		difficile
aimer		diminuer
entrer		salé
augmenter		détester
arriver		dernier
grand		lourd
noir		bon
facile		être divorcé
léger		cher
bon marché		petit
mauvais		blanc
magnifique		jouer
sucré		sortir
premier		partir

GRAMMAIRE

LE PRONOM PERSONNEL SUJET ET COMPLÉMENT DIRECT

• Un pronom personnel remplace un groupe nominal. Ce groupe peut être un sujet ou un complément.
Le sport intéresse mon frère. ➜ *Le sport **l'**intéresse.*
l' remplace un complément direct (*mon frère*), c'est-à-dire un complément sans préposition.

je	**me** / **m'**	Jacques **m'**invite au restaurant.
tu	**te** / **t'**	Ton ami **te** regarde.
nous	**nous**	Les invités **nous** attendent.
vous	**vous**	Les enfants **vous** écoutent.
il	**le, l'**	Sandrine regarde Jacques. Elle **le** regarde.
elle	**la, l'**	Jacques aime Sandrine. Il **l'**aime.
ils	**les**	Les enfants partent. On **les** accompagne à la gare.
elles	**les**	Mes sœurs arrivent ce soir. Je **les** attends.

Devant une voyelle, **me** devient **m'**, **te** devient **t'** et **le, la** deviennent **l'**.

LA PLACE DU PRONOM PERSONNEL COMPLÉMENT DIRECT

• En général, **le pronom personnel complément direct** se place **avant le verbe** :
– *Vous prenez cette robe ? – Oui, je **la** prends.*

• Au passé composé, **le pronom complément direct** se place **avant l'auxiliaire** :
– *Vous avez fini votre travail ? – Oui, je **l'**ai fini.*

• À la forme négative, **ne** se place **avant le pronom**,
pas se place **après le verbe au présent**
et **après l'auxiliaire au passé composé** :
– *Vous prenez cette robe ? – Non, je **ne la** prends **pas**.*
– *Vous avez fini votre travail ? – Non, je **ne l'**ai **pas** fini.*

• Au passé composé conjugué avec avoir, **le participe passé**
s'accorde avec le pronom complément direct
quand il est placé **avant** le verbe :
– *Où est-ce que tu as acheté cette veste ? – Je **l'**ai acheté**e** dans une petite boutique.*
– *Vous avez fini vos exercices ? – Non, je ne **les** ai pas fini**s**.*

1 Remplacez les expressions soulignées par un pronom.

– *Il appelle souvent ses amis ? – Oui, il appelle <u>ses amis</u> tous les jours.* ➜ *Oui, il les appelle tous les jours.*

1. – Vous prenez le train pour aller en vacances ?
– Oui, je prends <u>le train</u>.
2. – Vous avez regardé la télé hier soir ?
– Oui, j'ai regardé <u>la télé</u> après le dîner.
3. – Tu aimes le français ? – J'adore <u>le français</u> !
4. – Et les Français ? – J'adore <u>les Français</u> aussi.
5. – Tu as fini ton travail ? – Oui, j'ai fini <u>mon travail</u>.
6. – Vous avez essayé ces chaussures ?
– Non, je n'ai pas essayé <u>ces chaussures</u>.

2 Complétez avec un pronom comme dans le modèle.

Chérie, j'aime (tu). ➜ *Chérie, je t'aime.*

1. Est-ce que le sport intéresse (vous) ?
2. Tu accompagnes (je) au cinéma ?
3. Vous n'invitez pas (nous) pour vos 20 ans ?
4. Bernard, vous aimez (je) ?
5. – Vous détestez (il) ? – Non, je ne déteste pas (il), mais je préfère Alain.
6. – Vous invitez (elle) au restaurant ?
– Non, je n'invite pas (elle).

GRAMMAIRE

LA COMPARAISON, L'EXPRESSION DE LA QUANTITÉ

\+ **plus de … que**
Michel a ***plus de*** *travail* ***que*** *Xavier.*

– **moins de … que**
Xavier a ***moins de*** *travail* ***que*** *Michel.*

= **autant de … que**
Michel a ***autant de*** *travail* ***que*** *Marc.*

• **Plus de**, **moins de**, **autant de** sont des expressions de quantité comme **beaucoup de** ou **peu de**.
Elle peuvent s'employer avec le pronom **en**.
Les ouvriers ont du travail mais Michel ***en*** *a* ***plus que*** *Xavier.*

LES VERBES SUIVIS D'UN INFINITIF

Beaucoup de verbes peuvent être suivis d'un infinitif :

• **sans préposition**

vouloir pouvoir détester aimer
devoir falloir adorer

J'aime voyager. Je veux partir en vacances.

• **avec la préposition à**

continuer à

Je continue à faire du théâtre.

• **avec la préposition de**

choisir de finir de arrêter de continuer de

J'arrête de jouer. Elle finit de travailler à 17 heures.

3 Transformez comme dans l'exemple.

Robert a des problèmes (+ / André)
➜ Robert a plus de problèmes qu'André.

1. Les Français boivent de la bière (– / les Allemands)
2. Je prends de la salade (= / mon voisin)
3. Nous avons eu de la pluie pendant nos vacances (– / l'année dernière)
4. Les Italiens mangent des légumes (+ / les Français)

4 À, de ou pas de préposition ? Complétez.

1. Je déteste … travailler le dimanche.
2. Cette année, j'ai choisi … passer mes vacances à la mer.
3. J'ai 66 ans. J'ai arrêté … travailler l'année dernière.
4. Je dois continuer … faire mes exercices de français.
5. Est-ce que je peux … essayer cette robe, s'il vous plaît ?
6. J'aime … jouer au tennis, j'adore … marcher, mais je déteste … faire du ski.
7. – On peut manger ? – Oui, j'ai fini … préparer le dîner.

LE PROJET DE NATHALIE

DIALOGUE A

Nathalie Sanson, la fille de Joseph, expose son projet à un conseiller municipal.

LE CONSEILLER : Eh bien mademoiselle, je vous écoute.

NATHALIE : Voilà. Je suis en train de terminer une école de théâtre.

LE CONSEILLER : Mais c'est très bien !

NATHALIE : Et j'aimerais monter une pièce avec les enfants de la cité.

LE CONSEILLER : Je pense que c'est une excellente idée.

NATHALIE : Vous comprenez, ces enfants, ils sont souvent seuls à la maison.

LE CONSEILLER : Eh oui, je sais, je sais.

NATHALIE : Ils traînent dans le quartier, il faut les occuper.

LE CONSEILLER : Bravo, mademoiselle, je suis d'accord avec vous, mais excusez-moi, j'ai un autre rendez-vous. Au revoir, mademoiselle.

NATHALIE : Mais monsieur, mon spectacle, je ne peux pas le monter sans argent !

DIALOGUE B

Joseph et sa fille Nathalie rentrent à la maison en taxi. Joseph chante son air favori.

JOSEPH : Alors, tu as vu ton conseiller ? Qu'est-ce qu'il dit ?

NATHALIE : Il pense que le projet est bon.

JOSEPH : Et alors ? Il t'aide ?

NATHALIE : Je ne sais pas, il y a moins d'argent cette année pour la culture.

JOSEPH : Pff… c'est toujours la même chose. Ils sont en train de dépenser des millions pour…

NATHALIE : Écoute-moi bien, papa, l'argent je le trouve et ma pièce, je la monte.

JOSEPH : Tu as raison ma fille, dans la vie il faut du courage et des idées.
(Tout à coup, on entend par le taxiphone :)
Bonjour Joseph. C'est moi, Pierre. Est-ce que tu chantes toujours autant ? Allez à bientôt ! Je te recontacte.

NATHALIE : Pierre ? C'est qui ?

JOSEPH : Aucune idée. Il m'a déjà contacté hier.

NATHALIE : Mais il te connaît : tu chantes tout le temps !

JOSEPH : Eh oui, la vie est belle…

Écoutez

❶ Dialogue A : Donnez la bonne réponse.

1. Nathalie veut :
- **a.** monter une pièce de théâtre avec des enfants ;
- **b.** aller au théâtre avec des enfants ;
- **c.** ouvrir une école de théâtre pour des enfants.

2. Les enfants de la cité :
- **a.** n'ont pas d'activités culturelles ;
- **b.** font du sport dans le quartier ;
- **c.** restent à la maison.

3. Le conseiller :
- **a.** pense que le projet est bon et donne de l'argent ;
- **b.** trouve l'idée excellente et propose un autre rendez-vous ;
- **c.** est d'accord avec Nathalie, mais il ne donne pas d'argent.

❷ Dialogue B : Répondez aux questions.

1. Pourquoi est-ce que le conseiller ne donne pas d'argent à Nathalie ?
2. Pourquoi est-ce que Joseph dit à sa fille : « Tu as raison » ?
3. Pourquoi est-ce que Nathalie pense que Pierre connaît Joseph ?

Observez et répétez

Les sons [ɑ̃] et [ɔ̃]

3 Combien coûte le projet de Nathalie ? Classez les francs dans la bonne colonne.

	[ɑ̃]	[ɔ̃]
quatre cents	…	…
quarante mille	…	…
onze mille	…	…
trente	…	…
un million	…	…

Les mélodies

4 Écoutez, répétez et observez la place des mots.

L'argent, je le trouve !

La pièce, je la monte !

Ce vélo, je l'achète !

5 Parlez comme Nathalie.

1. Vous voulez jouer le premier rôle.
2. Vous voulez faire les courses.
3. Ça y est ! vous achetez le vélo rouge.

Exprimez-vous

À VOUS ! **6 À deux, jouez la scène entre Nathalie et le conseiller municipal.**

Il ne peut pas donner d'argent parce que la ville doit construire des parkings, acheter des livres pour le club du troisième âge, donner de l'argent au club de tennis, etc. Nathalie pense que le travail avec les enfants est plus important.

À VOUS ! **7 Organisez un mini débat en classe. Formez des groupes et préparez vos arguments par écrit.**

La ville veut construire des parkings et les gens ne sont pas d'accord :
- un groupe de femmes demande plus d'écoles ;
- un groupe de jeunes demande un centre sportif ;
- un autre groupe demande un centre de loisirs.

1 Mettez les phrases au singulier.

1. Nous n'aimons pas ces couleurs.
2. Ces magasins ont des rayons de sport.
3. Ces hommes sont des informaticiens.
4. Comment s'appellent ces enfants ?

2 Complétez par un article défini ou un adjectif démonstratif.

1. Les jeunes aiment beaucoup … vestes de sport.
2. … veste vous va très bien.
3. – Quelle est votre saison préférée ? – C'est … été.
4. … été nous allons en Italie.
5. … hôpital est spécialisé dans la médecine des enfants.
6. Il est très malade ; il est à … hôpital.
7. Goûte … melon ! Il est délicieux.
8. … melons sont des fruits du sud de la France.

3 Répondez en employant des pronoms personnels.

1. – Alors, madame, vous prenez cette jupe ? – Non, …
2. – Vos enfants regardent souvent la télévision ? – Oui, …
3. – Vous avez fait ces photos ? – Oui, …
4. – Vous avez vu le film Les Visiteurs ? – Non, …
5. – Vous étudiez le français depuis longtemps ? – Non, …

4 Complétez.

Géraldine a un copain. Il s'appelle Yves. Elle … aime ! Elle … a rencontré en vacances à Chamonix. Yves adore le ski. Il … fait beaucoup. Géraldine a pris des photos d'Yves et elle … a mises dans un album. Elle … regarde souvent. Elle … a plus de 50 !

5 Mettez les verbes entre parenthèses au présent, puis au passé composé.

1. Philippe (prendre) une photo.
2. Nous (ne pas pouvoir) venir.
3. Je (partir) à 18 heures.
4. Elle (devoir) changer de voiture.
5. Ils (rester) jusqu'à dimanche.
6. Elle (ne pas mettre) de veste.
7. Les Dupont (vouloir) visiter le musée.

6 Faites le portrait de Suzanne Delay et employez des verbes comme être, travailler, partir, revenir, rester, etc., au passé composé.

1960 à 1967 – Études de japonais à la Sorbonne et à l'Université de Tokyo.
1968 à 1981 – Interprète à l'Unesco à Paris.
1970 – Rencontre de Xavier, journaliste.
1982 à 1984 – Voyages (Japon, Europe et États-Unis).
1985 – Retour à Paris.
1986 – Pas de travail.
1986 à 1996 – Professeur à l'École d'Interprète.
1997 – Retraite.

Elle a étudié le japonais à la Sorbonne…

7 Continuez les phrases.

1. Annie travaille chez elle parce que…
2. Elle a acheté un ordinateur pour…
3. Claire a eu un quatrième enfant, alors…
4. Son mari et elle voudraient changer de maison mais…

8 Voici des réponses. Trouvez les questions.

1. Oui, je fais du tennis et de la natation.
2. Le tailleur bleu ? 1 500 F.
3. Il est trois heures et quart.
4. En espèces ou par chèque. Comme vous voulez !
5. On a dépensé 300 F pour trois menus.
6. Oui, elle en joue très bien.

Bilan

9 Formez des phrases et employez aussi, plus, moins ou autant.

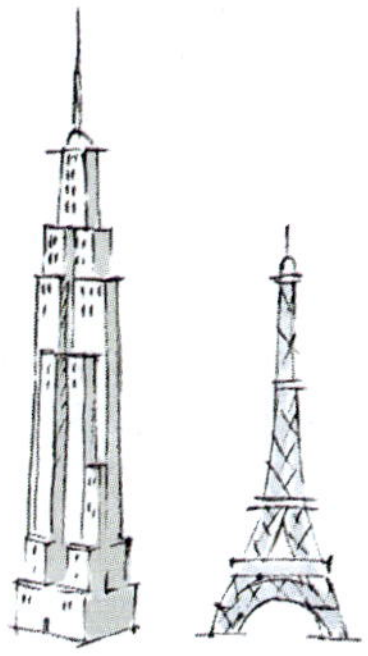

la tour Eiffel
l'Empire State Building
à New York

les vacances de ski
les vacances à la mer

Juliette : 1,72 mètre
Agnès : 1,60 mètre

le train – l'avion

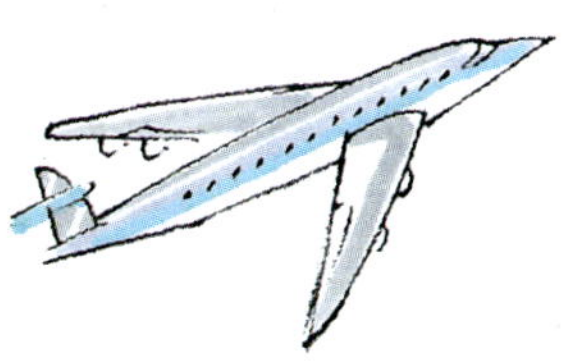

les Léger, 4 enfants : 3 filles et 1 garçon

10 Commentez les phrases suivantes et employez trop, assez, peu ou très.

Cette voiture coûte 200 000 F. ➜ Elle est très chère.

1. Ma copine est blonde, mince et élégante.
2. Il travaille tous les jours jusqu'à minuit.
3. Élizabeth prend seulement un café le matin, un sandwich à midi et un potage le soir.
4. J'ai 350 F sur moi et le billet de train pour Lyon coûte 400 F.
5. Vous m'avez donné une paire de chaussures pointure 43. Je fais du 41.

11 Donnez votre opinion sur les thèmes suivants. Employez je pense que, je préfère, à mon avis, etc.

1. le sport et la santé
2. la couleur noire pour les vêtements
3. apprendre une langue étrangère
4. prendre beaucoup de médicaments
5. les femmes et le travail

12 Écrivez le contraire des mots soulignés.

1. J'habite au premier étage. dernier
2. M. Clément voyage beaucoup. Il prend souvent l'avion.
3. Ces chaussures sont chères.
4. Il a mis son manteau.
5. Cette dame est âgée.
6. Je voudrais un billet aller pour Brest.
7. Elle est arrivée en avance.
8. Le chat dort sur la chaise.
9. Elle a continué de travailler.

les Roy, 4 enfants : 2 filles et 2 garçons

UNITÉ 11

Savoir-faire
- comprendre et analyser un fait de société dans un texte écrit
- comprendre / exprimer le but
- exprimer l'appréciation
- demander / donner / refuser des conseils

Vocabulaire
- *quelqu'un / quelque chose*
- *ne…personne / ne…rien*
- mots pour exprimer son opinion

Grammaire
- les pronoms personnels : *lui, leur*
- les verbes *plaire*, *écrire*, *vivre* et *envoyer*
- le futur proche : *aller* + infinitif
- le superlatif de l'adjectif

Autour d'un verre

La fin du bistrot ?

Il y a cinquante ans, le bistrot ou le café était un lieu de rencontres, de rendez-vous, de discussions… Et aujourd'hui ?

Plus de 6 millions de Français vivent seuls. À Paris, presque un adulte sur deux.

Personne ne peut expliquer ce phénomène. C'est peut-être à cause de la disparition des bistrots. Ils ont été pendant longtemps des lieux de rencontres, mais à l'heure actuelle 4 000 cafés ferment tous les ans en France. Pourquoi ? Peut-être parce qu'à cause de la télé on ne sort pas beaucoup le soir, parce que les bistrots ne sont pas à la mode ou parce qu'on ne peut pas boire d'alcool et rentrer après à la maison en voiture… En province, aujourd'hui, on ne donne pas souvent rendez-vous à quelqu'un dans un café. Est-ce qu'on peut faire quelque chose pour les bistrots ? Non, on ne peut rien faire. Un café sans clients ne gagne pas d'argent et il doit fermer.

1 Lisez le texte. Vrai ou faux ?

1. Moins de 6 millions de Français vivent seuls.
2. 4 000 cafés ferment tous les ans en France.
3. Les bistrots sont à la mode.
4. En France, on peut boire de l'alcool et prendre sa voiture après.
5. Un bistrot sans clients doit fermer.

On peut faire quelque chose pour les bistrots ?
– Non, on ne peut rien faire.
– Quelqu'un peut dire pourquoi ?
– Non, personne.

❷ Cherchez dans le texte :

- une information,
- une explication.

Un adulte sur deux vit seul (information).
C'est peut-être à cause de la disparition des bistrots (explication).

❸ Complétez avec le contraire.

J'aime tout le monde mais personne ne m'aime !

1. Tu as quelque chose ? Non, je n'ai …
2. Tu as rencontré quelqu'un aujourd'hui ? Non, je n'ai rencontré …
3. Alors tu as fait … ? Non, je n'ai … fait.

2 Au « Petit bistrot » : le rendez-vous des lycéens

LE CLIENT : Pourquoi est-ce que vous venez ici ?
BRUNO : C'est le café le plus sympa de la ville. Alors, à la sortie du lycée, on vient directement ici pour discuter entre nous.
ARTHUR : Il y a un menu spécial lycéen, c'est super.
ARLETTE : Moi, je vais souvent à la cantine, mais le menu ne me plaît pas toujours, alors je viens ici. Ils ont les meilleurs sandwichs d'Orléans.
CHRISTIAN : Nous, on vient pour boire un café après le repas. La serveuse est une copine. On discute avec elle.
FRANÇOISE : Et le patron nous aime bien. Alors on parle de nos problèmes.

À Orléans, les 1 300 élèves du lycée Voltaire ont le choix entre plusieurs cafés. L'année dernière, ils ont organisé le concours du café le plus « jeune » du quartier. Les lycéens ont choisi le « Petit bistrot ».
Myriam, la serveuse du « Petit bistrot », est la fille du patron. Son père a créé le café pour les élèves du lycée. Le café ouvre à 8 heures (pour le petit déjeuner) et ferme à 19 heures. Avant le départ en vacances d'été, Myriam et son père organisent toujours une petite fête pour leurs clients : c'est la fête la moins chère de l'année pour les jeunes parce qu'ils ne paient pas les boissons sans alcool !

C'est le café le plus sympa.
Ils ont les meilleurs sandwichs.
Le café le plus jeune.
C'est la fête la moins chère.

❹ Écoutez les dialogues, lisez le texte et répondez aux questions.

1. Est-ce qu'il y a un seul café à côté du lycée Voltaire à Orléans ?
2. Qu'est-ce que les lycéens pensent du « Petit bistrot » ?
3. Qui est Myriam ?
4. Quand est-ce que le « Petit bistrot » organise une fête ?
5. Est-ce que cette fête est chère pour les lycéens ?
6. Est-ce qu'il y a un deuxième café aussi sympa que le « Petit bistrot » à Orléans ?
7. Est-ce que les sandwichs des autres cafés sont aussi bons que les sandwichs du « Petit bistrot » ?
8. Est-ce qu'il y a une autre fête aussi bon marché que la fête avant les vacances d'été ?

❺ Faites la liste de tous les avantages du « Petit bistrot »

C'est le café le plus sympa de la ville…

3 Qu'est-ce que je dois faire ?

Bruno et Christian sont à la terrasse d'un café.

BRUNO : Voilà... euh... Je voudrais te parler de Sandrine...
CHRISTIAN : Sandrine, Ah ! la petite brune ? Elle te plaît ?
BRUNO : Oui... Je pense que je suis tombé amoureux.
CHRISTIAN : Eh bien, elle est là. C'est très simple : tu vas à sa table et tu lui dis : « Sandrine, je t'aime. »
BRUNO : Tu es fou ! Elle va rigoler !
CHRISTIAN : Tu vas lui envoyer un petit mot ce soir ou demain et tu l'invites au café ou au ciné.
BRUNO : Tu parles ! Je n'ai pas envie de lui écrire un mot : elle va le montrer à ses copines...
CHRISTIAN : Qu'est-ce que tu veux ? Continue à la regarder et ne dis rien.
BRUNO : Je suis très timide, moi. Écoute, tu es mon ami... Tu ne peux pas ...
CHRISTIAN : Eh Sandrine, tu peux venir ?
BRUNO : Non, Christian, non !
CHRISTIAN : Bruno veut te parler !
SANDRINE : J'arrive...
CHRISTIAN : Bon, je vais vous laisser. Salut !
BRUNO : Tu exagères !
CHRISTIAN : Maintenant, c'est tout ou rien. Bonne chance !

Elle va rigoler.
Tu vas lui envoyer.
Elle va le montrer.
Je vais vous laisser.

6 Choisissez la bonne réponse.

1. Sandrine est amoureuse de Bruno.
Bruno est amoureux de Sandrine.
Christian est amoureux de Sandrine.

2. Bruno va à la table de Sandrine.
Sandrine va à la table de Bruno.
Christian va à la table de Sandrine.

3. Bruno écrit à Sandrine.
Sandrine écrit à ses copines.
Bruno ne veut pas écrire.

7 Qui est-ce ?

Je voudrais te parler de Sandrine.
Te remplace Christian.

- Elle te plaît ?
- Tu lui dis : « Je t'aime ».
- Tu vas lui envoyer un petit mot.
- Bruno veut te parler !
- Je n'ai pas envie de lui écrire.

8 Transformez les phrases, comme dans l'exemple :

Je pars demain ➜ Je vais partir demain.

1. L'avion arrive à 18 heures.
2. Demain, je sors avec mon amie Bérénice.
3. Pendant mes vacances d'été, je voyage.
4. Le prix des voitures augmente en septembre.
5. Nous achetons une voiture en juillet ou en août.
6. Vous dînez à quelle heure ?

VOCABULAIRE

❶ Répondez aux questions par une phrase négative.

1. Vous avez trouvé quelque chose ?
2. Vous avez rencontré quelqu'un ?
3. Est-ce que quelque chose vous plaît ?
4. Est-ce qu'elle aime quelqu'un ?

❷ Lisez les réponses et trouvez les questions.

1. Non, personne n'a pris le train de 17 heures.
2. Non, Alain n'a rien compris.
3. Oui, j'ai tout compris.
4. Non merci, je ne mange rien.

❸ Répondez aux questions de l'enquête ci-dessous. Puis comparez les réponses et donnez les résultats. Ensuite, faites le portrait de l'étudiant moyen de votre groupe.

L'étudiant moyen de notre groupe est une étudiante. Elle va rarement au restaurant, etc.

Enquête

1 Vous allez au restaurant
- tous les jours. ❑
- souvent. ❑
- assez souvent. ❑
- rarement. ❑

Vous n'allez pas au restaurant. ❑

2 Vous allez au restaurant
- pour discuter avec des amis. ❑
- pour bien manger. ❑
- pour sortir de chez vous. ❑

3 Au restaurant, vous buvez
- du café ou du thé. ❑
- de l'eau minérale. ❑
- des jus de fruits. ❑
- d'autres boissons. ❑

4 Au restaurant, vous parlez
- de tout et de rien. ❑
- de vous. ❑
- du travail. ❑
- de sport. ❑
- de politique. ❑

GRAMMAIRE

LE PRONOM PERSONNEL COMPLÉMENT INDIRECT

• Le pronom complément indirect remplace généralement un groupe nominal précédé de la préposition **à**.

*Arlette parle **à** son mari.* ➜ *Elle **lui** parle.*
*Ce pantalon plaît **à** sa femme.* ➜ *Il **lui** plaît.*

je	**me / m'**	Il **me** téléphone.
tu	**te / t'**	Je **te** parle.
il	**lui**	J'aime Arthur. Je **lui** écris.
elle	**lui**	Éléonore est mon amie. Je **lui** téléphone.
nous	**nous**	Cette veste **nous** plaît.
vous	**vous**	Cette veste **vous** va bien.
ils	**leur**	Les enfants sont partis. On **leur** téléphone.
elles	**leur**	Leurs filles sont en vacances. Ils **leur** écrivent.

À la première et à la deuxième personne du singulier et du pluriel, le pronom complément indirect a les mêmes formes que le pronom complément direct.
Seules les troisièmes personnes changent : **lui** au singulier et **leur** au pluriel.

LA PLACE DU PRONOM PERSONNEL COMPLÉMENT INDIRECT

• En général, le **pronom complément indirect** se place **avant le verbe**, comme le pronom direct.
*– Cette robe plaît à votre fille ? – Oui, elle **lui** plaît.*
*– Vous avez parlé à votre ami ? – Oui, je **lui** ai parlé.*
*Je vais écrire à Sandrine. Je vais **lui** envoyer un petit mot.*

• Après les prépositions **de**, **avec**, **sans**, **pour**, **chez**, etc., on emploie les formes suivantes :

je	Il habite chez **moi**.
tu	Annie parle de **toi**.
il	J'ai trouvé du travail pour **lui**.
elle	Nous avons parlé d'**elle**.
nous	Les enfants sortent avec **nous**.
vous	Il va partir avec **vous**.
ils	Tu travailles avec **eux** ?
elles	Ils sont partis sans **elles**.

• On emploie aussi les pronoms toniques après le **que** de la comparaison :
*Nous avons autant de problèmes qu'**eux**.*

1 Qu'est-ce que je dois faire ? Donnez des conseils comme dans l'exemple.

Je voudrais rencontrer Françoise, mais je suis trop timide. Tu … (envoyer) un petit mot.
➜ *Tu lui envoies un petit mot.*

1. Je voudrais prendre un rendez-vous chez le médecin. Tu … (téléphoner).
2. Je voudrais dire merci à mes amis français. Tu … (écrire un petit mot).
3. Je voudrais parler à Coralie. Tu … (parler au dîner).
4. Je voudrais travailler chez Informatix. Vous … (envoyer votre CV).

2 Écoutez et choisissez la bonne réponse.

1. chez eux avec eux pour eux	**3.** avec elles d'elle d'elles	**5.** avec lui pour lui chez lui
2. sans eux pour eux avec eux	**4.** après elle avec elle après elles	

3 Complétez avec des pronoms personnels.

1. – Cette veste … va très bien, madame. Vous … prenez ? – Non merci, cette veste ne … plaît pas.
2. – Tu as envie de déjeuner avec … au restaurant aujourd'hui ? – C'est une bonne idée, mais je … invite.
3. – Madame, vous pouvez regarder. Est-ce que quelque chose … plaît ? Cette robe ? Vous pouvez … essayer, les cabines sont derrière …
4. – Tu habites chez tes parents ? – Non, je n'habite pas chez … ; j'ai une chambre chez une amie.
5. – Rien n'est facile ! Je suis amoureux de Corinne. Je … écris tous les jours, je … téléphone, mais je ne … intéresse pas. Qu'est-ce que je dois faire ?

GRAMMAIRE

LE FUTUR PROCHE

forme affirmative	**forme négative**
Je vais partir	Je ne vais pas partir
Tu vas partir	Tu ne vas pas partir
Il / elle va partir	Il / elle ne va pas partir
Nous allons partir	Nous n'allons pas partir
Vous allez partir	Vous n'allez pas partir
Ils / elles vont partir	Ils / elles ne vont pas partir

- Le futur proche se forme avec l'auxiliaire **aller** et l'infinitif du verbe.

À la forme négative, **ne** / **n'** se place avant **aller** et **pas** se place après.

*– Cette robe va plaire à Céline ? – Oui, elle va lui plaire. – Non, elle **ne** va **pas** lui plaire.*
*– Nous allons regarder le film à la télé ? – Oui, nous allons le regarder. – Non, nous **n'**allons **pas** le regarder.*

La construction **aller + infinitif** exprime aussi le mouvement.
*Je **vais chercher** mon ami à la gare.*
(futur proche : *Je vais aller chercher mon ami à la gare.*)
*Je **vais faire** les courses.*
(futur proche : *Je vais aller faire les courses.*)

LE SUPERLATIF DE L'ADJECTIF

*Ce café est **le plus** jeune de la ville.*
*Cette veste marron est **la moins** chère.*
*Ces chaussures marron sont **les plus** grandes du magasin.*
*Les chaussettes noires sont **les plus** chères.*

- Le superlatif se forme avec l'article défini suivi de **plus** ou de **moins** et éventuellement de la préposition **de**.

Le superlatif de bon est **le / la / les meilleur(es)**.
*On trouve **les meilleurs** sandwiches d'Orléans au Petit Bistrot.*

4 Qu'est-ce qu'ils vont faire ? Reliez les éléments qui vont ensemble.

1. Pour être en pleine forme,
2. Pour discuter avec le metteur en scène,
3. Pour trouver du travail,
4. Pour sortir du chômage,
5. Pour remplir votre fiche,
6. Pour jouer dans la pièce,

a. vous allez prendre un rendez-vous avec lui.
b. tu vas faire un régime.
c. mon voisin va créer une entreprise.
d. je vais envoyer des CV.
e. vous allez faire un stage de théâtre.
f. vous allez répondre aux questions.

5 Complétez avec le verbe aller. Distinguez le futur (F) et l'expression du mouvement (M).

1. Les Duval … partir en vacances.
2. Ils … prendre le train demain.
3. Madame Bertrand … chercher ses enfants tous les jours à l'école.
4. Ce soir, on … regarder le match de foot à la télé.
5. Je … faire les courses.
6. Demain, nous … aller au théâtre.

Et vous, qu'est-ce que vous allez faire ce soir ? et demain ?

6 Faites des phrases comme dans l'exemple.

grande, Marie ? (petite / famille)
→ Mais c'est la personne la plus petite de la famille.

1. bon marché, ce restaurant ? (cher / ville)
2. léger, ce plat ? (lourd / menu)
3. pas sympa, cette serveuse ? (sympa / restaurant)
4. horrible, cette veste ? (belle / magasin)
5. mauvais, le film ? (bon / semaine)

UN DE PERDU… DIX DE RETROUVÉS !

DIALOGUE A

« Chez Gaston ».

NATHALIE : Salut Juliette !
JULIETTE : Mmm !
NATHALIE : Ça ne va pas aujourd'hui ?
JULIETTE : Oh ! c'est rien. *(Elle fond en larmes…)* C'est à cause de Vincent.
NATHALIE : Encore !
JULIETTE : Il est jaloux et possessif.
NATHALIE : C'est parce qu'il est très amoureux. Vous avez discuté ?
JULIETTE : Oui ! mais il n'écoute jamais ! J'ai envie d'arrêter.
NATHALIE : C'est toujours la même chose. Ah ! j'ai une idée. *(Juliette renifle, se mouche.)*
NATHALIE : Karim invite des copains samedi soir.
JULIETTE : Pourquoi ?
NATHALIE : Pour faire la fête : il a enfin trouvé du boulot. Viens avec nous !
JULIETTE : Oh ! Karim ! Nathalie, tu es la plus sympa des copines !
NATHALIE : Eh ! ben, tu vois : un de perdu, dix de retrouvés !

DIALOGUE B

Nathalie répète la pièce avec les enfants de la cité.

NATHALIE : Allez les enfants, en scène ! On va répéter la fin.
ALINE : Qu'est-ce qu'il joue bien, Jonas !
SAMI : Oh oui, c'est le plus fort !
NATHALIE : Anaïs ! Est-ce que vous avez vu Anaïs ?
LES ENFANTS : Non ! Anaïs ! A-na-ïs !
JONAS : Bon, je vais aller voir au centre commercial.
NATHALIE : Et moi, je vais passer au poste de police. *(Deux heures plus tard, chez « Gaston ».)*
NATHALIE : Bonjour ! Quelqu'un a vu Anaïs ?
UN CLIENT : Non, pourquoi ?
NATHALIE : Elle a disparu, je suis inquiète !
JULIETTE : Et ses parents ? Tu leur as parlé ?
NATHALIE : Ils ne sont jamais là.
JONAS : On l'a retrouvée !
NATHALIE : Où ça ?
JONAS : Au supermarché, au rayon des bandes dessinées !

Écoutez

1 Dialogue A : Vrai ou faux ?

1. Juliette est serveuse.
2. Vincent est amoureux de Nathalie.
3. Juliette veut rester avec Vincent.
4. Karim invite des copains samedi soir.
5. Nathalie invite Juliette chez Karim.

2 Dialogue B : Qu'est-ce qui va ensemble ?

1. Nathalie
2. Anaïs
3. Jonas
4. Les parents d'Anaïs

a. C'est un très bon acteur.
b. Tout le monde la cherche.
c. Il va au centre commercial.
d. Ils ne sont jamais à la maison.
e. Elle va au commissariat de police.
f. Elle est au rayon des bandes dessinées.

Observez et répétez

▶ Les sons [ɛ̃] et [ɑ̃]

❸ **Classez les adjectifs.**

	[ɛ̃]	[ɑ̃]
Nathalie, c'est la plus sympa.	...	...
Sami, c'est le plus gentil.	...	...
Jonas, c'est le plus grand.	...	...
Vincent, c'est le plus intéressant.	...	...
Juliette, c'est la plus inquiète.	...	...
Patrick, c'est le plus simple.	...	...
Karim, c'est le plus malin.	...	...
Qui est le plus châtain ?	...	...

▶ Les mélodies

❹ **Écoutez et répétez.**

– Qu'est-ce qu'il joue bien, Jonas !
– Oui, c'est le plus fort.
– Qu'est-ce qu'elle est gentille, Nathalie !
– Oui, c'est la plus sympa des copines.
– Qu'est-ce qu'il est sympa, ce bistrot !
– Oui, c'est le moins cher du quartier.

À VOUS ! ❺ **À deux, imaginez d'autres exclamations.**

Exprimez-vous

À VOUS ! ❻ **Lisez ces annonces. Puis écrivez une annonce pour vous présenter.**

– Dame sympathique, 35 ans, grande, brune, sans emploi, aimerait rencontrer homme gentil, 45-55 ans, grand et sportif, bonne profession pour belle vie à deux.
– Homme, 32 ans, divorcé, un enfant de cinq ans, ingénieur, très sportif cherche jolie femme de 30 ans et gentille maman pour vivre à trois.

À VOUS ! ❼ **Nathalie téléphone aux parents d'Anaïs. À deux, imaginez le dialogue et jouez la scène.**

UNITÉ 12

Embouteillages

Savoir-faire
- comprendre et rédiger un texte informatif
- S'excuser dans une situation formelle et se justifier

Vocabulaire
- les bâtiments d'une ville
- expression de la chronologie
- expressions pour s'excuser

Grammaire
- le futur simple
- la négation
- l'interrogation : préposition + qui
- le verbe *savoir*

Demain, on roulera encore en voiture !

ILS BOUGENT,

ILS BOUGENT LES FRANÇAIS.

La France a toujours su innover dans les transports : hier, avec le Concorde et le TGV, aujourd'hui avec les nouveaux tramways. Mais la voiture reste le moyen de transport préféré des Français !
Il faut limiter la circulation dans les villes à cause de la pollution et des embouteillages. La voiture aussi doit évoluer. Dans les prochaines années, elle sera moins polluante et plus « intelligente ». Elle aura sans doute un moteur électrique, et aussi un ordinateur capable de donner des informations sur les embouteillages à son chauffeur.

Demain, on roulera...
elle sera...
elle aura...
La France a toujours su innover...

❶ Lisez le texte. Vrai ou faux ?

1. Le moyen de transport préféré des Français, c'est la voiture.
2. Il n'y a pas beaucoup de circulation dans les villes.
3. Il faut limiter la circulation à cause de la pollution.
4. Avec son ordinateur, la voiture de demain sera « intelligente ».

❷ C'est dans le texte. Complétez la colonne de droite :

Aujourd'hui,	Demain,
on roule en voiture,	*on roulera encore en voiture.*
la voiture est très polluante,	la voiture… moins polluante.
elle a un moteur polluant,	elle… un moteur électrique.
la radio donne des informations sur les embouteillages,	l'ordinateur … des informations au chauffeur.

② *Quand la province donne le bon exemple…*

RENNES Priorité aux piétons !

Les touristes sont tranquilles : ils peuvent visiter la ville à pied. La municipalité a interdit le centre-ville aux voitures : elle a créé des places de parking et développé les transports en commun. Bientôt, le visiteur fatigué pourra prendre le nouveau métro moderne, silencieux et non polluant. Pour les plus sportifs, la ville de Rennes a créé des pistes cyclables.

developpes - entwickeln

Le centre-ville est interdit aux voitures…
Le visiteur fatigué pourra prendre…

LA ROCHELLE On roule à l'électricité !

Le tramway ne pollue pas, mais il roule à heures fixes et ne va pas partout. La voiture est plus pratique, mais elle pollue !
La municipalité de La Rochelle a trouvé la solution : elle met des voitures électriques à la disposition des visiteurs.

❸ Qu'est-ce que les deux municipalités ont fait pour limiter la pollution dans le centre-ville ?

– *Rennes a …*
– *La Rochelle …*

❹ Rédigez un petit texte comme dans l'exemple pour donner des informations sur votre ville.

« Dans ma ville, il y a beaucoup de circulation. Le soir, à 17 heures, il y a des embouteillages partout. Au centre-ville, il n'y a pas assez de places de parking. Il n'y a pas beaucoup de pistes cyclables… »

3 *Je suis désolée !*

LA SECRÉTAIRE : Bonjour, madame. Vous avez rendez-vous avec qui ?
MME GIRAUD : Bonjour, madame, j'ai rendez-vous avec le directeur technique, monsieur Meyer.
LA SECRÉTAIRE : Vous êtes madame… ?
MME GIRAUD : Yvette Giraud. Je suis en retard, je suis désolée.
LA SECRÉTAIRE : Monsieur le directeur a attendu une dizaine de minutes, puis il est sorti. Il sera de retour dans une heure, une heure et demie.
MME GIRAUD : Est-ce qu'il pourra me recevoir ?
LA SECRÉTAIRE : Je ne sais pas. Il doit recevoir des clients à 11 h 30.
MME GIRAUD : Vraiment, je suis très ennuyée. J'ai pris un taxi, mais ce matin, il y a des embouteillages partout.
LA SECRÉTAIRE : Je sais bien. La circulation dans le centre-ville est impossible.
MME GIRAUD : À qui est-ce que je peux parler ? C'est pour le moteur électrique de notre nouvelle voiture, la Z 22. J'ai des plans, j'ai des photos…
LA SECRÉTAIRE : Attendez… Pour qui sont les plans et les photos ?
MME GIRAUD : Pour monsieur Meyer.
LA SECRÉTAIRE : J'appelle un de ses ingénieurs, monsieur Ménard.
MME GIRAUD : Merci.

Vous avez rendez-vous avec qui ?
À qui est-ce que je peux parler ?
Pour qui sont les plans ?

5 Écoutez le dialogue et choisissez la bonne réponse.

1. Mme Giraud a rendez-vous avec
   - un ingénieur, M. Ménard.
   - le directeur technique, M. Meyer.
   - la secrétaire.
2. Mme Giraud arrive à son rendez-vous
   - en avance.
   - à l'heure.
   - en retard.
3. Le directeur technique est
   - dans son bureau.
   - sorti.
   - au café.
4. Mme Giraud veut
   - faire des photos.
   - parler du moteur électrique d'une nouvelle voiture.
   - acheter une voiture électrique.

6 Trouvez les questions.

J'ai rendez-vous avec le directeur.
→ Avec qui est-ce que vous avez rendez-vous ?

1. J'ai parlé au directeur technique.
2. J'ai travaillé pour mon professeur.
3. Nous avons voyagé avec nos collègues.
4. Il téléphone à ses clients.

7 Repérez les excuses de Mme Giraud.

À VOUS ! **8 Vous arrivez en retard (au travail, à votre cours de français, à un rendez-vous, etc.). À deux, préparez des excuses et expliquez la cause de votre retard. Jouez ensuite la scène.**

VOCABULAIRE

UN QUARTIER

A l'office du tourisme
B l'université
C le pont
D l'école
E la place
F la mairie
G l'avenue
H la zone piétonne
I la rue
J le château
K le parc
L la poste
M le carrefour
N la gare
O l'église
P l'hôpital
Q le musée
R le chantier
S la station de bus

boulangerie · fruits et légumes · librairie · vêtements · pharmacie
boucherie · poissonnerie · restaurant · chaussures

1 Regardez le plan. Où se trouvent : le carrefour, le musée, la mairie, l'école... ?

2 Repérez les magasins. Qu'est-ce qu'on y achète ?

LES MOTS DU FUTUR

C'est bientôt Noël.
Aujourd'hui, nous sommes le 15 décembre :
demain, nous serons le 16 décembre,
après-demain, nous serons le 17.
Dans une semaine, nous serons le 22 décembre,
et dans un mois nous serons le 15 janvier.
Ce sera déjà l'année prochaine.

À VOUS ! 3 Vous êtes à la gare. Vous voulez aller à l'Office du tourisme. Vous demandez votre chemin à quelqu'un. À deux, jouez la scène.

4 Vous le savez déjà ? Qu'est-ce que vous ferez...

demain	dans un mois
après-demain	dans un an / une année
la semaine prochaine	dans 8 jours
le mois prochain	bientôt
l'année prochaine	lundi prochain
dans une semaine	

Aller en vacances ; parler français ; faire un stage ; être directeur ; avoir un enfant ; faire du théâtre ; acheter une maison ; ne plus travailler ; aller au cinéma.

5 Choisissez la phrase correcte. C'est utile !

Quand vous êtes en colère, vous dites :
- Excuse-moi !
- Je suis désolé(e).
- Tu exagères !

Quand vous êtes en retard, vous dites :
- C'est impossible !
- Je vous prie de m'excuser.
- Il faut me recevoir.

GRAMMAIRE

CONJUGAISON : LE FUTUR SIMPLE

aimer	**finir**
J'aimer**ai**	Je finir**ai**
Tu aimer**as**	Tu finir**as**
Il / elle aimer**a**	Il / elle finir**a**
Nous aimer**ons**	Nous finir**ons**
Vous aimer**ez**	Vous finir**ez**
Ils / elles aimer**ont**	Ils / elles finir**ont**

• Tous les verbes, réguliers ou non, ont les mêmes terminaisons : **-ai**, **-as**, **-a**, **-ons**, **-ez**, **-ont**.

Beaucoup de verbes ont un radical différent au futur, mais les terminaisons sont les mêmes que pour les verbes réguliers.

avoir	➜	j'aurai, tu auras, etc.
être	➜	je serai, tu seras, etc.
aller	➜	j'irai, tu iras, etc.
faire	➜	je ferai, tu feras, etc.
venir	➜	je viendrai, tu viendras, etc.
pouvoir	➜	je pourrai, tu pourras, etc.
vouloir	➜	je voudrai, tu voudras, etc.
devoir	➜	je devrai, tu devras, etc.
falloir (il faut)	➜	il faudra
pleuvoir (il pleut)	➜	il pleuvra
envoyer	➜	j'enverrai, tu enverras, etc.

L'EMPLOI DU FUTUR SIMPLE

• En général, on emploie le **futur simple** pour les événements à venir.

*Demain, il **fera** beau dans le nord de la France.*

*Dans 20 ans je ne **travaillerai** plus.*

1 Mettez les verbes entre parenthèses au futur simple.

1. Dans une semaine, nous (être) en vacances.
2. Il y (avoir) ma famille et mes amis.
3. Nous (faire) beaucoup de cuisine.
4. Nous (aller) faire les courses dans la ville voisine.
5. Nos amis (partir) en promenade.
6. Il ne (pleuvoir) pas.
7. Et vous, au bureau, vous (attendre) mon retour.
8. Hélas, mes vacances (finir) le 31 août !

À VOUS !

2 À deux, faites des projets. Utilisez je serai et les mots pour indiquer le futur.

Aujourd'hui je suis ici. (à Paris) ➜ L'année prochaine je serai à Paris.

1. Cette semaine je travaille. (en vacances)
2. En ce moment, je n'ai pas de travail. (en stage)
3. Je commence à travailler lundi. (responsable de rayon)
4. Je fais des études. (employé de bureau)
5. Je pars en déplacement. (de retour)

CONJUGAISON : SAVOIR

indicatif présent	indicatif futur simple	indicatif passé composé	impératif présent
Je sais	Je saurai	J'ai su	
Tu sais	Tu sauras	Tu as su	Sache
Il / elle sait	Il / elle saura	…	
Nous savons	Nous saurons		Sachons
Vous savez	Vous saurez		Sachez
Ils / elles savent	Ils / elles sauront		

Attention à la construction du verbe savoir :
Je sais que tu viendras.
Je sais faire du ski.
Je sais l'anglais.
Je saurai parler français.

3 Complétez avec des formes de savoir.

Je ne (passé composé) jamais le nom de mon voisin.
➜ Je n'ai jamais su le nom de mon voisin.

1. Demain, je le (futur proche).
2. Je (présent) que c'est un nom anglais. C'est tout.
3. Je travaille beaucoup : l'année prochaine, je (futur simple) le français.
4. Mes enfants ne (présent) pas encore écrire, mais ils (futur proche) bientôt compter.
5. – Vous (présent) son âge ? – Non, nous ne le (passé composé) jamais et nous ne le (futur simple) jamais.
6. Je suis désolé, mais je ne (présent) rien. Et toi, tu (présent) quelque chose ?

GRAMMAIRE

RAPPELEZ-VOUS : LA NÉGATION

forme interrogative	forme négative	
Hervé aime les fruits ?	Non, il **n'**aime **pas** les fruits.	ne … pas
Tu manges de la viande ?	Non, je **ne** mange **pas** de viande.	ne … pas de
Tu as écrit une lettre ?	Non, je **n'**ai **pas** écrit de lettre.	ne … pas de
Vous allez souvent au cinéma ?	Non, je **ne** vais **jamais** au cinéma.	ne … jamais
Il est toujours à l'heure ?	Non, il **n'**est **jamais** à l'heure.	ne … jamais
Vous travaillez encore à minuit ?	Non, à minuit, je **ne** travaille **plus**.	ne … plus
Vous avez déjà choisi ?	Non, je **n'**ai **pas encore** choisi.	ne … pas encore
Tu as tout compris ?	Non, je **n'**ai **rien** compris.	ne … rien
Tu as dit quelque chose ?	Non, je **n'**ai **rien** dit.	ne … rien
Tu as parlé à tout le monde ?	Non, je **n'**ai parlé à **personne**.	ne … personne
Quelqu'un a téléphoné ?	Non, **personne n'**a téléphoné.	personne ne …
Quelque chose est arrivé ?	Non, **rien** n'est arrivé.	rien ne …

4 Construisez des phrases comme dans l'exemple. Utilisez le passé composé.

Écrire / nous / jamais ➜ Nous n'avons jamais écrit.

1. Vous / rencontrer / jamais Alain
2. Les enfants / manger / rien
3. Tu / danser / jamais
4. Vos amis / téléphoner / jamais
5. Mes parents / voyager / jamais
6. Nous / décider / rien
7. Vous / inviter / personne

5 Répondez aux questions. Utilisez la forme négative.

Avez-vous écrit une lettre ? (pas)
Non, je n'ai pas écrit de lettre.
Tu as envoyé un petit mot à Sandrine ? (jamais)
Non, je n'ai jamais envoyé de petit mot à Sandrine.

1. Est-ce que tu as consulté un médecin ? (jamais)
2. Est-ce que tu as envoyé un CV ? (jamais)
3. Tu as préparé un dessert ? (pas)
4. Est-ce que les enfants ont raconté une histoire ? (pas)
5. Est-ce que Bruno a acheté un VTT ? (pas)

L'INTERROGATION AVEC QUI

– Qui est Mme Giraud ? – C'est une cliente.

– Qui a rendez-vous avec le directeur technique ?
– Mme Giraud.

– Mme Giraud a rencontré qui ? – M. Ménard.

– Mme Giraud a rendez-vous avec qui ?
– Avec qui Mme Giraud a rendez-vous ?
– Avec qui est-ce que Mme Giraud a rendez-vous ?
– Avec M. Meyer.

– Mme Giraud parle à qui ?
– À qui parle Mme Giraud ?
– À la secrétaire.

– Les photos sont pour qui ?
– Pour qui sont les photos ?
– Pour M. Meyer.

• On emploie le pronom interrogatif **qui** pour poser des questions sur une personne.

• **Qui** peut s'employer seul ou précédé des prépositions : à, de, avec, pour, etc.

6 Reliez les éléments qui vont ensemble.

1. Vous êtes invités chez qui ?
2. Vous avez répondu à qui ?
3. Vous travaillez pour qui ?
4. Vous êtes sorti après qui ?

a. À un journaliste.
b. Chez des amis de mon frère.
c. Je suis sorti après mes collègues.
d. Pour une entreprise d'informatique.

ÇA ROULE !

DIALOGUE A

LE DIRECTEUR : (*Au téléphone.*) Je suis désolé, cher monsieur, mais je ne pourrai pas vous recevoir la semaine prochaine, je serai à Tokyo.

ÉMILIE : Monsieur Dumont, le taxi vous attend ! Vous n'avez rien oublié ?

LE DIRECTEUR : Non ! À bientôt Émilie !

ÉMILIE : Bon voyage !
(*Il sort et monte dans le taxi.*)

LE DIRECTEUR : Vite, vite ! à l'aéroport Charles de Gaulle. Je suis pressé.

JOSEPH : Votre avion part dans combien de temps ?

LE DIRECTEUR : Dans deux heures.

JOSEPH : Ça va être difficile à cause des embouteillages.

LE DIRECTEUR : Je sais. Prenez le périphérique !

JOSEPH : Oui, mais je ne peux pas tourner à droite. Hé ho ! t'es pas un peu fou !

LE DIRECTEUR : Qu'est-ce que vous voulez, il y a trop de voitures !

JOSEPH : Tout à fait d'accord ! Vous savez, moi, le dimanche, je fais du vélo !

LE DIRECTEUR : Eh bien moi, monsieur, ma voiture, elle est au garage. Je me déplace seulement en avion !

DIALOGUE B

Plus tard, à l'aéroport.

UNE CLIENTE : Vous êtes libre ?

JOSEPH : Oui. Vous allez où ?

LA CLIENTE : Au Paris-Lyon Palace, près de la gare de Lyon.

JOSEPH : Montez. Vous venez de loin ?

LA CLIENTE : Non, de Genève.

JOSEPH : Et vous avez apporté du chocolat ?

LA CLIENTE : (*Elle rit.*) Bien sûr, il y en a plein ma valise.

JOSEPH : Voilà, c'est ici ; ça fait 150 francs. Vous n'avez pas de monnaie ?

LA CLIENTE : Voilà, monsieur. (*La femme paie, sort du taxi et entre dans l'hôtel.*)

JOSEPH : Mais j'ai déjà vu cette femme !
(*Tout à coup, on entend dans le taxiphone* : Hé ! Joseph tu es là ? C'est Pierre ! Je te donne rendez-vous demain, au Paris-Lyon Palace, à 18 heures.)

JOSEPH : Un palace, moi ?

Écoutez

❶ Dialogue A : Répondez aux questions.

1. Qui est monsieur Dumont ? Imaginez sa profession.
2. Qui est Émilie ?
3. Où va monsieur Dumont ?
4. À votre avis, est-ce qu'il sera à l'heure à l'aéroport ? Pourquoi ?
5. Qu'est-ce que Joseph fait le dimanche ?
6. Est-ce que monsieur Dumont a une voiture ?

❷ Dialogue B : Répondez aux questions.

1. Où est-ce que la cliente de l'aéroport va ?
2. Elle vient d'où ?
3. Pourquoi est-ce que Joseph lui parle de chocolat ?
4. Est-ce que vous pensez qu'elle en a vraiment plein sa valise ?
5. Est-ce que Joseph connaît sa cliente ?
6. Où est-ce que Pierre donne rendez-vous à Joseph ?

Observez et répétez

▶ Les sons [j], [ʒ] et [ʃ]

❸ Monsieur et madame Dumont partent en voyage. Dans leur valise, ils mettent :

	[j]	[ʒ]	[ʃ]
une jupe	...	*jupe*	...
un tailleur	...	...	...
des chaussures	...	...	...
une chemise	...	...	...
un gilet	...	...	...
un maillot de bain	...	...	...
des chaussettes	...	...	...
un pyjama	...	...	...

Classez les vêtements dans la bonne colonne.

▶ Les mélodies

❹ L'expression de la colère.

– Vous êtes fou !
– Hé, ça va pas, non !
– Mais enfin, laissez-moi tranquille !
– Vous ne pouvez pas regarder devant vous !
– Tu ne peux pas faire attention !

❺ Deux personnes sont en voiture.

Le conducteur est en colère parce que :
– le passager lui donne des conseils ;
– le passager lui pose des questions.

À VOUS ! **À deux, jouez la scène.**

Exprimez-vous

À VOUS ! **❻ Simulez la situation suivante : votre municipalité veut interdire la circulation des voitures dans le centre-ville. Tout le monde n'est pas d'accord.**

Contre :
– Les magasins auront moins de clients.
– Il n'y a pas assez de parkings près du centre-ville.
– La ville sera trop calme.
– ...

Pour :
– Les gens seront tranquilles pour faire leurs courses.
– Les enfants ne devront plus faire attention à la circulation.
– Il y aura moins de pollution ; on pourra faire du vélo.
– ...

Rythmes

1 Le calendrier

OBSERVEZ

▶ **Voici un calendrier français.**

JANVIER			FÉVRIER			MARS			AVRIL			MAI			JUIN		
1	M	**JOUR DE L'AN** 1	1	S	Sᵉ Ella	1	S	S. Aubin	1	M	S. Hugues 14	1	J	**F. DU TRAVAIL**	1	D	**Fête-Dieu**
2	J	S. Basile ☾	2	D	Présentation	2	D	S. Charles le B. ☾	2	M	Sᵉ Sandrine	2	V	S. Boris	2	L	Sᵉ Blandine 23
3	V	Sᵉ Geneviève	3	L	S. Blaise 6	3	L	S. Guénolé 10	3	J	S. Richard	3	S	SS. Phil., Jacques	3	M	S. Kévin
4	S	S. Odilon	4	M	Sᵉ Véronique	4	M	S. Casimir	4	V	S. Isidore	4	D	S. Sylvain	4	M	Sᵉ Clotilde
5	D	**Epiphanie**	5	M	Sᵉ Agathe	5	M	S. Olive	5	S	Sᵉ Irène	5	L	Sᵉ Judith 19	5	J	S. Igor ⊙
6	L	S. Mélaine 2	6	J	S. Gaston	6	J	Sᵉ Colette	6	D	Annonciation	6	M	Sᵉ Prudence ⊙	6	V	S. Norbert
7	M	S. Raymond	7	V	Sᵉ Eugénie ⊙	7	V	Sᵉ Félicité	7	L	S. J.-B. d. l. Salle ⊙	7	M	Sᵉ Gisèle	7	S	S. Gilbert
8	M	S. Lucien	8	S	Sᵉ Jacqueline	8	S	S. Jean de Dieu	8	M	Sᵉ Julie 15	8	J	**ASCENSION/VICT. 45**	8	D	S. Médard
9	J	Sᵉ Alix ⊙	9	D	Sᵉ Apolline	9	D	Sᵉ Françoise ⊙	9	M	S. Gautier	9	V	S. Pacôme	9	L	Sᵉ Diane 24
10	V	S. Guillaume	10	L	S. Arnaud 7	10	L	S. Vivien 11	10	J	S. Fulbert	10	S	Sᵉ Solange	10	M	S. Landry
11	S	S. Paulin	11	M	**Mardi-Gras**	11	M	Sᵉ Rosine	11	V	S. Stanislas	11	D	**F. Jeanne d'Arc**	11	M	S. Barnabé
12	D	Sᵉ Tatiana	12	M	**Cendres**	12	M	Sᵉ Justine	12	S	S. Jules	12	L	S. Achille 20	12	J	S. Guy
13	L	Sᵉ Yvette 3	13	J	Sᵉ Béatrice	13	J	S. Rodrigue	13	D	Sᵉ Ida	13	M	Sᵉ Rolande	13	V	S. Antoine de P. ☽
14	M	Sᵉ Nina	14	V	S. Valentin ☽	14	V	Sᵉ Mathilde	14	L	S. Maxime ☽	14	M	S. Matthias ☽	14	S	S. Elisée
15	M	S. Rémi ☽	15	S	S. Claude	15	S	Sᵉ Louise	15	M	S. Paterne 16	15	J	Sᵉ Denise	15	D	Sᵉ Germaine
16	J	S. Marcel	16	D	**Carême**	16	D	Sᵉ Bénédicte ☽	16	M	S. Benoît-Joseph	16	V	S. Honoré	16	L	S. J.-F. Régis 25
17	V	Sᵉ Roseline	17	L	S. Alexis 8	17	L	S. Patrice 12	17	J	S. Anicet	17	S	S. Pascal	17	M	S. Hervé
18	S	Sᵉ Prisca	18	M	Sᵉ Bernadette	18	M	S. Cyrille	18	V	S. Parfait	18	D	**PENTECÔTE**	18	M	S. Léonce
19	D	S. Marius	19	M	S. Gabin	19	M	S. Joseph	19	S	Sᵉ Emma	19	L	S. Yves 21	19	J	S. Romuald
20	L	S. Sébastien 4	20	J	Sᵉ Aimée	20	J	PRINTEMPS	20	D	Sᵉ Odette	20	M	S. Bernardin	20	V	S. Silvère ☺
21	M	Sᵉ Agnès	21	V	S. P.-Damien	21	V	Sᵉ Clémence	21	L	S. Anselme 17	21	M	S. Constantin	21	S	ÉTÉ
22	M	S. Vincent	22	S	Sᵉ Isabelle ☺	22	S	Sᵉ Léa	22	M	S. Alexandre ☺	22	J	S. Emile ☺	22	D	S. Alban
23	J	S. Barnard ☺	23	D	S. Lazare	23	D	**Rameaux**	23	M	S. Georges	23	V	S. Didier	23	L	Sᵉ Audrey 26
24	V	S. Fr. de Sales	24	L	S. Modeste 9	24	L	Sᵉ Cath. de Su. ☺	24	J	S. Fidèle	24	S	S. Donatien	24	M	S. Jean-Baptiste
25	S	Conv. S. Paul	25	M	S. Roméo	25	M	S. Humbert 13	25	V	S. Marc	25	D	**Fête des Mères**	25	M	S. Prosper
26	D	Sᵉ Paule	26	M	S. Nestor	26	M	Sᵉ Larissa	26	S	Sᵉ Alida	26	L	S. Bérenger 22	26	J	S. Anthelme
27	L	Sᵉ Angèle 5	27	J	Sᵉ Honorine	27	J	S. Habib	27	D	**Jour du Souvenir**	27	M	S. Augustin	27	V	S. Fernand ☾
28	M	S. Th. d'Aquin	28	V	S. Romain	28	V	S. Gontran	28	L	Sᵉ Valérie 18	28	M	S. Germain	28	S	S. Irénée
29	M	S. Gildas				29	S	Sᵉ Gwladys	29	M	Sᵉ Cath. de Si.	29	J	S. Aymar ☾	29	D	SS. Pierre, Paul
30	J	Sᵉ Martine				30	D	**PÂQUES**	30	M	S. Robert ☾	30	V	S. Ferdinand	30	L	S. Martial 27
31	V	Sᵉ Marcelle ☾				31	L	S. Benjamin ☾				31	S	Visitation			

L'année officielle commence en janvier et finit en décembre. Le dimanche est un jour férié (on ne travaille pas).

JUILLET			AOÛT			SEPTEMBRE			OCTOBRE			NOVEMBRE			DÉCEMBRE		
1	M	S. Thierry	1	V	S. Alphonse	1	L	S. Gilles 36	1	M	Sᵉ Th. de l'E.-J. ⊙	1	S	**TOUSSAINT**	1	L	Sᵉ Florence 49
2	M	S. Martinien	2	S	S. Julien-Eymard	2	M	Sᵉ Ingrid ⊙	2	J	S. Léger	2	D	Défunts	2	M	Sᵉ Viviane
3	J	S. Thomas	3	D	Sᵉ Lydie ⊙	3	M	S. Grégoire	3	V	S. Gérard	3	L	S. Hubert 45	3	M	S. Xavier
4	V	S. Florent ⊙	4	L	S. J.-M. Vianney 32	4	J	Sᵉ Rosalie	4	S	S. Fr. d'Assise	4	M	S. Charles	4	J	Sᵉ Barbara
5	S	S. Antoine	5	M	S. Abel	5	V	Sᵉ Raïssa	5	D	Sᵉ Fleur	5	M	Sᵉ Sylvie	5	V	S. Gérald
6	D	Sᵉ Mariette	6	M	Transfiguration	6	S	S. Bertrand	6	L	S. Bruno 41	6	J	Sᵉ Bertille	6	S	S. Nicolas
7	L	S. Raoul 28	7	J	S. Gaétan	7	D	Sᵉ Reine	7	M	S. Serge	7	V	Sᵉ Carine ☽	7	D	S. Ambroise ☽
8	M	S. Thibaut	8	V	S. Dominique	8	L	Nativité N.-D. 37	8	M	Sᵉ Pélagie	8	S	S. Geoffroy	8	L	Imm. Concept. 50
9	M	Sᵉ Amandine	9	S	S. Amour	9	M	S. Alain	9	J	S. Denis ☽	9	D	S. Théodore	9	M	S. Pierre-Fourier
10	J	S. Ulrich	10	D	S. Laurent	10	M	Sᵉ Inès ☽	10	V	S. Ghislain	10	L	S. Léon 46	10	M	S. Romaric
11	V	S. Benoît	11	L	Sᵉ Claire ☽	11	J	S. Adelphe	11	S	S. Firmin	11	M	**ARMISTICE 1918**	11	J	S. Daniel
12	S	S. Olivier ☽	12	M	Sᵉ Clarisse 33	12	V	S. Apollinaire	12	D	S. Wilfried	12	M	S. Christian	12	V	Sᵉ J.-F. Chantal
13	D	SS. Henri, Joël	13	M	S. Hippolyte	13	S	S. Aimé	13	L	S. Géraud 42	13	J	S. Brice	13	S	Sᵉ Lucie
14	L	**F. NATIONALE**	14	J	S. Evrard	14	D	La Sainte-Croix	14	M	S. Juste	14	V	S. Sidoine ☺	14	D	Sᵉ Odile ☺
15	M	S. Donald 29	15	V	**ASSOMPTION**	15	L	S. Roland 38	15	M	Sᵉ Th. d'Avila	15	S	S. Albert	15	L	Sᵉ Ninon 51
16	M	N.-D. Mt-Carmel	16	S	S. Armel	16	M	Sᵉ Edith ☺	16	J	Sᵉ Edwige ☺	16	D	Sᵉ Marguerite	16	M	Sᵉ Alice
17	J	Sᵉ Charlotte	17	D	S. Hyacinthe	17	M	S. Renaud	17	V	S. Baudouin	17	L	Sᵉ Elisabeth 47	17	M	S. Gaël
18	V	S. Frédéric	18	L	Sᵉ Hélène ☺	18	J	Sᵉ Nadège	18	S	S. Luc	18	M	Sᵉ Aude	18	J	S. Gatien
19	S	S. Arsène	19	M	S. Jean-Eudes 34	19	V	Sᵉ Emilie	19	D	S. René	19	M	S. Tanguy	19	V	S. Urbain
20	D	Sᵉ Marina ☺	20	M	S. Bernard	20	S	S. Davy	20	L	Sᵉ Adeline 43	20	J	S. Edmond	20	S	S. Abraham
21	L	S. Victor 30	21	J	S. Christophe	21	D	S. Matthieu	21	M	Sᵉ Céline	21	V	Prés. Marie	21	D	HIVER ☾
22	M	Sᵉ M.-Madeleine	22	V	S. Fabrice	22	L	AUTOMNE 39	22	M	Sᵉ Elodie	22	S	Sᵉ Cécile ☾	22	L	Sᵉ Fr.-Xavière 52
23	M	Sᵉ Brigitte	23	S	Sᵉ Rose de Lima	23	M	S. Constant ☾	23	J	S. Jean de C. ☾	23	D	S. Clément	23	M	S. Armand
24	J	Sᵉ Christine	24	D	S. Barthélémy	24	M	Sᵉ Thècle	24	V	S. Florentin	24	L	Sᵉ Flora 48	24	M	Sᵉ Adèle
25	V	S. Jacques	25	L	S. Louis ☾	25	J	S. Hermann	25	S	S. Crépin	25	M	Sᵉ Catherine L.	25	J	**NOËL**
26	S	SS. Anne, Joach. ☾	26	M	Sᵉ Natacha 35	26	V	SS. Côme, Damien	26	D	S. Dimitri	26	M	Sᵉ Delphine	26	V	S. Etienne
27	D	Sᵉ Nathalie	27	M	Sᵉ Monique	27	S	S. Vincent de Paul	27	L	Sᵉ Emeline 44	27	J	S. Séverin	27	S	S. Jean
28	L	S. Samson 31	28	J	S. Augustin	28	D	S. Venceslas	28	M	SS. Simon, Jude	28	V	S. Jacques de la M.	28	D	SS. Innocents
29	M	Sᵉ Marthe	29	V	Sᵉ Sabine	29	L	S. Michel 40	29	M	S. Narcisse	29	S	S. Saturnin	29	L	S. David ⊙
30	M	Sᵉ Juliette	30	S	S. Fiacre	30	M	S. Jérôme	30	J	Sᵉ Bienvenue	30	D	**Avent** ⊙	30	M	S. Roger
31	J	S. Ignace de L.	31	D	S. Aristide				31	V	S. Quentin ⊙				31	M	S. Sylvestre

LES VACANCES SCOLAIRES

L'école et les vacances influencent beaucoup la vie collective.
En France, il y a trois zones géographiques pour les vacances scolaires.
Les dates de début et de fin de vacances sont différentes.
La rentrée des classes a lieu pour tout le monde début septembre.
Il y a des vacances :
– **en automne :** deux semaines fin octobre, début novembre ;
– **en hiver :** deux semaines à Noël, fin décembre, début janvier, et deux semaines, fin février, début mars ;
– **au printemps** : deux semaines en avril, mai ;
– **en été :** l'année scolaire se termine fin juin. Les grandes vacances commencent.

RÉPONDEZ

▶ **Et dans votre pays ?**
Quand commence et finit l'année officielle ?
Quel est le jour férié hebdomadaire ?

▶ **Regardez le calendrier, repérez et classez les fêtes.**

Fêtes religieuses :	*Noël…*
Fêtes commémoratives :	14 juillet…
Autres fêtes :	*(le) jour de l'an…*

▶ **Quel mois a beaucoup de fêtes ?**

▶ **Complétez le tableau avec les fêtes de votre pays.**

2 Les grandes manifestations culturelles et sportives

Le Festival international de cinéma de Cannes en mai.
Ce rendez-vous culturel et industriel a lieu tous les ans ; les grandes vedettes du monde entier viennent à Cannes. Monter les marches du palais du Cinéma, c'est le rêve de tous les jeunes espoirs du septième art !

Le tournoi de tennis de Roland-Garros en juin.
C'est une compétition internationale prestigieuse.
Elle a lieu à Paris, au stade Roland-Garros.

Le Tour de France en juillet.
Depuis 1903, c'est un événement sportif très populaire.

Toutes les fêtes ne sont pas dans le calendrier.

Aujourd'hui, on célèbre de nouveaux événements culturels comme la journée de la musique, en juin, les journées du patrimoine, en septembre.
Le palais de l'Élysée à Paris, résidence du président de la République française est ouvert au public une fois par an, à l'occasion de la journée du patrimoine.

Kulturerbe

RÉPONDEZ

- **Quelles manifestations françaises sportives ou culturelles est-ce que vous connaissez ?**
- **Dans votre pays, quelles sont les manifestations sportives ou culturelles importantes ?**

3 Les gâteaux de fête

La bûche à Noël, ***la galette des Rois à l'Épiphanie***,
les crêpes à la Chandeleur (le 2 février). Bon appétit !
À la Chandeleur, on célèbre la fin du mois le plus froid de l'année.
La crêpe représente le soleil, le bonheur, la prospérité.

VOICI UNE RECETTE DE CRÊPES.

INGRÉDIENTS
250 g de farine
2 œufs
0,5 l de lait
une pincée de sel
2 cuillères à soupe d'eau
facultatif : un verre de bière

PRÉPARATION

1. Mettez la farine avec un peu de sel dans un saladier.

2. Faites un trou pour les œufs et cassez-les l'un après l'autre.

3. Versez peu à peu le lait, mélangez bien et ajoutez l'huile, l'eau

et le verre de bière (facultatif).

4. Laissez reposer la pâte à crêpes 1 heure.

5. Et maintenant, pour être riche toute l'année, tenez une pièce d'or dans une main, faites cuire la pâte dans la poêle et faites sauter la crêpe !

▶ **Écrivez la recette d'un gâteau traditionnel de votre pays. Ingrédients... Préparation...**

À VOUS DE JOUER ! **À quels noms de mois correspondent ces dessins ?**

février

juin

aout

juillet

octobre

decembre

Septembre

avril

mars

janvier

novembre

mai

Partie 4

Alors, raconte...

UNITÉ 13

Savoir-faire
- parler de soi : raconter des événements au passé et les situer dans le passé

Vocabulaire
- mots pour exprimer les sentiments

Grammaire
- l'imparfait
- l'opposition imparfait / passé composé
- *il y a*
- la subordonnée temporelle avec *quand*
- le verbe *connaître*

Souvenirs d'enfance

C'était en été...

– Hélène… attendez. Vous dites Hélène. Oui, il y a 15 ans peut-être…
C'était en été. J'étudiais encore. Je passais mes vacances chez une tante.
Je faisais des promenades dans la campagne, j'écrivais, je lisais, je rêvais...
Je prenais ma guitare et jouais des airs à la mode. Mon oncle et ma tante travaillaient et ils n'étaient presque jamais à la maison. J'étais donc souvent seul. Et il y avait Hélène.
C'était la fille des voisins, très belle, les cheveux et les yeux noirs. Nous avions le même âge.
Je pense que je l'aimais un peu… Mais elle et moi, nous étions très timides.
Elle s'appelait Hélène Aubertin...

– Eh bien Rémi, elle s'appelle toujours Hélène Aubertin.
Cher ami, vous étiez en vacances avec votre futur chef !
Elle commence lundi prochain.

C'était l'été.
J'étudiais.
Mon oncle et ma tante travaillaient.
Nous avions le même âge.
Vous étiez en vacances.

1 Écoutez le dialogue.

1. Qui est Hélène Aubertin ?
2. Qui parle ?
3. Où est-ce qu'il était il y a 15 ans ?

2 Décrivez les vacances de Rémi, utilisez l'imparfait.

Il passait ses vacances chez une tante, il faisait… **Continuez.**

Fanny Ardant, actrice

À 17 ans, je suis partie de chez moi. J'avais envie de jouer, mais au théâtre plus qu'au cinéma.

Pour gagner ma vie, je travaillais comme secrétaire du directeur du festival Mozart d'Aix-en-Provence. J'allais aux répétitions. Je pense à la répétition de *Don Juan*. Je voyais les ténors et j'écoutais leurs voix. Je pensais : « Un jour, je serai comme eux, sur la scène. » J'en étais sûre. La certitude des fous.

J'ai commencé à suivre des cours, et puis, il y a eu les premiers engagements. Maintenant, quand les jeunes viennent me demander des conseils, je leur dis : « Il faut aimer ce métier. Et il faut beaucoup travailler. »

Fanny Ardant avec le cinéaste François Truffaut.

❸ Lisez le texte et répondez aux questions.

1. À quel âge Fanny Ardant est partie de chez elle ?
2. Qu'est-ce qu'elle avait envie de faire ?
3. Pour qui est-ce qu'elle travaillait comme secrétaire ?
4. Qu'est-ce qu'elle faisait aux répétitions ?
5. Quel conseil est-ce qu'elle donne aujourd'hui aux jeunes ?

❹ Classez les verbes du texte qui indiquent le présent, le passé, le futur.

Présent	Passé	Futur
	Imparfait / Passé composé	

❺ Dans la colonne « passé » : quel temps indique un événement ou une action ? Quel temps indique une situation ou des circonstances ?

❻ Racontez la vie de Fanny Ardant.

À 17 ans, elle est partie de chez elle...

Continuez.

À VOUS ! **❼ Plaisir de la conversation : en groupe, parlez de vous, racontez votre vie (jeunesse, études, profession, etc.).**

3 Rencontre

RÉGINE : Alain !
ALAIN : Régine ! Quelle surprise !
RÉGINE : Tu habites toujours à Paris ?
ALAIN : Non, j'habite à Montpellier maintenant. Je suis à Paris pour mon travail. Je viens assez souvent.
RÉGINE : Tu es journaliste, c'est ça ? Quand je t'ai connu à la fac, tu rêvais d'être grand reporter.
ALAIN : Eh bien non ! J'ai commencé à faire du journalisme, mais j'ai arrêté il y a deux ans. Je suis marié et je suis papa.
RÉGINE : Ah, tu es marié ?
ALAIN : Oui. Et ma femme est de Montpellier. Elle ne voulait pas quitter sa région pour vivre à Paris. Alors, je suis parti là-bas. On habite à la campagne, à 10 kilomètres du centre.
RÉGINE : À la campagne, toi ! Mais tu détestais la campagne !
ALAIN : Oui, c'est vrai. Mais je suis tombé amoureux de la région.
RÉGINE : Et de ta femme !
ALAIN : Tu connais le Midi ?
RÉGINE : Non, tu sais que je ne voyage pas.
ALAIN : Et toi, qu'est-ce que tu fais ?
RÉGINE : Tu me connais. Je n'ai pas changé. Je suis toujours libraire et célibataire.

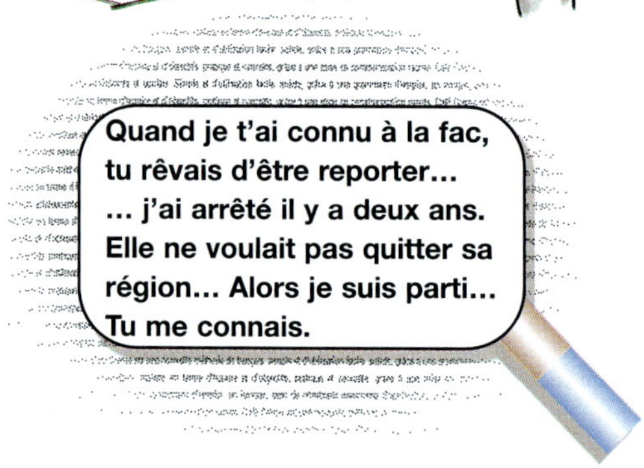

8 Écoutez le dialogue. Vrai ou faux ?

1. Alain a fait ses études avec Régine.
2. Alain est un grand reporter.
3. Sa femme rêvait de vivre à Paris.
4. Alain et sa femme habitent à la campagne.
5. Régine n'est pas mariée.

9 Régine écrit à une amie. Dans sa lettre, elle lui parle d'Alain.

« Hier, j'ai rencontré Alain dans un café. Il..., mais maintenant il... »

Continuez la lettre.

ÇA ME FAIT RÊVER !

Qu'est-ce qui vous fait rêver ?
La musique me fait rêver.
Écouter de la musique, ça me fait rêver.
La mer, ça me fait rêver.
Ça me fait rêver de regarder la mer.

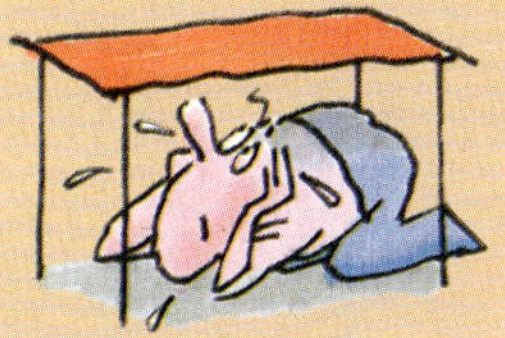

Qu'est-ce qui vous fait peur ?
La guerre me fait peur.
Parler de la guerre, ça me fait peur.
Le chômage, ça me fait peur.
Ça me fait peur de penser au chômage.

Qu'est-ce qui vous fait plaisir ?
Les cadeaux me font plaisir.
Faire des cadeaux à mes amis, ça me fait plaisir.
Les lettres d'amour, ça me fait plaisir.
Ça me fait plaisir de lire des lettres d'amour.
Les compliments me font plaisir.
Faire des compliments, ça me fait plaisir.

❶ **À deux, faites des petits dialogues comme dans l'exemple.**

– *Qu'est-ce qui te fait plaisir ?*
➜ – *Les cadeaux, ça me fait plaisir.*
– *Et toi, qu'est-ce qui te fait plaisir ?*
➜ – *Ça me fait plaisir d'aller dans un bon restaurant.*

1. Qu'est-ce qui vous fait peur ?
2. Qu'est-ce qui vous fait rêver ?
3. Qu'est-ce qui vous fait plaisir ?

❷ **1. Pour trouver des idées, complétez le schéma.**

2. Racontez un souvenir d'enfance :

Quand j'étais petit(e), je… (vacances, école, amoureux…)

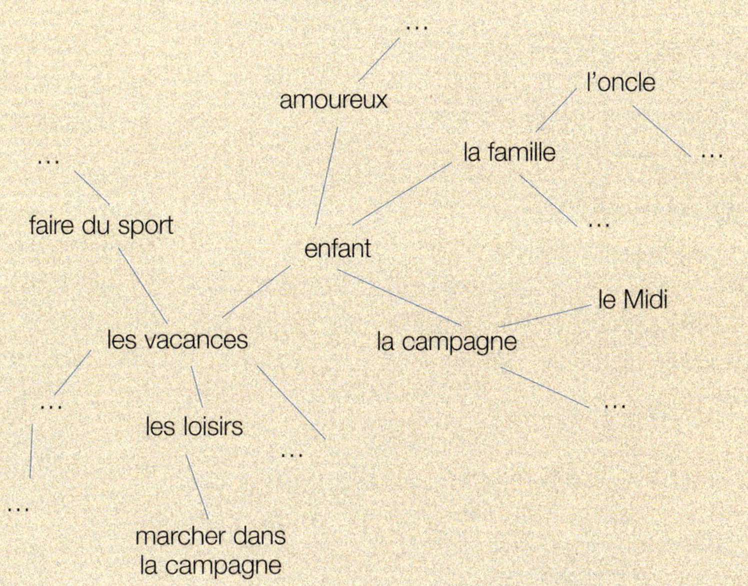

GRAMMAIRE

CONJUGAISON : L'IMPARFAIT

aimer	**finir**	**être**
J'aim**ais**	Je finiss**ais**	J'ét**ais**
Tu aim**ais**	Tu finiss**ais**	Tu ét**ais**
Il / elle aim**ait**	Il /elle finiss**ait**	Il / elle ét**ait**
Nous aim**ions**	Nous finiss**ions**	Nous ét**ions**
Vous aim**iez**	Vous finiss**iez**	Vous ét**iez**
Ils / elles aim**aient**	Ils / elles finiss**aient**	Ils / elles ét**aient**

Les terminaisons sont les mêmes pour tous les verbes :
-ais, -ais, -ait, -ions, -iez, -aient.

• On forme l'imparfait sur le radical de la 1re personne pluriel du présent : nous **fais**-ons ➜ je **fais**-ais

voir ➜ nous voy-ons ➜ je voy-ais, nous voy-ions
avoir ➜ nous av-ons ➜ j'av-ais, nous av-ions
prendre ➜ nous pren-ons ➜ je pren-ais, nous pren-ions
manger ➜ nous mange-ons ➜ je mange-ais, nous mang-ions

être ➜ **j'étais**
il faut ➜ **il fallait**
il pleut ➜ **il pleuvait**

L'EMPLOI DE L'IMPARFAIT ET DU PASSÉ COMPOSÉ

Ces deux temps du passé sont complémentaires.
Pour raconter une histoire au passé, vous utilisez l'imparfait et le passé composé.

*Hier soir, **j'étais** dans ma chambre avec des copains et on **écoutait** de la musique.*
*Il **était** 11 heures* — *quand le téléphone **a sonné.***
*Je **suis allé(e)** répondre,*
*mais il n'y **avait** personne.* — *Il y **a eu** quatre coups de téléphone comme ça.*
Bizarre, non !

*Quand j'**étais** jeune,*
*je **faisais** toujours du jogging.*
*Je **jouais** aussi au tennis, mais,*
*le 2 mars 1980, tout **a changé** :*
*je **suis tombé** amoureux.*

• L'imparfait donne la situation, le cadre, les circonstances, les habitudes, les actions en train de s'accomplir.

• Le passé composé est le temps de l'événement, des actions achevées, qui ont eu lieu à un moment précis du passé.

1 J'étais amoureux.

1. Remplacez je par il.

Il y a trois ans, en été, j'étais amoureux de Sylvie. J'allais au bistrot pour la rencontrer. Je lui écrivais des lettres d'amour. Puis, un jour, elle est partie à Paris.

2. Remplacez on par ils.

L'année dernière on travaillait trop. On sortait de la maison à 7 h et on rentrait à 8 h du soir. Le travail était très dur. On ne dormait pas bien. On n'avait pas le temps de faire du sport. Quand on est parti en vacances, on n'était pas en forme !

2 Mettez les verbes entre parenthèses à la forme correcte. Utilisez le passé composé et l'imparfait.

Quand j'(avoir) 18 ans, je (rêver) de faire du théâtre. Pour gagner ma vie, je (travailler) comme vendeuse dans un grand magasin. Le soir, je (suivre) des cours. Un jour, un metteur en scène (venir) à l'école de théâtre. Il me (demander) de jouer dans sa pièce.

GRAMMAIRE

3 Complétez avec l'imparfait ou le passé composé.

Quand je (être) enfant, je (détester) l'école. Je (préférer) faire du vélo dans la campagne. Je (devoir) avoir 10 ans quand je (rencontrer) Jacques. Il (être) grand, il (avoir) les yeux bleus et il (porter) toujours un blouson noir. Jacques (aimer) l'école. Il (répéter) toujours : « Pour comprendre la vie, il faut étudier. » Un jour, il me (donner) un livre : ce (être) un roman de Jules Verne.

IL Y A + INDICATION DE TEMPS

– *Madame Dupont est à la maison ?*
– *Non, elle est partie* ***il y a*** *5 minutes.*
Je suis venue en France l'année dernière, ***il y a*** *un an.*
Il y a *15 ans, j'étais étudiant.*

• **Il y a** indique un moment dans le passé.
Il y a une semaine, trois jours, deux heures, 5 minutes.

LA SUBORDONNÉE DE TEMPS AVEC QUAND

Quand *j'étais étudiant, je n'aimais pas travailler.*
Quand *il a vu Hélène, il est tombé amoureux.*
Nous regardions la télé ***quand*** *le téléphone a sonné.*
Quand *vous viendrez à Paris, je vous inviterai à dîner.*
Je mange ***quand*** *j'ai faim.*

• **Quand** peut être suivi d'un verbe au passé, au présent ou au futur.

À VOUS!

4 À deux, faites des dialogues et utilisez il y a.

partir en vacances
➜ *– Quand est-ce que vous êtes parti(e) en vacances ?*
– Je suis parti(e) en vacances il y a trois mois.

1. aller au cinéma
2. acheter ce blouson
3. jouer au tennis
4. dîner au restaurant
5. aller chez le médecin
...

À VOUS!

5 À deux, complétez les phrases suivantes avec une subordonnée de temps.

Tu me téléphoneras... ➜ *... quand tu seras en vacances.*

1. J'ai continué à travailler...
2. Nous buvons...
3. Tu m'écriras...
4. Je n'aimais pas l'école...
5. Nous déjeunions...

CONJUGAISON : CONNAÎTRE

indicatif		impératif
présent	**futur**	**présent**
Je connais	Je connaîtrai	
Tu connais	...	Connais
Il / elle connaît		
Nous connaissons		Connaissons
Vous connaissez		Connaissez
Ils / elles connaissent		
passé composé	**imparfait**	
J'ai connu	Je connaissais	

6 Complétez par une forme de connaître.

Je (présent) votre frère. ➜ *Je connais votre frère.*

1. Je (passé composé) votre père quand il travaillait encore.
2. Est-ce que vous (présent) la peinture de Monet ?
3. Quand j'étais jeune, je (imparfait) très bien Paris.
4. Vous (futur) les Français quand vous saurez le français.
5. Est-ce que vous (imparfait) ce sport ?
6. Vous (présent) madame Dupont ?
7. Je ne (présent) personne ici.

AU PARIS-LYON PALACE

DIALOGUE A

À la réception.

LE RÉCEPTIONNISTE : Voilà votre clé, madame Gauthier. Monsieur Mistral, vous avez trouvé vos bagages ?
JACQUES : Oui, quelqu'un les a montés.
LILIANE : Oh ! ma clé !
JACQUES : La voilà, madame !
LILIANE : C'est bizarre, mais votre nom… J'avais un ami quand j'étais petite, il venait d'Aix-en-Provence. Il s'appelait…
JACQUES : Mistral, comme moi !
LILIANE : Jacques ! C'est bien toi !
JACQUES : Liliane ! Mais tu étais blonde !
LILIANE : Les hommes préfèrent les brunes, c'est bien connu !
JACQUES : Bon alors, raconte, tu vis toujours à Genève ?
LILIANE : Oui. Il y a dix ans, j'ai monté une entreprise.
JACQUES : Chapeau ! Et tu vis seule ?
LILIANE : Oh ça ! Mon petit Jacques, tu es trop curieux !

DIALOGUE B

Quelques minutes plus tard, entre Martine.

JACQUES : Non, mais ! c'est Martine, tu n'as pas changé.
MARTINE : Jacques, c'est toi ? Liliane ! Non mais c'est pas vrai !
LILIANE : Alors Martine, tu fais toujours de la danse ? Tu étais petit rat à l'Opéra.
MARTINE : Non, la danse, le ballet, tout ça c'est fini. Je suis retournée à Toulouse.
JACQUES : Oui et puis ?
MARTINE : Je me suis mariée, et il y a quelques années, j'ai ouvert un petit bistrot.
LILIANE : Je me rappelle, tu aimais déjà faire la cuisine !
MARTINE : Et toi Jacques, toujours la tête dans les nuages ?
JACQUES : Plutôt dans le béton en ce moment.
LILIANE : C'est chouette d'être tous ensemble !
MARTINE : Oui, mais il manque quelqu'un.
JOSEPH : Plus maintenant !

Écoutez

1 Dialogue A : Vrai ou faux ? Le réceptionniste raconte sa journée à sa femme. Quel texte est faux ?

1. Aujourd'hui, une cliente est arrivée de Genève. Je lui ai donné la clé de sa chambre. Puis un monsieur d'Aix-en-Provence est entré. Ils ont discuté. Ils ont ri, à cause de la couleur des cheveux de la dame. Quand il est parti, la dame n'avait plus la clé de sa chambre. Elle a eu peur ! Elle avait laissé son argent dans sa chambre !

2. Aujourd'hui, une cliente est arrivée de Genève. C'était une grande femme brune, très belle. Je lui ai donné la clé de sa chambre, mais la clé est tombée. Un client d'Aix-en-Provence a ramassé la clé et l'a donnée à la dame. La dame connaissait le nom du monsieur, le monsieur connaissait la dame. C'étaient des amis d'enfance !

À VOUS ! **2 La femme du réceptionniste veut connaître tous les détails, alors elle lui pose des questions. À deux, jouez la scène.**

À VOUS ! **3 Dialogue B : Pourquoi est-ce que Pierre a organisé ce rendez-vous ? Par petits groupes, imaginez les raisons de cette rencontre.**

Observez et répétez

▶ Les sons [b] et [v]

❹ **Classez les adjectifs dans la bonne colonne.**

Quand j'étais enfant, j'habitais dans une belle maison blanche aux volets verts. Ma chambre était vaste. Les rideaux et le couvre-lit étaient bleus, beiges et bordeaux, et les murs violets.

[b]	[v]
…	*verts*
…	…

▶ Les mélodies

❺ **L'expression de la surprise.**

– Jacques ! C'est bien toi ?

– Non mais ! c'est Martine !

– Liliane, c'est toi ! Non, mais c'est pas vrai !

– Mais tu étais blonde !

À VOUS ! ❻ **En petits groupes, jouez la scène à la réception du Paris-Lyon Palace.**

Exprimez-vous

À VOUS ! ❼ **Vous êtes dans un avion. Votre voisin(e) prend place à côté de vous. Quelle surprise ! c'est un(e) ami(e) d'enfance. À deux, jouez la scène.**

(Saluer, exprimer sa surprise, poser des questions, parler de son enfance, de son métier, de sa famille, de ses goûts, etc.)

❽ **Vous écrivez à un(e) ami(e).**

Vous lui parlez de votre amie d'enfance.

UNITÉ 14

Histoires vraies

Savoir-faire
- raconter des événements

Vocabulaire
- les loisirs
- la description d'un logement

Grammaire
- les verbes pronominaux
- le passé récent : *venir de* + infinitif
- *être en train de*
- *depuis*
- le pronom relatif *qui*

L'amour de la nature

Les habitants des grandes villes qui veulent retrouver le calme et le contact avec la nature ont le choix : ils peuvent choisir une région de montagne, un parc au bord de la mer ou à la campagne. La France compte aussi beaucoup de parcs naturels qui accueillent les touristes pendant les mois d'été. Ces parcs sont très fréquentés et, malheureusement, les promeneurs ne respectent pas toujours la nature : ils font du bruit, ils quittent les chemins, et ils dérangent les animaux sauvages qui sont ici chez eux.

Les habitants des grandes villes qui veulent...
La France compte beaucoup de parcs qui accueillent...

1 Utilisez les éléments donnés pour décrire les promeneurs.

	amoureux de la nature,	recherchent le conctact avec la nature.
Les promeneurs	qui visitent le parc,	ont dérangé les animaux sauvages.
	qui aiment les animaux,	vont dans les parcs nationaux.

2 Je viens de le louer…

- Agence « Soleil et Vacances », bonjour.
- Bonjour, mademoiselle. Je voudrais louer un appartement pour la deuxième semaine de juillet en montagne près de Chamonix.
- Oui. Pour combien de personnes ?
- Pour quatre.
- J'ai un studio à 1 300 francs la semaine.
- Nous sommes quatre adultes. Est-ce que vous avez un appartement avec deux chambres ?
- Je viens de louer le dernier, je suis désolée… Attendez…
  Je suis en train de regarder sur l'ordinateur, je vais peut-être trouver quelque chose… Ah ! voilà, pour la deuxième semaine de juillet, j'ai un appartement qui vous plaira, dans un petit chalet. C'est au rez-de-chaussée. Il y a deux chambres avec un grand lit, un salon, une cuisine et une salle de bains avec douche… Ça vous intéresse ?
- Oui. Quel est le prix ?
- 2 900 francs la semaine.
- D'accord. Je le réserve.
- Très bien. Votre nom, s'il vous plaît.
- Chartier, Jacques.
- Votre adresse ?
- 45, rue Condorcet, 75009 Paris.
- Il faut confirmer votre réservation par écrit.
  Il me faut aussi un acompte de 1 000 francs, par chèque.

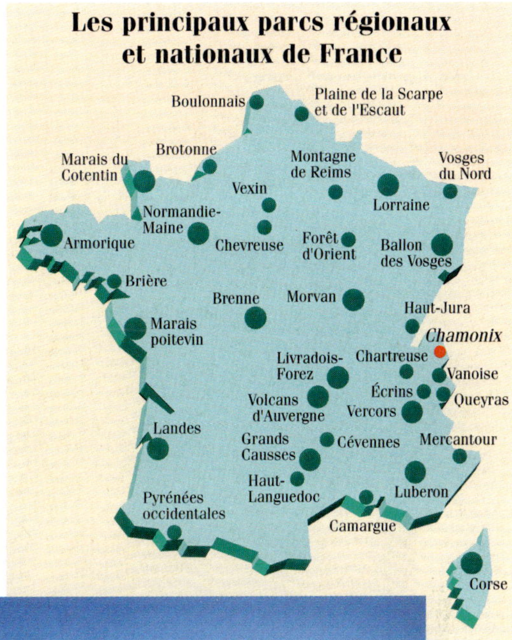

Je viens de louer le dernier…
Je suis en train de regarder…
Je vais peut-être trouver quelque chose… j'ai un appartement qui vous plaira…

2 Écoutez la conversation téléphonique et répondez aux questions.

1. Jacques téléphone à qui ?
2. Pourquoi est-ce qu'il téléphone ?
3. Jacques cherche quelque chose pour combien de personnes ?
4. Il y a combien de chambres dans l'appartement du petit chalet ?
5. Quel est le prix de la location de l'appartement ?
6. Qu'est-ce qu'il faut faire pour confirmer la réservation ?

3 Passé, présent ou futur ? Classez les trois expressions suivantes :

Je suis en train de regarder sur l'ordinateur.
Je vais peut-être trouver quelque chose.
Je viens de louer le dernier.

À VOUS ! **4 Vous téléphonez pour réserver une chambre ou un appartement pour le week-end prochain. À deux, préparez et jouez la scène.**

3 Une nuit dans un igloo

LE JOURNAL DES ALPES - DIMANCHE 15 FÉVRIER

Une nuit dans un igloo

Les élèves du collège Victor-Hugo à Orléans étaient en classe de neige à La Plagne depuis une semaine. Vendredi était leur dernier jour de ski. Vers 16 heures, Michel, un moniteur, a appelé les enfants. Simon n'était pas là. Personne ne savait où il était. Le moniteur s'est inquiété, il a téléphoné à la gendarmerie.

Les secouristes ont commencé les recherches immédiatement, mais ils ont dû arrêter vers 19 heures à cause de la neige qui tombait.
Hier matin, les recherches ont recommencé. Vers 8 heures, deux secouristes ont retrouvé Simon qui sortait de son igloo.
« Je viens de me lever », a dit Simon. « Hier, je me suis promené seul et je me suis perdu. Il était trop tard pour rentrer. Alors je me suis rappelé les conseils du moniteur : j'ai fait un igloo et je me suis installé là pour la nuit. »

Le moniteur s'est inquiété...
Je viens de me lever.
Je me suis promené seul...
Je me suis rappelé...
Je me suis installé là...

5 Classez les informations :

- recherchez les personnages ;
- retrouvez les lieux et les indications de temps.

Qui	Où	Quand
les élèves du collège Victor-Hugo	*Orléans*	...
le moniteur	...	...

6 Un journaliste pose des questions à Simon et au moniteur. Imaginez leurs réponses.

1. Simon, quel est le nom de ton collège ? Tu viens de quelle ville ?
2. Tu es à La Plagne depuis combien de temps ?
3. Quel était ton dernier jour de ski ?
4. Qu'est-ce que tu as fait quand la nuit est arrivée ?
5. À quelle heure est-ce que tu t'es levé ?
6. Michel, quand est-ce que vous avez appelé les enfants ?
7. Qu'est-ce que vous avez fait ?
8. À quelle heure est-ce que les secouristes ont dû arrêter ? Pourquoi ?
9. Simon, quand est-ce que les secouristes t'ont retrouvé ?

7 Répondez aux questions.

1. À quelle heure est-ce que vous vous êtes levé(e) ce matin ?
2. Est-ce que vous vous êtes promené(e) dimanche dernier ?
3. Est-ce que vous vous êtes déjà perdu(e) ?

VOCABULAIRE

LOISIRS ET NATURE

À la montagne

L'agence « Soleil et Vacances » loue des appartements dans des chalets et dans des immeubles.

Les appartements en location sont au rez-de-chaussée, au premier étage et au dernier étage. Les appartements du dernier ont une terrasse.

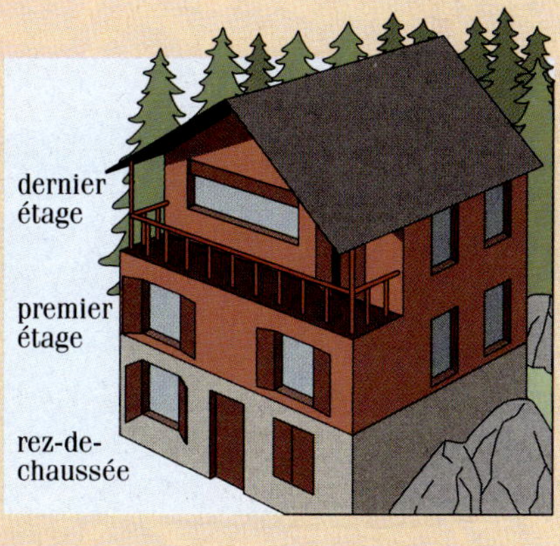

À la mer

On peut louer une maison, un appartement ou un studio.

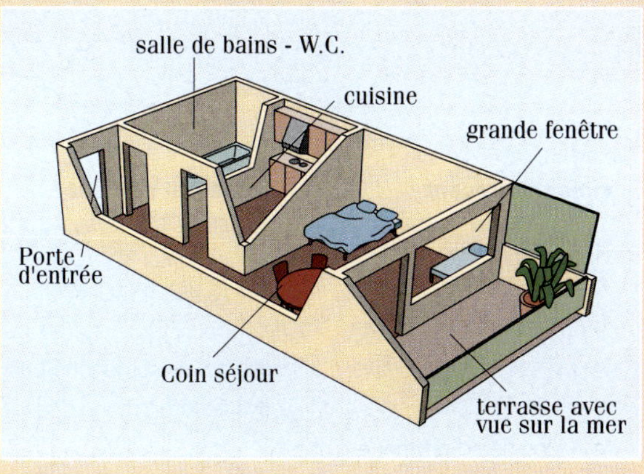

L'agence loue :

À 2 kilomètres de Collioure

GRAND STUDIO

pour deux adultes et un enfant

3e étage avec ascenseur
belle terrasse côté mer
salle de bains avec baignoire et WC
cuisine séparée
beau coin séjour
1 grand lit, 1 lit d'enfant

1 700 francs par semaine
ou 300 francs par jour.

À VOUS ! **1 Vous avez envie de passer une semaine au bord de la mer avec un ou une ami(e). L'annonce de l'agence « Soleil et Vacances » dans le journal vous intéresse. À deux, préparez le dialogue par écrit et jouez la scène.**

2 Vous avez deux semaines de vacances. Où allez-vous ? Pourquoi ?

« Je choisis la campagne parce que j'aime le calme et parce que je veux me reposer. J'adore me promener dans les champs et me baigner dans les rivières. Je ne suis pas très sportif : je fais un peu de vélo… »

3 Décrivez votre appartement ou votre maison dans un petit texte. Vous pouvez aussi dessiner un plan et donner des explications.

GRAMMAIRE

LE PRONOM RELATIF QUI

Il y a beaucoup de touristes. Les touristes visitent la région. ➜ *Il y a beaucoup de touristes **qui** visitent la région.*

Le touriste ne respecte pas la nature. Le touriste dérange les animaux. ➜ *Le touriste **qui** ne respecte pas la nature dérange les animaux.*

• **Qui** a la fonction de sujet dans une subordonnée relative.

1 Transformez les phrases comme dans l'exemple.

La jeune femme est une collègue de ma sœur (cette jeune femme habite au premier étage). ➜ *La jeune femme qui habite au premier étage est une collègue de ma sœur.*

1. Les élèves du collège Victor-Hugo sont partis hier (ces élèves étaient en vacances à La Plagne).
2. On va poser des questions aux secouristes (ces secouristes ont trouvé Simon).
3. Les enfants ont un moniteur (ce moniteur s'appelle Michel).
4. Les promeneurs dérangent les animaux (ces animaux vivent dans les parcs naturels).
5. Les habitants des villes aiment passer leurs vacances en Bretagne (ils veulent retrouver le calme).
6. Myriam travaille dans un café (ce café organise des fêtes avant les vacances d'été).

CONJUGAISON : LES VERBES PRONOMINAUX

Infinitif : se promener

forme affirmative		forme négative	
indicatif présent	**impératif présent**	**indicatif présent**	**impératif présent**
Je me promène		Je ne me promène pas	
Tu te promènes	Promène-toi	Tu ne te promènes pas	Ne te promène pas
Il / elle se promène			
Nous nous promenons	Promenons-nous		Ne nous promenons pas
Vous vous promenez	Promenez-vous		Ne vous promenez pas
Ils / elles se promènent		Ils / elles ne se promènent pas	

• Le passé composé se forme toujours avec l'auxiliaire être. Attention à l'accord !

*Il s'est promen**é**.* — *Il ne s'est pas promen**é**.*
*Elle s'est promen**ée**.* — *Elle ne s'est pas promen**ée**.*
*Ils se sont promen**és**.* — *Ils ne se sont pas promen**és**.*
*Elles se sont promen**ées**.* — *Elles ne se sont pas promen**ées**.*

Certains verbes peuvent avoir un emploi pronominal ou non :

Je me regarde dans la glace. — *Je regarde la télé.*
Je m'amuse. — *J'amuse les enfants.*
Pierre se promène seul. — *Pierre promène son chien.*

GRAMMAIRE

2 Mettez les verbes entre parenthèses à la forme correcte.

1. – Ton collègue n'est pas là ?
– Non, il (se marier) cet après-midi.
– Ah ! bon ! Avec qui ?
– Tu (ne pas se rappeler) ? Son amie était là, la semaine dernière.
– Non. Je (ne pas se rappeler). Elle est comment ?
– Ah ! très sympa et très jolie. Elle (s'appeler) Carla. Elle est italienne.

2. – Ton frère n'est pas là ?
– Non. Il (se promener).
– Déjà ? Quand est-ce qu'il est sorti de l'hôpital ?
– Il y a deux semaines. Maintenant il va bien. Il (se lever) vers 8 h, (s'habiller) et il va se promener.
– C'est formidable ! En été il va recommencer à jouer au basket.

3 Transformez comme dans l'exemple.

Vous voulez vous asseoir ? ➜ Asseyez-vous !

1. Tu veux t'habiller ?
2. Tu veux te laver ?
3. Vous voulez vous lever ?
4. Tu veux te promener ?

4 Mettez les verbes entre parenthèses à la forme correcte.

1. – Pardon, madame, vous (s'appeler) comment ?
– Je (s'appeler) Jacqueline Perrin.
2. – Mademoiselle, vous (se promener) seule dans cette grande forêt ?
– Monsieur, ne (s'inquiéter) pas. Je connais très bien la région et je fais du judo.
3. Je vais quitter la ville et je (s'installer) à la campagne.
4. Excusez-moi, je ne (se rappeler) pas votre adresse.
5. C'était la fête hier ; tu (bien s'amuser) ?
6. – Vous avez passé de bonnes vacances au bord de la mer ?
– Non, il faisait trop froid et nous ne (se baigner) pas.

VENIR DE / ÊTRE EN TRAIN DE

passé récent
Il vient d'essayer un blouson.
présent
Il est en train de payer.

5 Transformer les phrases comme dans l'exemple.

La femme de Jacques est sortie il y a une demi-heure. Elle fait des courses pour le dîner. ➜ La femme de Jacques vient de sortir. Elle est en train de faire les courses pour le dîner.

1. L'agence Soleil et Vacances a loué le dernier appartement il y a une heure. Le client téléphone à une autre agence.
2. Jacques a téléphoné à l'agence il y a une heure. Il écrit une lettre de confirmation.
3. Le train est arrivé il y a 5 minutes. Jacques cherche un taxi.
4. Annette a trouvé une belle veste il y a un quart d'heure. Elle l'essaie.

6 Lisez le dialogue.

– À quelle heure est-ce que tu vas arriver dimanche ?
– Attends. Mon train arrive à 9 h 47. Je serai donc chez toi vers 10 h.
– D'accord. On déjeunera vers 1h de l'après-midi.
– Le soir, je prendrai le train à 18 h 17. J'arriverai chez moi vers 20 h.

Complétez avec à ou vers.

1. À quelle heure est-ce que Paul viendra chez nous ?
2. À quelle heure est-ce que tu es rentré hier ?
– … minuit. Les douze coups sonnaient à l'église.
3. Votre travail commence à quelle heure ?
– … 8 h 30, tous les jours.
4. Vous pensez que vous arriverez à l'heure à la fête ?
– Non, on arrivera … 21 h, pas avant.

Il est en train d'appeler un taxi.

SOUVENIRS…

DIALOGUE A

Le lendemain, après le petit déjeuner, tout le monde est réuni dans le petit salon de l'hôtel.

MARTINE : Liliane, tu te souviens, quand on était en colonie de vacances ?

LILIANE : Et comment ! on allait se baigner dans la rivière.

JACQUES : Quelle rigolade ! Et on faisait la course au trésor dans la forêt !

LILIANE : J'adorais ça. Je faisais équipe avec Pierre et nous étions toujours les premiers.

JOSEPH : Et moi, j'étais jaloux.

MARTINE : Depuis combien de temps on ne s'est pas vu ?

JACQUES : Depuis la dernière colo ? On avait 12 ans !

MARTINE : À propos de Pierre, pourquoi il n'est pas là ?

JOSEPH : C'est vrai, on ne sait pas où il est.

LE RÉCEPTIONNISTE : Monsieur Pierre Lacoste m'a demandé de vous remettre, à chacun, une enveloppe.

> *Rendez-vous tout à l'heure*
> *dans ce lieu magique.*
> *Pierre.*

DIALOGUE B

Les quatre amis essaient de comprendre le message.

MARTINE : Voyons ! Pour Joseph, c'est clair, lui qui chante toujours…

JOSEPH : Oui, mais c'est quelle note ?

LILIANE : C'est un mi.

JACQUES : Et la danseuse, c'est pour Martine.

MARTINE : Oui, c'est un petit rat. Alors ça fait rat-mi.

JOSEPH : Ou mi-rat. Et toi l'architecte, montre le dessin que tu as reçu.

LILIANE : C'est pas un dessin, c'est un symbole mathématique. C'est « pi ».

JOSEPH : Ben oui, tu étais le plus fort en maths.

MARTINE : Alors… rendez-vous à mi-rat-pi ou attends, je sais, je sais… heu rat-pi-mi… non, ça va pas.

LILIANE : Et la Joconde ? Pourquoi elle est là ?

JOSEPH : Elle n'est pas là. Elle est au Louvre.

MARTINE : Et puis elle ressemble à Liliane avec son sourire mystérieux.

JACQUES : Ah ! je viens de comprendre : rendez-vous à la pi-rat-mi-du Louvre (à la Pyramide du Louvre).

LILIANE : Un jeu ! Ça me rappelle de bons souvenirs !

Écoutez

1 Dialogue A : Complétez.

MARTINE : Liliane, tu te souviens quand on était en colonie de … ?

LILIANE : On allait … dans la …

JACQUES : Quelle rigolade et on … la course au trésor dans …

LILIANE : J'adorais ça. On faisait équipe avec … et nous étions toujours les …

JOSEPH : Et moi … jaloux.

Dialogue B : Devinez. Où est-ce que les amis de Pierre ont rendez-vous ? Regardez les dessins de ses messages et faites des hypothèses.

Observez et répétez

▶ **Les oppositions de sons : [b] et [p], [g] et [k], [d] et [t], [v] et [f], [z] et [s], [ʒ] et [ʃ]**

❷ **Écoutez et répétez.**

prendre un bain	ma ville
prendre du pain	ma fille
les goûts	ils ont
les courses	ils sont
des enfants	les gens
tes enfants	les chansons

❸ **Sur le même modèle, cherchez des oppositions de sons. Utilisez le lexique à la fin du livre.**

▶ **Les mélodies**

❹ **Pour corriger des affirmations.**

Elle n'est pas là. Elle est au Louvre.
Ce n'est pas un dessin, c'est un symbole.
Il n'est pas professeur, il est technicien.
Je ne suis pas français, je suis belge.
Ce n'est pas du café, c'est du thé.
Je ne dîne pas à la maison, je dîne au restaurant.

❺ **Faites des phrases sur le même modèle.**

bleu → vert	tennis → foot
professeur → étudiant	la mer → la montagne

Exprimez-vous

À VOUS ! ❻ **Portraits.**

Jacques était un enfant rêveur, il adorait le dessin. Aujourd'hui, il est architecte à Aix-en-Provence. Joseph était un enfant gentil. Il aimait chanter et jouer de la guitare. Maintenant, il est chauffeur de taxi à Paris. La belle Liliane, qui aimait le théâtre, a monté une entreprise à Genève, en Suisse. Martine faisait de la danse et adorait la cuisine : elle a ouvert un petit bistrot à Toulouse.

Continuez. Imaginez la vie de Pierre enfant et aujourd'hui. Pourquoi est-ce qu'il les a réunis ?

À VOUS ! ❼ **Écrivez un souvenir d'enfance ou de vacances. Mélangez vos textes et devinez l'auteur de chaque texte.**

❶ Écrivez le bulletin météo de demain. Variez les verbes !

Demain il fera…, il y aura…
Mauvais temps : pluie, température 8°, ciel gris, etc.
Beau temps : soleil, pas de nuages, température agréable, etc.

❷ Mettez les verbes au présent, passé composé, futur simple ou futur proche, selon le sens.

Demain, Dorothée (partir) à Cannes pour le festival du cinéma. Dorothée (être) une jeune et jolie actrice, encore peu connue. Elle déjà (jouer) dans deux films et elle (avoir) du succès. Après-demain, elle (rencontrer) un metteur en scène célèbre et elle espère qu'il la (engager) pour son prochain film. De plus il y (avoir) beaucoup de photographes et de critiques de cinéma sur la Croisette. Cannes (être) un rendez-vous important !

❸ Mettez les verbes à l'imparfait ou au passé composé.

Le mardi 7 août, Jacques et Claudie Dupont et leurs deux enfants (partir) faire une promenade en mer. Il (faire) très beau ; M. Dupont (piloter) son bateau qui (avancer) doucement. Ils (être) tous les quatre en maillot de bain. Mme Dupont (prendre) le soleil, les enfants (essayer) d'attraper des poissons. Tout à coup, il y (avoir) un bruit terrible : le moteur (prendre) feu. Affolés, les parents (sauter) dans l'eau avec les enfants. Mais ils (avoir) une chance extraordinaire ! Le magnifique bateau de l'acteur Tom Cruise (passer) à côté d'eux. On (pouvoir) sauver la famille. Tom Cruise et sa femme (s'occuper) des quatre rescapés. Ils leur (donner) des vêtements et, bien sûr, ils (signer) des autographes en souvenir de cette aventure !

❹ Choisissez le bon verbe et écrivez-le au passé composé.

s'habiller – se coucher – se lever – s'embrasser – s'amuser

Hier, c'était Noël. Aurélie et ses deux frères … très tôt. Ils … et ils sont allés aussitôt dans le salon voir le sapin. Puis les enfants ont trouvé leurs nouveaux jouets. Tout le monde … . Les enfants … jusqu'au soir et ils … à minuit !

❺ Faites comme dans le modèle. Employez me, te, nous, vous, le, la, les, lui ou leur.

roman – Hervé ➜ Ce roman l'intéresse et il lui plaît.

film – les enfants
fille – toi
histoire – vous
livre – Lucie
tableaux – moi
maison – nous

❻ Hervé raconte comment il a rencontré Jennifer, sa femme. Écrivez son histoire en remplaçant Jennifer par les pronoms personnels la ou lui.

L'été dernier, dans un camp de bateau à voile, j'ai rencontré Jennifer, une fille géniale !
Alors, écrire et téléphoner souvent à Jennifer.
envoyer des photos de ma famille à Jennifer.
inviter Jennifer chez moi pour Noël.
aller chercher Jennifer à l'aéroport.
montrer la ville à Jennifer et emmener Jennifer aux spectacles.
présenter Jennifer à mes parents et mes amis.
demander Jennifer en mariage.

7 Complétez par rien de, quelque chose de, personne de ou quelqu'un de.

1. Hier, j'ai vu à la télé … amusant

2. – Qu'est-ce que tu as fait dimanche ? – Moi ? … spécial

3. Pierre Dupont a beaucoup voyagé, il aime parler de ses voyages. C'est … très intéressant.

4. Dans cette petite boutique, j'ai trouvé … très joli comme cadeau pour mon amie.

5. Il n'y a vraiment … sympa dans cette fête !

8 Répondez négativement aux questions.

1. Tu as acheté quelque chose pour le dîner ?

2. Il y aura quelqu'un chez vous vers 4 heures cet après-midi ?

3. Vous connaissez quelqu'un dans ce groupe d'étudiants ?

4. Tu as mangé quelque chose avant le déjeuner ?

9 Donnez le contraire des expressions de temps soulignées. Attention aux changements !

1. Je prends toujours du café après le déjeuner.

2. Le train est déjà arrivé.

3. J'ai déjà vu ce film.

4. À 70 ans, il travaille encore.

5. Elle achète souvent des vêtements dans les grands magasins.

10 Trouvez les adjectifs qui correspondent aux noms. Donnez le masculin et le féminin.

la beauté ➜ beau, belle

le sport	la pollution
le silence	le cyclisme
la légèreté	la nature
l'amour	la timidité

11 Trouvez un nom qui va avec les noms suivants.

la gare ➜ le train

la poste	le parc
l'école	le musée
l'hôpital	les embouteillages
le pont	le commissariat de police
les rochers	l'agence de voyages

12 Complétez avec depuis ou il y a.

Christophe travaille dans le parc naturel de la Vanoise … bientôt cinq ans. Avant il était moniteur dans des camps de jeunes. Mais … cinq ans, il a rencontré, à l'occasion d'un camp, le directeur du parc. Il a été tout de suite embauché pour encadrer les visiteurs. … ce moment-là, Christophe est le plus heureux des hommes !

UNITÉ 15

Une journée à Paris

Savoir-faire
- demander / donner / comprendre des informations sur des itinéraires
- parler de l'endroit où l'on habite

Vocabulaire
- les monuments
- s'orienter dans l'espace
- donner des mesures

Grammaire
- les pronoms *y* et *en*
- *bien / mieux, bon / meilleur*
- *oui* et *si*

La toilette des monuments

La tour Eiffel mesure 320 mètres de haut. Elle a plus de cent ans, mais pour son âge, la tour va très bien. Elle n'a qu'un gros problème : la rouille.

La Pyramide du Louvre mesure 21 mètres de haut et sa base fait 35 mètres. On nettoie l'extérieur de la Pyramide toutes les trois semaines, l'intérieur tous les six mois.

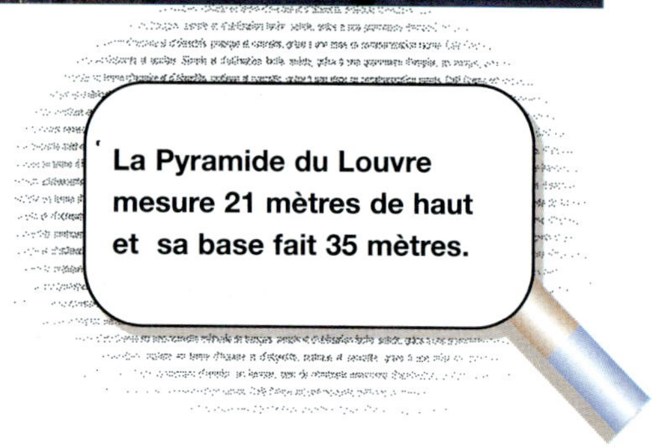

2 *Des alpinistes à Paris*

LE TOURISTE : Regarde, il y a encore des travaux !
Qu'est-ce qui se passe ?
LE PARISIEN : Il n'y a pas de travaux !
LE TOURISTE : Mais si. Regarde les ouvriers là-haut !
LE PARISIEN : Ah… ce sont les alpinistes-laveurs de carreaux !
LE TOURISTE : Quoi ? Des alpinistes sur la Pyramide du Louvre !
Tu plaisantes ?
LE PARISIEN : Non, ils nettoient l'extérieur de la Pyramide.
LE TOURISTE : C'est un travail dangereux !
LE PARISIEN : Bien sûr. Il faut être bon alpiniste.
Tu sais, pour ce travail,
les entreprises emploient
des guides de haute montagne.

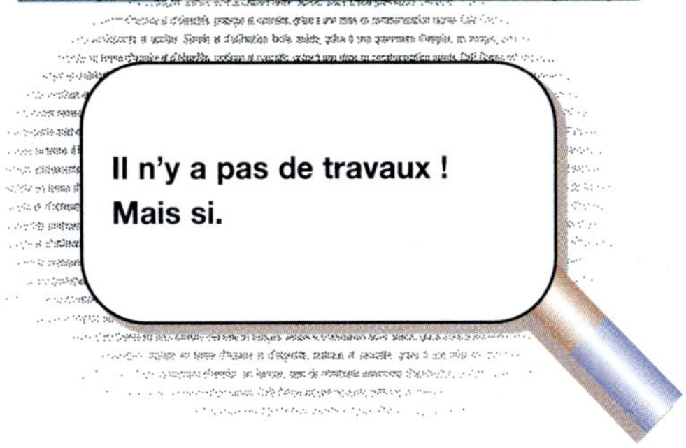

1 Lisez le texte et répondez aux questions.

1. La Pyramide mesure combien de mètres de haut ?
2. Quel âge a la tour Eiffel ?
3. Quel est le problème de la tour Eiffel ?
4. Qui nettoie la Pyramide ?

À VOUS ! 2 À deux, donnez les mesures d'un monument de votre ville, de votre pays.

3 Écoutez et repérez les deux questions du touriste.

– Quelle question exprime une demande d'information ?
– Quelle question exprime la surprise ?

À VOUS ! 4 Écoutez puis, à deux, jouez les deux scènes suivantes. Attention à l'intonation.

1. – Qu'est-ce qui se passe ? Tu ne veux plus continuer ?
– Non, j'ai soif. Je veux prendre quelque chose dans un café.
– Quoi ? Tu pars demain et tu ne veux pas visiter la tour Eiffel ! Tu plaisantes ?

2. – Qu'est-ce qu'il y a ?
– J'ai faim !
– Quoi ? Mais on n'a pas le temps d'aller au restaurant. On doit encore visiter l'Arche de la Défense et le Louvre cet après-midi !

5 Qu'est-ce qui va ensemble ?

1. Le travail des alpinistes-laveurs de carreaux n'est pas dangereux.
2. On ne nettoie jamais l'intérieur de la Pyramide.
3. Les touristes ne sont pas entrés dans le musée.
4. Le Louvre n'est pas fermé aujourd'hui.
5. Les laveurs de carreaux de la Pyramide ne sont pas des alpinistes.

a. Si, il est fermé. Nous sommes mardi.
b. Si, ils sont entrés avec le guide.
c. Si, on le nettoie tous les six mois.
d. Si, ils sont alpinistes.
e. Si, c'est très dangereux.

À VOUS ! 6 À deux, jouez le dialogue entre le touriste et le Parisien, puis inventez un dialogue sur le même modèle.

Habiter en banlieue

Philippe, musicien de jazz

J'étais un vrai Parisien. Et maintenant, j'ai une petite maison en banlieue. J'ai découvert le petit déjeuner dans le jardin et le plaisir d'aller faire les courses à bicyclette. Et je peux faire de la musique sans déranger les voisins. C'est mieux qu'en ville.

Céline, infirmière à l'hôpital Cochin

Moi, j'ai fait mes études à Nice. Mes parents habitent toujours dans le Midi. Je suis venue faire un stage à Paris et j'y suis restée. Je n'ai qu'un petit appartement dans le 14e ; c'est un quartier très sympa. J'adore Paris, les gens, les restaurants, les magasins ouverts tard le soir. La vie ne s'arrête jamais. On vit bien dans le Midi mais on vit mieux à Paris !

Michel, vendeur

Moi, j'ai un appartement dans une cité de banlieue. J'y habite depuis quinze ans. Je fais tous les jours 50 kilomètres pour venir travailler à Paris ! Dans la cité, il n'y a que le foot pour se distraire. Heureusement, je fais de la musique avec les copains.

Claude, professeur

Bien sûr, nous habitons loin de Paris, mais nous n'y pensons pas. Quand on invite des Parisiens à dîner à la maison, j'envoie un plan. Mais les gens ne savent pas très bien lire les plans, alors ils s'énervent en voiture. Ils arrivent toujours en retard et ils sont de très mauvaise humeur.

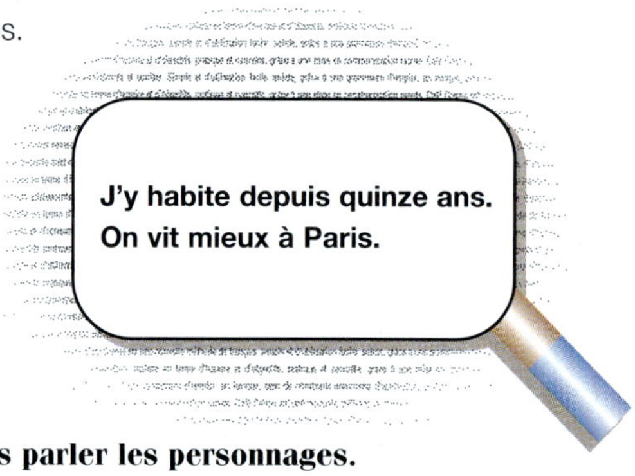

7 Écoutez le texte et répondez aux questions.

1. Pourquoi est-ce que Philippe préfère habiter en banlieue ?
2. Pourquoi est-ce que Céline a choisi Paris ?
3. Où habite Michel ?
4. Qu'est-ce que Michel fait pour se distraire ?
5. Est-ce que les amis parisiens de Claude aiment la banlieue ?

8 C'est dans le texte. Quelle est la bonne réponse ?

1. Dans la cité, il n'y a que le foot pour se distraire.
- Dans la cité, on ne peut pas jouer au foot pour se distraire. …
- Dans la cité, on peut seulement jouer au foot pour se distraire. …

2. Je n'ai qu'un petit appartement.
- Mon appartement n'est pas petit. …
- J'ai seulement un petit appartement. …

9 Faites parler les personnages.

– Moi, j'habite une maison en banlieue. Pour moi…
– Moi aussi, j'habite en banlieue, dans une cité. Je ne suis pas d'accord…
– Moi, j'adore les grandes villes, alors…
– Quand je vais chez des amis en banlieue, je me perds, j'arrive toujours en retard. Je pense que…

À VOUS ! **10 À deux, discutez de vos goûts. Utilisez *ne … que*.**

– *Qu'est-ce que vous mangez à midi ?*
– *À midi, je ne mange que des gâteaux.*
– *Quoi ? Vous mangez seulement des gâteaux !*

1. Qu'est-ce que vous aimez comme musique ?
2. Qu'est-ce que vous buvez au dîner ?
3. Quelle est votre couleur préférée ?
4. Qu'est-ce que vous portez comme vêtements ?

VOCABULAIRE

POUR INDIQUER LE LIEU

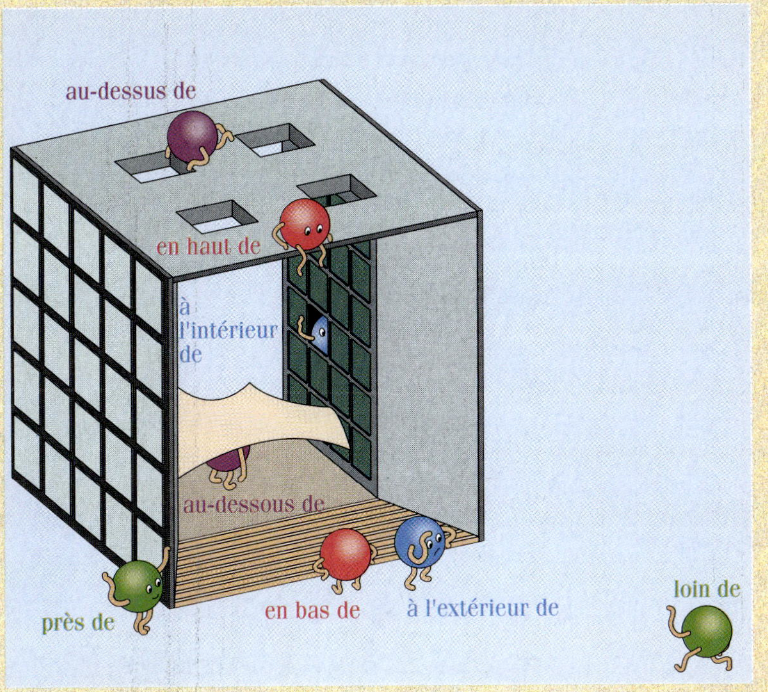

POUR MESURER...

large	➜	la largeur
haut, haute	➜	la hauteur
long, longue	➜	la longueur

POUR POSER DES QUESTIONS... ET POUR Y RÉPONDRE :

– Quelle est la rue la plus longue ?
– La rue fait quelle longueur ?
– Quelle est la longueur de la rue ?
– Elle fait ... mètres de longueur.
– Elle mesure / fait combien de long ?
– Elle mesure / fait ... mètres de long.

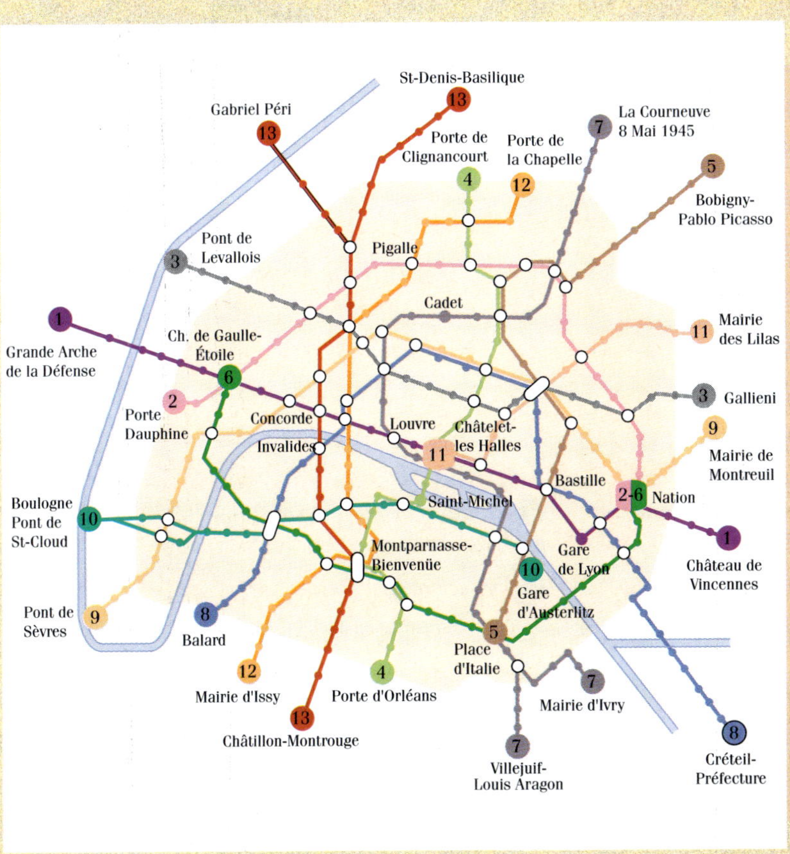

C'EST UTILE

Visiter Paris avec les transports en commun...

- **Pour demander la station de métro ou l'arrêt d'autobus le plus proche :**

– Pardon, monsieur, est-ce qu'il y a une station de métro près d'ici ?
– La station Cadet est à 5 minutes. Vous prenez la rue Condorcet et vous allez tout droit.

- **Pour demander la bonne direction dans le métro :**

– Pardon, monsieur, pour aller place de l'Étoile ?

À VOUS ! ❶ **Vous êtes à Paris. Vous demandez à un piéton la station de métro la plus proche. À deux, jouez la scène. Travaillez avec le plan de métro.**

À VOUS ! ❷ **Vous vous êtes perdu(e) dans le métro. Vous connaissez le nom de la station de métro qui vous intéresse. Vous demandez la direction à quelqu'un. À deux, jouez la scène.**

GRAMMAIRE

LES PRONOMS Y ET EN

Vous jouez au tennis ?
Oui, on **y** *joue souvent.*

Tu penses à tes vacances ?
*Oui, j'***y** *pense toujours.*

Vous allez en Italie ?
Oui, nous **y** *allons dans 8 jours.*

Y remplace un groupe nominal précédé de la préposition **à**, **en**, **dans**, **sur**, etc.

Pour les noms propres :
– Tu penses à Caroline ?
– Oui, je pense ***à elle***.

Vous parlez de peinture ?
Oui, nous **en** *parlons depuis une heure.*

Tu rêves de tes vacances ?
*Oui, j'***en** *rêve toujours.*

Vous revenez d'Allemagne ?
Oui, nous **en** *revenons.*

En remplace un groupe nominal précédé de la préposition **de**.

Pour les noms propres :
– Tu parles de Caroline ?
– Oui, je parle ***d'elle***.

• La place des pronoms y et en

Nous **y** allons.	Nous n'**y** allons pas.
Nous **y** sommes allés.	Nous n'**y** sommes pas allés.
Allons-**y** !	N'**y** allons pas !
Nous **en** sortons.	Nous n'**en** sortons pas !
Nous **en** sommes sortis.	Nous n'**en** sommes pas sortis.
Sortons-**en** !	N'**en** sortons pas.

Les verbes en **-er** prennent un **s** à la deuxième personne du singulier de l'impératif, à la forme affirmative, quand ils sont suivis de **y** ou de **en**.
Il y a un trait d'union entre l'impératif et le pronom :
*Va***s***-y ! (N'y va pas !)*
*Parle***s***-en ! (Ne m'en parle pas !)*

1 Dans les phrases suivantes, retrouvez le sens de y.

J'adore Paris. J'y vais demain.
➜ Je vais demain à Paris.

1. J'ai un appartement en banlieue. J'y habite depuis 15 ans.
2. Vous connaissez l'université de Nice ? J'y ai étudié pendant deux ans.
3. Ma femme aime beaucoup la campagne : elle y va tous les week-ends.
4. Alors, on se donne rendez-vous au Petit Bistrot. J'y serai vers sept heures et demie.

2 Remplacez les expressions entre parenthèses par les pronoms y, en, le, la, l' ou les.

Fanny Ardant allait (aux répétitions) pour écouter les ténors. ➜ Fanny Ardant y allait pour écouter les ténors.

1. Des amis attendent (l'actrice) devant le théâtre.
2. J'achète (les billets).
3. En été, l'actrice habite (dans une petite ville des Alpes).
4. Les acteurs parlent (de leur stage d'été).
5. Elle passe l'hiver (à Paris).
6. Elle pense souvent (à son travail), mais elle ne parle jamais (de son travail).
7. Elle joue souvent (au tennis) avec des amis.
8. Elle déjeune (au Café du Théâtre) tous les jours.

GRAMMAIRE

BIEN OU MIEUX ?

*– C'est **bien** de prendre le bus ? – Non, c'est **mieux** de prendre le métro.*
*On mange **bien** chez Martine, mais on mange **mieux** chez Annie.*
*John parle **bien** français, mais David parle **mieux** que lui.*

- **Bien** et **mieux** s'emploient toujours avec un verbe. Ce sont des adverbes.

Il ne faut pas confondre **bien** et **mieux** avec les adjectifs **bon** et **meilleur** :
C'est un bon restaurant de poisson.
Le français de John est bon, mais le français de David est meilleur.

3 Faites des phrases complètes comme dans les exemples.

Cette année, la saison touristique est bonne. (l'année dernière) ➜ Cette année, la saison est bonne, elle est meilleure que l'année dernière.
Avec cet ordinateur, je travaille bien. (au bureau)
➜ Avec cet ordinatreur, je travaille bien, je travaille mieux qu'au bureau.

1. Les films sont bons. (l'année dernière)
2. En été, on roule bien. (en hiver)
3. Maintenant, on parle bien français. (il y a six mois)
4. Ce restaurant est bon. (le Café du Théâtre)
5. Les étudiants écrivent bien. (le mois dernier)
6. C'est une très bonne agence. (l'agence « Soleil et Voyages »)

À VOUS ! 4 À deux, composez des dialogues selon le modèle donné. Utilisez fraises, tomates...

1. – Vous voulez des abricots, madame ?
– Oui, je veux bien. Hier j'en ai acheté, mais ils n'étaient pas bons. Est-ce qu'ils sont meilleurs ?
– Ah oui, ils sont très très bons.

2. – Vous voulez des oranges ?
– Non, je n'en prends pas aujourd'hui. J'en ai encore. Je voudrais des tomates.
– Un kilo ?
– Non, un peu moins d'un kilo.

OUI OU SI ?

question		réponse
forme affirmative	➜	oui / non
Est-ce qu'il va faire beau ?		***Oui**, le ciel est bleu.* ***Non**, il va pleuvoir.*
forme négative	➜	si / non
Il ne va pas faire beau.		***Si**, le ciel est bleu.* ***Non**, il va pleuvoir.*

5 Oui ou si ? Répondez affirmativement aux questions, comme dans les exemples.

– Vous n'avez pas vu Simon ? (il y a cinq minutes)
➜ – Si, je l'ai vu il y a cinq minutes.
– Vous avez l'adresse de l'agence Soleil et Voyages ? (dans la voiture) ➜ – Oui, je l'ai dans la voiture.

1. Vous n'êtes jamais allé en vacances de neige, vous ? (quand j'avais dix, onze ans)
2. Tes amis n'ont jamais visité le Louvre ? (l'année dernière)
3. Vous avez vu le dernier film de Fanny Ardant ? (la semaine dernière)
4. Tes parents n'habitent pas dans l'appartement avec terrasse ? (depuis trois ans)
5. Vous n'êtes pas allés chez Claude, dans sa maison de banlieue ? (dimanche dernier)

À TRAVERS PARIS…

DIALOGUE A

Au bar américain du Paris-Lyon Palace.

MARTINE : Alors, qu'est-ce qu'on doit faire maintenant ?
JACQUES : Il y a un nouveau message de Pierre. Il a organisé un jeu, comme autrefois.
JOSEPH : À notre âge… On ne va pas jouer !
MARTINE : Mais si, c'est ça qui est rigolo !
LILIANE : Et cette fois, c'est encore mieux.
JACQUES : Ah bon, pourquoi ?
LILIANE : Parce qu'on fait un rallye à travers Paris.
JOSEPH : Et qu'est-ce qu'il nous demande exactement ?
LILIANE : Oh ! mais c'est tout un programme ! Jacques, tu es architecte, alors tu vas à la Grande Arche et, pendant dix minutes, tu joues au guide. Tu me rapportes une preuve de ton activité. Martine, tu vas à la tour Eiffel, tu montes à pied, et tu comptes le nombre de marches. Liliane, tu vas aux Puces et tu me rapportes un objet bizarre. Joseph, toi, tu vas à Montmartre, à la place du Tertre, là où il y a tous les artistes. Tu me rapportes ton portrait.

DIALOGUE B

Un groupe de touristes est en admiration devant la Grande Arche. Jacques n'est pas loin.

PREMIER TOURISTE : C'est extraordinaire. Quelle pureté !
DEUXIÈME TOURISTE : Oui, c'est magnifique. Elle mesure combien ?
JACQUES : Vous permettez ? Elle fait 110 mètres de haut et sa construction n'a duré que quatre ans, de 1985 à 1989. L'intérieur des façades est en béton. À l'extérieur il y a du marbre blanc et du verre.
UN ENFANT : Dis papa, à gauche, qu'est-ce que c'est ?
JACQUES : Là, à côté de la façade ? Ce sont les ascenseurs panoramiques. Ça monte très vite !
TROISIÈME TOURISTE : Et dans le toit, qu'est-ce qu'il y a ?
JACQUES : Alors là ! Attendez… oui, il y a une librairie, des salles d'exposition et de conférence.
JACQUES : Bon ! Je dois partir mais avant, j'aimerais vous donner un petit souvenir.

(*Il donne l'extrait du texte de présentation du projet.*)

PREMIER TOURISTE : Vous êtes un excellent guide.
JACQUES : Vous pouvez me l'écrire, s'il vous plaît ?

Écoutez

1 Dialogue A : Donnez la bonne réponse.

Pierre a organisé :
a. une visite de Paris ;
b. un jeu ;
c. une rencontre avec des touristes.

2 Qu'est-ce qui va ensemble ?

1. Jacques	**a.** La Grande Arche
2. Martine	**b.** Les Puces
3. Liliane	**c.** Montmartre
4. Joseph	**d.** La tour Eiffel

3 Qu'est-ce que les quatre personnages doivent faire ?

4 Dialogue B : Répondez aux questions.

1. Qui fait le guide à la Grande Arche ?
2. Quelle est la hauteur de la Grande Arche ?
3. Qu'est-ce que Jacques donne comme souvenir aux touristes ?

Ici, sous « l'arc de triomphe de l'homme »,
les gens viendront du monde entier,
pour apprendre ce que les gens ont appris,
pour connaître leurs langues,
leurs coutumes, religions, arts et cultures,
mais surtout pour rencontrer
d'autres gens.

Johan Otto von Spreckelsen, architecte danois.

Observez et répétez

Les sons [s], [ʃ], [z] et [ʒ]

5 Voici des lieux à Paris. Repérez les sons.

	[s]	[ʃ]	[z]	[ʒ]
la Grande Arche	…	Arche	…	…
le Moulin rouge	…	…	…	…
la Sorbonne	…	…	…	…
l'Orangerie	…	…	…	…
le Châtelet	…	…	…	…
la Défense	…	…	…	…
le musée Picasso	…	…	…	…

Les mélodies

6 Pour réfléchir.

– *Et dans le toit, qu'est-ce qu'il y a ?*
– *Alors là ! attendez… Ah oui, il y a une librairie.*
– *La Grande Arche mesure combien ?*
– *Alors là… 110 mètres, je crois.*

À VOUS ! **7 À deux, posez-vous des questions et répondez. Utilisez des formules pour gagner du temps et réfléchir.**

– *Il y a combien d'habitants dans votre pays ?*
– *Euh…*

Exprimez-vous

À VOUS ! **8 À deux, jouez la scène. Un journaliste, qui fait une enquête sur les touristes à Paris, pose des questions à Martine. Elle lui raconte son séjour avec ses amis.**

À VOUS ! **9 À deux, décrivez dans un petit texte un monument ou un lieu connus dans votre ville sans dire leur nom. Lisez ensuite votre description aux autres participants qui doivent deviner le nom du monument ou du lieu.**

UNITÉ 16

Dénouement

Savoir-faire
- raconter une histoire au passé

Vocabulaire
- caractériser un personnage, décrire un lieu
- construire une histoire chronologiquement

Grammaire
- les verbes *apercevoir, croire*
- révisions des temps du passé, de l'emploi des pronoms personnels
- le pluriel des noms

1 *L'assassin habitait à côté…*

Le cri

Je viens de vivre une histoire extraordinaire. C'était le mois dernier, un mardi, le soir. J'étais dans le jardin en train de chercher Mozart (Mozart, c'est mon chat) quand j'ai aperçu mon voisin qui rentrait chez lui. Il n'était pas seul. Une femme l'accompagnait. Ils sont entrés dans la maison et ils ont fermé la porte derrière eux.

J'ai continué à appeler Mozart… Tout à coup, j'ai entendu un cri horrible, le cri d'une femme. Ça venait de la cave de mon voisin. J'ai eu très peur. Je suis rentré et je suis monté dans ma chambre. « Tu vas te coucher, Éric ? » m'a demandé ma mère. Je n'ai pas répondu. Dans ma chambre, j'ai regardé par la fenêtre. Il y avait de la lumière dans la cave du voisin.

J'ai attendu, longtemps. La femme ne sortait pas. Vers minuit, le voisin a ouvert la porte et il est sorti de la maison. Non ! Ce n'était pas vrai !

Il portait un grand sac-poubelle. Il est allé à sa voiture et il a mis le sac dans le coffre.

C'était le mois dernier.
J'étais dans le jardin quand j'ai aperçu…
Tout à coup, j'ai entendu…
J'ai attendu longtemps.

❶ **Lisez le texte et repérez les actions exprimées au passé, puis classez-les.**

Actions d'Éric	Actions du voisin et de la femme
...	...

❷ **Relevez les indications de temps dans le premier paragraphe.**

Le mois dernier...

❸ **Choisissez la bonne réponse.**

1. « Tout à coup » annonce : un événement attendu, inattendu ou une date ?

2. Le cri horrible, c'est le cri d'une personne qui a peur, d'une personne qui est contente, ou d'une personne qui cherche son chat ?

❹ **Répondez aux questions suivantes.**

1. Qu'est-ce qu'Éric fait dans le jardin ?

2. Qu'est-ce qu'il a vu ?

3. Qu'est-ce qu'il a entendu ?

4. D'où venait le cri horrible ?

5. Est-ce que le voisin est sorti de la maison ?

6. Est-ce que la femme est sortie de la maison ?

2 *L'assassin habitait à côté...*

Le squelette

Le lendemain, j'ai tout raconté à mon copain Julien. D'après lui, mon voisin était un assassin ! Je voulais téléphoner à la police.

« On ne va pas appeler la police tout de suite, m'a dit Julien. Avant, il faut aller chez lui, dans sa cave. »

C'était une nuit sans lune. On est entrés sans faire de bruit et on est descendus à la cave. J'avais très peur. En bas, j'ai ouvert la porte. Horreur ! Il y avait un squelette. J'ai crié. On est sortis. On a couru jusqu'à la maison.

Le lendemain, j'ai tout raconté...
On est entrés...
J'avais très peur.

❺ **Lisez le texte. Vrai ou faux ?**

1. Éric est allé à la police. ...

2. La nuit, Éric et Julien sont allés chez le voisin. ...

3. Ils ne sont pas descendus à la cave. ...

4. Ils n'ont pas eu peur. ...

5. Ils n'ont rien trouvé dans la cave. ...

6. Ils sont restés longtemps dans la cave. ...

❻ **Répondez aux questions.**

1. À qui est-ce qu'Éric a raconté les événements ?

2. Quand ?

3. Quel est le conseil de Julien ?

❼ **Racontez au passé composé et à l'imparfait un événement extraordinaire.**

Pour commencer, utilisez : « C'était... », puis continuez avec « tout à coup... » et « le lendemain... ».

3 L'assassin habitait à côté…

le train fantôme

Le jour suivant, c'était mercredi, le jour de la fête foraine. Julien et moi, on y est allés. On faisait la queue pour le train fantôme quand j'ai aperçu un grand type avec un costume noir. Je l'ai regardé : c'était l'assassin. Il discutait avec la femme qui vendait les billets pour le train fantôme. Est-ce qu'il cherchait sa prochaine victime ? Quelle horreur ! J'avais peur de regarder l'assassin. J'ai regardé la femme et là, j'ai cru rêver ! C'était elle ! C'était la femme assassinée de la cave.

On a donné nos billets à un type qui se trouvait là et nous sommes montés dans le train fantôme. Il faisait noir et on ne voyait rien. On entendait des bruits bizarres. Dans un virage, Dracula a voulu nous barrer la route et puis la sorcière est sortie de la nuit. Elle a poussé un cri horrible. Je connaissais ce cri : c'était le cri de la femme assassinée ! Un peu plus loin, il y avait un squelette. J'ai regardé Julien. Je venais de tout comprendre !

Le jour suivant, c'était mercredi…
Dracula a voulu… et puis la sorcière est sortie de la nuit.

8 Lisez le texte et répondez aux questions.

1. Qu'est-ce qui s'est passé le jour suivant ?
2. Qu'est-ce que l'assassin portait comme vêtements ?
3. L'assassin discutait avec qui ?
4. Qui vendait les billets pour le train fantôme ?
5. Qu'est-ce qu'on pouvait voir dans le train fantôme ?
6. Qu'est-ce qu'on y entendait ?

9 Qu'est-ce qui va ensemble ? Pour reliez les phrases, utilisez « et puis ».

Dracula a voulu nous barrer la route et puis la sorcière est sortie de la nuit.

1. On a acheté des billets.
2. Le voisin est sorti.
3. Je suis monté dans ma chambre.
4. J'ai regardé l'assassin.
5. On est entrés dans la maison.

a. J'ai regardé par la fenêtre.
b. On est montés dans le train fantôme.
c. Je suis parti.
d. On est descendus à la cave.
e. Il est allé à sa voiture.

10 Résumez l'histoire en quelques phrases (5 à 10 phrases).

11 Inventez une suite à l'histoire.

VOCABULAIRE

RACONTER UNE HISTOIRE POLICIÈRE

Pour raconter une histoire policière, il faut se poser six questions :
Qui ? Quand ? Où ? Pourquoi ? Quoi ? Comment ?

• **Qui ?** Il faut des personnages.

À VOUS ! ❶ **À deux, inventez un personnage. Vous lui donnerez :**

- un aspect physique : grand, petit, gros, mince, blond, brun, etc. et des vêtements
- une identité : le nom, le prénom, l'âge, la nationalité, l'adresse
- une famille et des relations
- des goûts et des habitudes
- une profession

• **Quand ?** Il faut dire le moment.

À VOUS ! ❷ **À deux, écrivez le début d'une histoire.**

Vous pouvez commencer par :

- Un jour
- Il y a longtemps ≠ Il y a peu de temps
- C'était
- Dimanche dernier
- Le 14 mars 1996

et continuer avec :

- le jour d'avant / la veille
- le jour suivant / le lendemain
- tout à coup
- à 11 heures du soir, vers minuit
- et puis
- quand

• **Où ?** Il faut choisir le lieu.

À VOUS ! ❸ **À deux, choisissez des lieux pour votre histoire. Décrivez-les.**

- dans une ville
- à la montagne
- au bord de la mer
- dans un magasin
- en haut de la tour Eiffel
- sous un pont
- dans une chambre d'hôtel
- dans un appartement
- à la gare

• **Quoi ? Pourquoi ? Comment ?**
Il faut préciser les événements, les circonstances.

À VOUS ! ❹ **À deux, imaginez un schéma pour votre histoire.**

- Il / elle avait une belle voiture.
- Il / elle a changé de travail.
- Il / elle a provoqué un accident.
- Un voisin a téléphoné à la police.
- Il / elle aimait voyager.
- Il pleuvait.

À VOUS ! ❺ **À deux, rédigez votre histoire policière.**

GRAMMAIRE

CONJUGAISON : CROIRE, APERCEVOIR

indicatif

présent		**futur**		**participe passé**	
Je crois	J'aperçois	Je croirai	J'apercevrai	cru	aperçu
Tu crois	Tu aperçois				
Il / elle croit	Il / elle aperçoit	**imparfait**			
Nous croyons	Nous apercevons	Je croyais	J'apercevais		
Vous croyez	Vous apercevez				
Ils / elles croient	Ils / elles aperçoivent				

Les emplois de croire

croire quelqu'un / quelque chose : *Je te crois.*

croire + infinitif : *J'ai cru apercevoir un ami au café.*

croire que… : *Je crois que ce livre est intéressant.*

1 Formulez les questions du policier à l'homme qui a vu la scène, comme dans l'exemple.

Le policier : (faire)
Le voisin : Je regardais la télévision.
➜ *Le policier : Qu'est-ce que vous faisiez ?*

1. Le policier : (voir)
   Le voisin : J'ai vu mon voisin qui rentrait chez lui.
2. Le policier : (être seul)
   Le voisin : Non, il n'était pas seul.
3. Le policier : (apercevoir)
   Le voisin : Non, je n'ai pas aperçu de voiture.
4. Le policier : (y avoir)
   Le voisin : Oui, il y avait de la lumière dans la cave.
5. Le policier : (croire)
   Le voisin : Oui, je crois que la femme n'est pas sortie de la maison.

2 Faites des phrases comme dans l'exemple.

J'ai entendu un cri horrible.
➜ *Je viens d'entendre un cri horrible.*

1. J'ai aperçu un homme devant la maison.
2. Il est arrivé en voiture.
3. J'ai vu de la lumière dans la cave.
4. Une femme a crié.
5. Il a appelé la police.
6. Il est descendu à la cave.

GRAMMAIRE

3 Remplacez les expressions soulignées par des pronoms, puis mettez les phrases à la forme négative.

Je voulais voir mon voisin ➜ Je voulais le voir / Je ne voulais pas le voir.

1. J'ai pu sortir de la maison.
2. Je voulais appeler la police.
3. Éric a pu apercevoir le sac-poubelle.
4. Le sac-poubelle devait être léger.
5. J'ai pu téléphoner à la police.
6. Je suis monté dans ma chambre.
7. Je pense souvent à la femme assassinée.

LE PLURIEL DES NOMS

un coureur	des coureur**s**
un lycéen	des lycéen**s**
une lettre	des lettre**s**
un prix	des prix
un mois	des mois
un bureau	des bureau**x**
un lieu	des lieu**x**
un festival	des festival**s**
un animal	des anim**aux**

4 Mettez les verbes entre parenthèses à l'imparfait, au passé composé, au présent ou au futur.

Ce (être) la semaine dernière. Il (pleuvoir) et il (faire) froid. Je (être) à la maison, je (regarder) la télévision et je (rêver). Je (être) seul et je (attendre) ma femme. Tout à coup, le téléphone (sonner). Je (se lever). Quand je (prendre) le téléphone, il ne (y avoir) plus personne. Je (crier), mais rien. Je (penser) : « Ce (être) ma femme, elle (avoir) peut-être un accident. Je (appeler) la police. On (pouvoir) peut-être me dire quelque chose. » Je (téléphoner) à la police mais elle ne (savoir) rien. Je (s'inquiéter). Tout à coup, je (entendre) le téléphone. Ce ne (être) pas mon téléphone, mais un téléphone dans le film qui passait à la télé. Et puis ma femme (arriver). Elle me (dire) : « Bonsoir, chéri. Je (avoir envie) d'aller au restaurant. Tu me (inviter) ? »

5 Répondez aux questions.

1. Est-ce que vous connaissez des festivals dans votre région ?
2. Quels sont les mois de l'année que vous préférez ?
3. Quels sont les lieux de rencontre que vous aimez ?
4. Est-ce que vous aimez les animaux ?

À VOUS ! **6 Formez deux groupes dans votre classe de français. Les groupes préparent leurs questions et les posent au Martien.**

On marque un point par question correcte. Le groupe qui marque le plus de points a gagné.

C'EST LA FÊTE !

DIALOGUE A

Pierre attend ses amis devant la Pyramide du Louvre.
Et la première, bien sûr, c'est...

PIERRE : Liliane, c'est toi ? Tu es toujours aussi belle.
LILIANE : Alors toi qui aimes jouer, je t'offre un jeu de cartes ancien... Et voilà les autres !
JACQUES : Salut vieux farceur. Tiens ! la voilà ta preuve : je suis le meilleur guide de Paris.
MARTINE : C'est haut ! 1 665 marches !
JOSEPH : Et voilà mon portrait !
TOUS : Tu es magnifique... comme tu es beau...
JACQUES : Bon, et qu'est-ce qu'on fait maintenant ?
PIERRE : Je vais vous raconter une petite histoire.
MARTINE ET LILIANE : Chouette !
PIERRE : Voilà, je suis collectionneur et j'aime les objets d'art. Un jour, je me promenais sur les quais quand, tout à coup, j'ai vu un livre ancien, magnifique ! Je l'ai ouvert et, au même moment, une vieille photo est tombée.
MARTINE : Ah ! Et alors ? ...

(À suivre...)

DIALOGUE B

PIERRE : J'ai donc ouvert le livre et, au même moment, une vieille photo est tombée.
MARTINE : Ah ! et alors ?
PIERRE : Je l'ai ramassée et... sur la photo, il y avait nous, enfants.
TOUS : Mais comment ? C'est incroyable !
PIERRE : Alors, j'ai eu envie de vous revoir. Aujourd'hui, c'est mon anniversaire. Venez avec moi !
(Ils arrivent au bord de la Seine. Une péniche les attend.)
JOSEPH : Mais c'est l'orchestre de Patrick. Et toi, Nathalie, tu es là aussi ?
JACQUES : Mireille, Thierry, quelle folie !
MARTINE : Mais je rêve, Céline, qu'est-ce que tu fais là ?
PIERRE : Allez, champagne, s'il vous plaît !
(Quelques instants plus tard.)
MIREILLE : Jacques, regarde Liliane et Pierre en train de danser, comme ils ont l'air heureux, tu ne crois pas que...
JACQUES : Après toutes ces années, c'est le moment !

FIN.

Écoutez

❶ Dialogue A : Complétez.

1. La plus rapide, c'est ...
2. Le meilleur guide, c'est ...
3. La plus fatiguée, c'est ...
4. Le plus beau, c'est ...

❷ Répondez aux questions.

1. Que fait Pierre ?
2. Un jour, il se promenait sur les quais, qu'est-ce qu'il a vu ?
3. Quand il a ouvert le livre, qu'est-ce qui s'est passé ?

❸ Dialogue B : Vrai ou faux ?

1. Sur la photo, il y avait les enfants de Pierre.
2. Aujourd'hui, c'est l'anniversaire de Pierre.
3. L'orchestre de Patrick joue de la musique.
4. Tout le monde boit du champagne.
5. Pierre danse avec Martine.

Observez et répétez

▶ Les sons [g], [ʀ], [l]

4 Au marché aux Puces, Pierre a trouvé :

	[g]	[ʀ]	[l]
une vieille montre	…	*montre*	…
des timbres	…	…	…
une bague	…	…	…
de la vaisselle	…	…	…
des verres	…	…	…
une lampe	…	…	…
des gants	…	…	…

▶ Les mélodies

5 Pour s'exclamer.

Pierre danse avec Liliane.
– Comme ils ont l'air heureux !
Pierre trouve Liliane très belle.
– Comme tu es belle !
Tout le monde trouve que Patrick joue très bien.
– Comme il joue bien !

6 Exprimez votre enthousiasme sur le même modèle.

1. Il fait froid.
2. Joseph a l'air fatigué.
3. Il est intelligent, cet enfant.

Exprimez-vous

7 Mireille dit à Jacques : « Regarde Pierre et Liliane, comme ils ont l'air heureux. Tu ne crois pas que… » Elle ne finit pas sa phrase. Imaginez la fin de l'histoire.

À VOUS ! **8 En groupe, imaginez l'histoire de la photo. Rédigez le texte de la meilleure histoire.**

Paris, capitale

1 Paris, ville lumière

À Paris, il y a des monuments, des musées, des lieux célèbres depuis longtemps, mais il y a aussi de nouvelles réalisations comme la Cité des sciences et de l'industrie (***1***) ou l'opéra Bastille, la transformation de la gare d'Orsay en musée (***4***)... Cela confirme le rôle de Paris comme centre artistique et intellectuel.

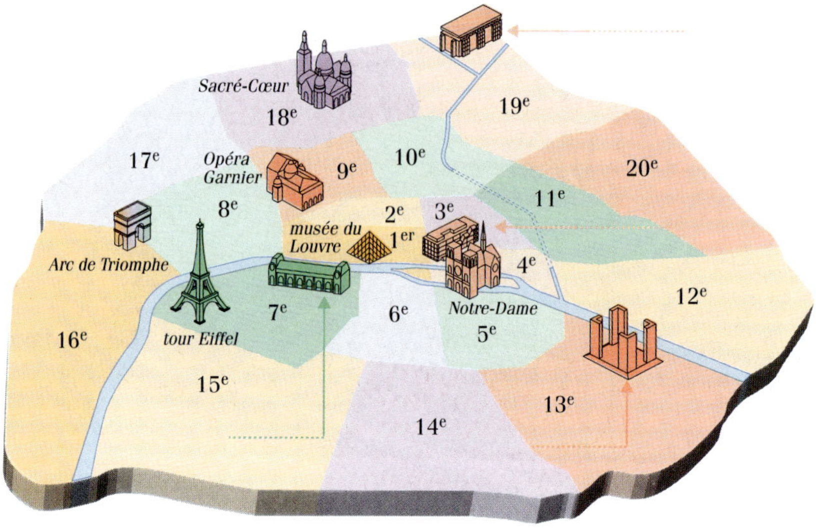

1 2

2. La Bibliothèque nationale de France.
3. Le centre Georges-Pompidou.

LES FRANÇAIS ET LEUR PATRIMOINE	
Paris	19%
Le château de Versailles	10
La tour Eiffel	9
Le Louvre	8
Les châteaux de la Loire	6
Le Mont-Saint-Michel	6
La cathédrale Notre-Dame de Paris	3
Les châteaux de France	3
L'Arc de triomphe	2
Le centre Georges-Pompidou	2
Les églises, les cathédrales	1
Les musées	1
La Bretagne	1

3 4

OBSERVEZ – RÉPONDEZ

- **Dans le tableau ci-dessus, les Français donnent leur opinion sur le patrimoine de leur pays.**
  Parmi les treize lieux choisis, dites combien de fois des lieux de Paris sont nommés.
- **C'est la ville de Paris qui représente le mieux le patrimoine de la France. Est-ce que c'est la même chose pour la capitale de votre pays ?**
- **Retrouvez sur le plan le lieu des nouvelles réalisations (photos 1 à 4) et dites dans quels arrondissements elles se trouvent.**

2 Paris, ville active

Paris est aussi une ville avec des activités artisanales et commerciales. Certains quartiers sont spécialisés : marchands de tissus et de vêtements bon marché, boulevard de Rochechouart, au pied du Sacré-Cœur (18e arrondissement – ***5***) ; antiquaires, quai Voltaire, rue des Saints-Pères, près de Saint-Germain-des-Prés (6e et 7e arrondissements – ***1***) ; ateliers et commerces de meubles, faubourg Saint-Antoine (11e et 12e arrondissements) ; commerces du quartier chinois, près de la porte d'Italie (13e arrondissement – ***4***).
Il existe aussi des marchés spécialisés : marchés aux fleurs et aux oiseaux (entre le Louvre et le Châtelet, sur l'île de la Cité (1er arrondissement – ***2***), marché aux timbres, rue de Matignon (8e arrondissement– ***3***).

1

PLACE DE PARIS DANS LA VIE ÉCONOMIQUE NATIONALE (en %)	
Population	4
Sièges sociaux des banques	96
Sièges des sociétés d'assurance	70
Sièges d'autres entreprises	45
Professions libérales (médecins, avocats, notaires, architectes…)	39
Emplois dans les administrations, services…)	25
Recettes fiscales	45

2

4

3

5

OBSERVEZ – RÉPONDEZ

▶ **Regardez les photos ci-dessus et situez les différents lieux sur le plan de la page 158.**

▶ **D'après le tableau, dites quel est le secteur économique le plus important :**

– le secteur primaire (agriculture, pêche, extraction de matières premières…) ;
– le secteur secondaire (l'industrie) ;
– le secteur tertiaire (banques, assurances, administrations, services…)

civilisation

3 Un week-end à Paris

▶ **Vous serez à Paris le week-end de la Pentecôte avec un groupe d'amis. Vous êtes chargé de réserver des chambres d'hôtel et d'organiser les deux journées de visite (samedi et dimanche).**

À partir des suggestions, complétez la lettre de réservation de l'hôtel.

Arrivée : le vendredi soir, vers 20h

Départ : le dimanche soir, à 22 h

Nombre de personnes : 14 + 1 accompagnateur

(ville), le... (jour + mois)... (année) ← **Date**

Expéditeur → *...(prénom) ...(nom)*
...(adresse) (ville)

Hôtel Opéra Cadet
Monsieur le directeur
24, rue Cadet
75009 Paris ← **Destinataire**

Identification → *Nous sommes un groupe de ... personnes et nous avons l'intention de passer ... à Paris.*

Précisions → *Nous resterons donc ... nuits, du vendredi ...au...*

Demande de service, d'informations → *Pouvez-vous nous réserver ... chambres à deux lits et une ... pour notre accompagnateur ?*
Le petit déjeuner est-il compris dans le prix ?
Quelle réduction pouvez-vous nous faire, compte-tenu que nous sommes un groupe de ... ?

Dans l'attente d'une réponse de votre part. ← **Conclusion**
Avec nos salutations les meilleures. ← **Salutations**

...
(signature)

- **Identification**
  Nous sommes... / Je suis...
- **Précisions** : **jour, heure des visites**
  Nous serons à Paris le... / La visite est prévue pour... / Le petit-déjeuner est-il compris...
- **Demande de service, d'informations**
  Pouvez-vous nous consentir une réduction... / Est-il possible d'avoir une réduction... / Nous avons besoin de la liste des auberges de jeunesse...
- **Conclusion**
  Je reste dans l'attente de votre réponse / Je vous remercie par avance.
- **Salutations**
  Avec mes salutations les meilleures / Agréez mes salutations les plus distinguées.

À VOUS DE JOUER ! **Écrivez une lettre à l'office de tourisme pour demander :**

1. Une réduction du tarif d'entrée pour un musée.
2. La visite des tours de Notre-Dame à 18 h (horaire : 10 h / 17 h 30).

Arguments : vous voulez voir beaucoup de choses ; vous restez seulement deux jours à Paris.

UNITÉ 1 BOÎTE À OUTILS

❺ Écoutez et complétez.

- Vous aimez la danse ?
- Oh oui, j'adore danser.
- Et la musique ?
- Oui, j'aime le jazz.
- Et le rock, vous aimez ?
- Non, je déteste le rock.
- Vous détestez le rock ! C'est bizarre !

❸ Est-ce que vous entendez...

1. Vous aimez la musique ?
2. Est-ce que tu aimes le jazz ?
3. Est-ce que vous aimez danser ?
4. Vous aimez la danse ?
5. Et toi, tu aimes la mer ?
6. Et vous, vous détestez le rock ?
7. Vous adorez la ville.
8. Et la boxe, vous aimez ?
9. Tu aimes le tennis.
10. Vous détestez le foot.

❻ J'aime... J'adore...

- Vous aimez la danse ?
- Oh ! Oui, j'adore danser.
- Et la musique ?
- J'aime le jazz.
- Et le rock, vous aimez ?
- Non, je déteste le rock.
- Vous détestez le rock ! c'est bizarre !

UNITÉ 2 DÉCOUVERTES

❹ Écoutez et répétez les nombres.

10 – 10 000 – 8 – 8 000 – 4 – 400 – 3 – 3 000 – 1 – 7 – 700 – 7 000 – 5 – 500 – 5 000 – 6 – 600 – 2 – 2 000 – 9 – 900

❺ Écoutez et écrivez les nombres.

3 – 4 – 100 – 200 – 6 – 1 000 – 7 – 9 – 900 – 2 – 10 – 5 000 – 1 – 8 – 10 000 – 2 000

BOÎTE À OUTILS

❸ Écoutez et complétez.

- Vous vous appelez comment ?
- Sophie.
- Vous êtes française ?
- Non, je suis suisse.
- Et toi, tu es italienne ?
- Non, monsieur, je suis espagnole.
- Et vous, madame, vous êtes suédoise ?
- Je ne comprends pas !
- Vous êtes allemande, grecque, canadienne ?
- Autrichienne.
- Madame est autrichienne ! C'est très bien.

UNITÉ 3 DÉCOUVERTES

⓫ Écoutez et écrivez les dates.

le 3 mai – le 1er avril – le 21 juin – le 15 août – le 4 juillet – le 9 septembre – le 25 décembre – le 18 mars – le 27 janvier – le 11 novembre – le 28 février – le 31 octobre

BOÎTE À OUTILS

❷ Avoir ou être ?

1. Nous sommes formidables.
2. Vous avez froid.
3. Ils ont chaud.
4. Ils sont magnifiques.
5. Elles ont soif.
6. Elles sont contentes.
7. Tu as 20 ans.
8. J'ai deux enfants.
9. Tu es médecin.

UNITÉ 4 BOÎTE À OUTILS

❶ Écoutez et écrivez l'heure.

1. Bonjour, il est sept heures et quart, et il fait beau.
2. – S'il vous plaît, quelle heure est-il ?
– Il est neuf heures moins le quart.
3. Rendez-vous à midi et demi chez Martine. Salut !
4. Mon train arrive à 17 heures 42.
5. Oh ! 11 heures 10. J'ai un rendez-vous. Au revoir.

UNITÉ 5 BOÎTE À OUTILS

❸ Écoutez et complétez avec quel, quelle, quels, quelles.

- Pardon, monsieur. C'est pour une enquête.
- Oui ?
- Première question : quels sont vos aliments préférés ?
- J'aime le poisson, les fruits de mer, j'adore les moules !
- Quelle est votre boisson préférée ?
- C'est la bière.
- Quelle bière ?
- La bière allemande.
- Quel est votre repas préféré ?
- C'est le dîner, mais j'aime le petit déjeuner aussi.
- Vous dînez à quelle heure ?
- À sept heures, sept heures et demie.
- Vous avez quel âge ?
- Euh !
- Quelle est votre profession ?
- Pilote.
- Merci, monsieur. Bonne journée !

UNITÉ 7 BOÎTE À OUTILS

❺ Écoutez et notez l'ordre d'arrivée des coureurs.

Le premier, le premier est italien, c'est... Non, le premier est allemand, c'est Franz Kunze, et Marco Mattoni est deuxième. Ah ! Et voilà un Français. Jacques Denis arrive troisième. Le quatrième est aussi français : Gille Delaud est quatrième. Giuseppe Peretti est cinquième, Léonardo Mancuso est sixième, Albert Graf est septième. Et le dernier ? Qui est le dernier ? François Rivière ou Gerd Müller ? François Rivière est huitième. Et Gerd Müller est dernier.

UNITÉ 11 BOÎTE À OUTILS

❷ Écoutez et choisissez la bonne réponse.

1. Je n'habite pas chez mes parents, je vais chez eux pendant les vacances.
2. Mon frère et sa femme sont arrivés. Je vais au restaurant avec eux.
3. Ma collègue a deux filles et elle parle beaucoup d'elles.
4. Ma sœur est partie à 10h et je suis parti après elle.
5. Jacques n'est pas au chômage. Il y a du travail pour lui.

Glossar zu den Grammatikwörtern

Nachstehend finden Sie, alphabetisch geordnet, die wichtigsten Grammatikwörter, die in *Café Crème* verwendet werden, mit ihren Entsprechungen in der lateinischen und in der deutschen Terminologie.

adjectif *nm*	Adjektiv, Eigenschaftswort
adjectif *nm* **démonstratif**	Demonstrativbegleiter, hinweisendes Fürwort
adjectif *nm* **possessif**	Possessivbegleiter, besitzanzeigendes Fürwort
adjectif *nm* **qualificatif**	Adjektiv, Eigenschaftswort
adverbe *nm*	Adverb, Umstandswort
affirmation *nf*	Aussage
article *nm* **défini**	bestimmter Artikel
article *nm* **indéfini**	unbestimmter Artikel
article *nm* **partitif**	Teilungsartikel
auxiliaire *nm*	Hilfsverb
comparatif *nm*	Komparativ, 1. Steigerungsstufe
complément d'objet direct	direktes Objekt (Objektergänzung ohne Präposition)
complément d'objet indirect	indirektes Objekt (Objektergänzung mit Präposition *à*)
complément *nm*	(Satz)Ergänzung
conjugaison *nf*	Konjugation, Beugung
défini/e *adj*	bestimmt
démonstratif/-ve *adj*	Demonstrativ-, hinweisend
direct/e *adj*	direkt
féminin *nm*	Femininum, weibliche Form
forme *nf* **affirmative**	bejahende Form
forme *nf* **négative**	verneinende Form, Verneinung
futur *nm* **proche**	nahe Zukunft(sform)
futur *nm* **simple**	einfache Zukunft(sform)
imparfait *nm*	Imperfekt (Präteritum), Vergangenheit
impératif *nm*	Imperativ, Befehlsform
indéfini/e *adj*	unbestimmt
indéterminé/e *adj*	unbestimmt
indicatif *nm*	Indikativ, Wirklichkeitsform
indirect/e *adj*	indirekt
infinitif *nm*	Infinitiv, Grundform
interrogatif/-ve *adj*	Frage-
interrogation *nf*	Frage(form)
intonation *nf*	Betonung
irrégulier/-ière *adj*	unregelmäßig
masculin *nm*	Maskulinum, männliche Form
négation *nf*	Verneinung
nom *nm*	Nomen, Substantiv, Hauptwort
objet *nm* **direct**	direktes Objekt, „Wenfall"
objet *nm* **indirect**	indirektes Objekt, „Wemfall"
participe *nm* **passé**	Partizip Perfekt, Mittelwort der Vergangenheit
partitif *adj*	Teilungs-
passé *nm* **composé**	Perfekt, vollendete Gegenwart
passé *nm* **récent**	nahe Vergangenheit
personnel/le *adj*	Personal-
phrase *nf* **affirmative**	Aussagesatz
phrase *nf* **négative**	verneinter Satz
phrase *nf* **subordonnée**	Nebensatz
pluriel *nm*	Plural, Mehrzahl
possessif/-ve *adj*	Possessiv-, besitzanzeigend
préposition *nf*	Präposition, Verhältniswort
présent *nm*	Präsens, Gegenwart
proche *adj*	nah
pronom *nm*	Pronomen, Fürwort
pronom *nm* **personnel**	Personalpronomen, persönliches Fürwort
pronom *nm* **relatif**	Relativpronomen, bezügliches Fürwort
pronom *nm* **tonique**	betontes Pronomen, betontes Fürwort
pronominal/e *adj*	Pronominal-
qualificatif/-ve *adj*	Eigenschafts-
radical *nm*	Stamm
récent/e *adj*	nah (zeitlich)
régulier/-ière *adj*	regelmäßig, gleichmäßig
relatif/-ve *adj*	Relativ-
singulier *nm*	Singular, Einzahl
subordonnée *nf*	Nebensatz
sujet *nm*	Nominativ, "Werfall"; Subjekt, Satzgegenstand
superlatif *nm*	Superlativ, 2. Steigerungsstufe
tonique *adj*	betont
verbe *nm*	Verb, Zeitwort
verbe *nm* **pronominal**	Pronominalverb, rückbezügliches Zeitwort

Grammatikübersicht

Die wichtigsten Regeln der französischen Sprache, die in den einzelnen *Unités* dieses ersten Bandes behandelt wurden, werden auf den folgenden Seiten systematisch zusammengefasst.

Das Feld U... zeigt Ihnen an, in welcher/n *Unité/s* die entsprechende grammatische Erscheinung schwerpunktmäßig bearbeitet wurde.

Das Symbol ⚠ weist Sie auf Ausnahmen und Sonderformen hin sowie auf Sprachformen, die erheblich vom Deutschen abweichen.

1. Die Satzbildung – La formation des phrases

1.1. Der Aussagesatz – La phrase affirmative U1

Subjekt + Verb	Pierre attend. Pierre wartet.	• Dieser Satz besteht aus dem Subjekt **Pierre** und dem Verb **attend**.
Subjekt + Verb + direktes Objekt	Pierre attend **ses amis.** Pierre erwartet seine Freunde.	• Dieser Satz ist erweitert durch das direkte Objekt (Akkusativ, Wen-Fall) **ses amis**, das dem Verb unmittelbar - daher direktes Objekt - folgt.
Subjekt + Verb (+ direktes Objekt) + indirektes Objekt	Pierre a écrit une lettre **à ses amis.** Pierre hat seinen Freunden einen Brief geschrieben. Tout le monde parle **de cette lettre.** Alle reden von diesem Brief.	• Das indirekte Objekt wird durch die Präposition **à** (**à ses amis**) oder **de** (**de cette lettre**) an das Verb angeschlossen. Bei zwei Objekten gilt die Regel: „direktes Objekt vor indirektes Objekt".
Subjekt + Verb + Adjektiv oder Nomen	Martine est **fatiguée.** Martine ist müde. Joseph est **chauffeur de taxi.** Joseph ist Taxifahrer.	• Adjektive oder Nomen als Verbergänzung findet man hauptsächlich nach dem Verb **être**.
Subjekt + Verb + Umstandsergänzung (Ort, Zeit ...)	Les quatre amis se rencontrent **à Paris pour quelques jours.** Die vier Freunde treffen sich für einige Tage in Paris.	• Die Satzerweiterung besteht hier in zwei Ergänzungen, einer des Ortes **à Paris** und einer der Zeit **pour quelques jours**. Dabei gilt in den meisten Fällen: „Ort vor Zeit".

1.2. Der Fragesatz – La phrase interrogative U1, 2, 3, 4, 5, 9, 12

a) Die Gesamtfrage – L'interrogation totale U1

Bei einer Gesamtfrage antwortet die angesprochene Person mit **oui** - *ja* (bzw. **si** - *doch*) oder **non** - *nein*. Man unterscheidet folgende Arten der Fragebildung:

Intonationsfrage	Pierre attend? Wartet Pierre?	• Die Frage wird durch Anheben der Stimme markiert. Die Wortstellung des Aussagesatzes bleibt dabei erhalten.
***est-ce que*-Frage**	Est-ce que Pierre attend? Wartet Pierre?	• **Est-ce que** wird dem eigentlichen Satz vorangestellt. Auch hier bleibt die Wortstellung des Aussagesatzes erhalten.

Anmerkung: Die sogenannte Inversionsfrage (Umkehrung von Subjekt und Verb), die der gewohnten deutschen Fragestellung am ehesten entsprechen würde, ist in der gesprochenen französischen Sprache sehr selten (**Comprenez-vous cette question?** – *Verstehen Sie diese Frage?*). Sie wird ausführlich im zweiten Band behandelt.

b) Die Teilfrage – L'interrogation partielle **U2, 3, 4, 5, 9, 12**

Bei einer Teilfrage wird durch ein Fragewort ein einzelner Satzteil erfragt.
Die Teilfrage kann als Intonationsfrage oder als *est-ce que*-Frage gebildet werden.

Fragewörter		Intonationsfrage	*est-ce que*-Frage
qui	wer	**Qui** est venu à Paris?	**Qui est-ce qui** est venu à Paris?
qui	wen	Tu as vu **qui**?	**Qui est-ce que** tu as vu?
à qui	wem	Il a écrit **à qui**?	**A qui est-ce qu'**il a écrit?
quoi/que	was	Elle fait **quoi**?	**Qu'est-ce qu'**elle fait?
quand	wann	Ils viennent **quand**?	**Quand est-ce qu'**ils viennent?
où	wo, wohin	Il se cache **où**?	**Où est-ce qu'**il se cache?
d'où	woher	On se connaît **d'où**?	**D'où est-ce qu'**on se connaît?
comment	wie	Ils se retrouvent **comment**?	**Comment est-ce qu'**ils se retrouvent?
pourquoi	warum	**Pourquoi** elle n'est pas venue?	**Pourquoi est-ce qu'**elle n'est pas venue?
pour qui	für wen	Vous travaillez **pour qui**?	**Pour qui est-ce que** vous travaillez?
combien	wie viel	Ça coûte **combien**?	**Combien est-ce que** ça coûte?
quel/quelle; quels/quelles	welche/r/s	Elle a **quelle** profession?	**Quelle profession est-ce qu'**elle a?

⚠ Bei der Intonationsfrage stehen die Fragewörter meist am Ende des Satzes, bei Satzteilen mit indirektem Objekt oder Umstandsergänzungen (vgl. 1.1.) wahlweise am Anfang oder Ende.

⚠ **Pourquoi** und **qui** stehen fast immer am Satzanfang.

⚠ Die Intonationsfrage klingt etwas salopp. Die Frage mit **quoi** sollten Sie ganz vermeiden, da sie zu umgangssprachlich ist.

⚠ Auch bei der Teilfrage verwendet man schriftlich lieber die Inversionsfrage (**Que fait-il? Quand viennent-ils? Pourquoi n'est-elle pas venue?**). Vgl. Band 2.

1.3. Der verneinte Aussagesatz – La phrase négative **U1, 12**

Die Verneinung besteht im Französischen im Allgemeinen aus zwei Teilen, die das konjugierte Verb umklammern. Die weitaus häufigste Form ist die Verneinung mit **ne ... pas**.

ne ... pas	nicht	Cette semaine Mme Marceau **ne** travaille **pas**. Diese Woche arbeitet Frau Marceau nicht.

Weitere Verneinungen sind:

ne ... jamais	niemals	Pierre **n'**a **jamais** aimé la géométrie. Pierre mochte Geometrie nie.
ne ... plus	nicht mehr	Ils **ne** se sont **plus** vus depuis vingt ans. Sie haben sich seit zwanzig Jahren nicht mehr gesehen.
ne ... rien	nichts	Il **ne** leur a **rien** dit. Er hat ihnen nichts gesagt.
ne ... personne	niemand(en)	Au Louvre ils **ne** connaissent **personne**. Im Louvre kennen sie niemanden.
ne ... que	nur	Ils **n'**ont **qu'**une idée très vague. Sie haben nur eine vage Vorstellung.

⚠ Auch bei zusammengesetzten Zeiten umschließt die Verneinung nur das konjugierte Verb (d. h. die entsprechende Form von **avoir** oder **être**): **Il n'a rien dit à Liliane.**

⚠ Die Verneinung mit **personne** umschließt die gesamte Verbform: **Il n'a rencontré personne à La Défense.**

⚠ **Personne** und **rien** stehen am Satzanfang, wenn sie Subjekt des Satzes sind:
Personne ne les attend. Rien ne leur manque.

⚠ In der gesprochenen Sprache wird vielfach auf **ne** verzichtet, z. B.: ***J'ai pas compris**. anstatt **Je n'ai pas compris.**

⚠ Vor **a**, **e**, **i**, **o**, **u** und **stummem h** wird **ne** zu **n'**: **Pierre n'aimait pas la géométrie.**

1.4. Der Nebensatz – La proposition subordonnée U7, 9, 13, 14

Der Nebensatz ist mit dem Hauptsatz durch Bindewörter wie **que** - *dass*, **quand** - *wenn* usw. verbunden. Sie haben bereits kennengelernt:

Nebensätze mit que (dass-Sätze)	Martine pense **que** c'est un ami d'enfance. Martine denkt, dass es ein Jugendfreund ist.
Relativsätze mit qui (als Subjekt)	J'ai un appartement **qui** vous plaira. Ich habe eine Wohnung, die Ihnen gefallen wird.
Nebensätze zur Angabe von Zeit und Grund	**Quand** il a vu Hélène, il est tombé amoureux. Als er Hélène sah, verliebte er sich. Vincent est jaloux, **parce qu'**il est très amoureux. Vincent ist eifersüchtig, weil er sehr verliebt ist.

⚠ **Quand**-Sätze können im Präsens, in der Vergangenheit oder im Futur stehen.

2. Das Substantiv und seine Begleiter – Le nom et ses déterminants

Im Unterschied zum Deutschen werden die französischen Substantive (auch Hauptwörter oder Nomen genannt) im Allgemeinen klein geschrieben: **une lettre** - *ein Brief*. Ausnahmen sind dabei:

Satzanfang	Vous avez compris? Haben Sie verstanden?
Eigennamen, geographische Namen und Nationalitätsbezeichnungen	Il y a beaucoup de Français, comme Liliane, qui travaillent en Suisse. Es gibt viele Franzosen, die wie Liliane in der Schweiz arbeiten.
Anreden	Madame Marceau, bonjour. Guten Tag, Madame Marceau.
kirchliche Feste	Noël, Epiphanie

2.1. Das Geschlecht und die Zahl der Substantive – Le genre et le nombre des noms U1, 2, 16

a) Das Geschlecht – Le genre

männlich	weiblich
le début der Anfang	la boisson das Getränk

- Im Französischen sind die Substantive entweder männlich oder weiblich. Ein sächliches Geschlecht wie im Deutschen (das Kind, das Buch) gibt es nicht.

männlich		weiblich	
-age	le gar**age**	**-ion**	l'admirat**ion**
-ment	l'appartem**ent**	**-ure**	l'avent**ure**
-eau	le bur**eau**	**-tude**	la certi**tude**

- In vielen Fällen kann man das Geschlecht an der Endung erkennen. So sind z. B. die meisten Substantive auf **-age**, **-ment** und **-eau** männlich, die meisten auf **-ion**, **-ure** und **-tude** weiblich. Achtung! Es gibt auch Ausnahmen: **l'eau** (weiblich) usw.

Bei Personenbezeichnungen:

männlich	weiblich	
ami	amie	**-e** kennzeichnet oft weibliche Personenbezeichnungen.
Français	Française	Der stumme Endlaut der männlichen Form wird beim weiblichen Substantiv durch das **-e** hörbar.
voisin	voisine	Der Nasal wird entnasaliert.
champion	champio**nne**	Bei einigen Substantiven wird zusätzlich der Endlaut verdoppelt.
cycliste secrétaire	cycliste secrétaire	Personenbezeichnungen können auch die gleiche Form für männlich und weiblich haben.
ac**teur** serv**eur** étrang**er**	ac**trice** serv**euse** étrang**ère**	Viele Bezeichnungen haben in der männlichen und weiblichen Form unterschiedliche Endungen.

Männer	Frauen
un ingénieur un médecin un professeur	un ingénieur un médecin un professeur

- Für einige Berufsbezeichnungen gibt es keine weibliche Form. Zur Verdeutlichung kann man aber sagen: **une femme ingénieur**.

b) Die Zahl – Le nombre

	männlich	weiblich
Singular	un pied	une jambe
Plural	deux pied**s**	deux jambe**s**

- Ein Substantiv kann im Singular (Einzahl) oder im Plural (Mehrzahl) stehen. Häufigstes Kennzeichen für den Plural ist die Endung **-s**.
- In der Aussprache bleibt das -s stumm.

Singular	Plural	Singular / Plural
-al	**-aux**	journ**al** / journ**aux**
-eau	**-eaux**	mant**eau** / mant**eaux**
-ail	**-aux**	trav**ail** / trav**aux**
-ou	**-oux**	gen**ou** / gen**oux**

- Einige Substantive bilden den Plural auf **-x**.
- Es gibt auch ganz unregelmäßige Pluralformen wie z. B. bei **un œil** : **des yeux**.
- Eigennamen sind im Plural unverändert: **Les Duval sont à table.** - *Die Duvals sitzen am Tisch.*
- Bestimmte Substantive kommen nur im Plural vor: **les gens** - *die Leute*, **les épinards** - *der Spinat*.

2.2. Die Begleiter – Les déterminants **U1, 2, 3, 4, 5, 7**

Die Substantive werden von Wörtern begleitet, die – ihnen vorangestellt – sie eindeutig in Geschlecht und Zahl ausweisen und sie näher bestimmen.

a) Der bestimmte Artikel – L'article défini **U1**

Alle Substantive der französischen Sprache sind entweder männlich oder weiblich.
Da die Wahl des Artikels (Geschlechtswort), außer beim natürlichen Geschlecht, willkürlich ist, sollte er als fester Bestandteil des Wortes angesehen und immer mitgelernt werden: **la table** - *der Tisch*.

	männlich	weiblich	
Singular	**le** café crème **le** cinéma	**la** boisson **la** police	Der männliche Artikel im Singular heißt **le**. Der weibliche Artikel im Singular heißt **la**.
	l'homme	**l'**arrivée	Der männliche und weibliche Artikel vor Wörtern, die mit **a**, **e**, **i**, **o**, **u** oder **stummem h** beginnen, heißt **l'**.
Plural	**les** fils	**les** filles	Der männliche und weibliche Artikel im Plural heißt **les**.

- Das Französische ist eine „begleitwortstarke" Sprache. Der bestimmte Artikel steht z. B. auch - anders als im Deutschen - bei Ländernamen: Mme Marceau a choisi **le** Japon (*=Japan*) comme pays de vacances. und nach den Verben ***aimer*** und ***adorer***: Depuis toujours elle aimait **le** théâtre et **le** sport (*=Theater und Sport*.).
- Die bestimmten Artikel **le** und **les** werden mit den Präpositionen **à** und **de** zu neuen Formen zusammen gezogen: Elle parle **du** film qui passe **au** cinéma.

de + le → du	à + le → au
de + les → des	à + les → aux

b) Der unbestimmte Artikel - L'article indéfini U2

	männlich	weiblich	
Singular	**un** livre **un** ouvrier	**une** région **une** amie	Der männliche Artikel im Singular heißt **un**. Der weibliche Artikel im Singular heißt **une**.
Plural	**des** enfants	**des** tomates	Der weibliche und männliche Artikel im Plural heißt **des**.

⚠ Anders als im Deutschen hat das Französische eine Pluralform des unbestimmten Artikels: **Des livres, des cassettes et des photos sont dans la valise de Liliane.** - *Bücher, Kassetten und Photos sind in Lilianes Koffer.*

⚠ Bei Berufsbezeichnungen steht kein Artikel: **Jacques est architecte.** - *Jacques ist Architekt.*

c) Der Teilungsartikel - L'article partitif U5

Der Teilungsartikel bezeichnet eine nicht näher bestimmte Menge von Dingen, die nicht unmittelbar zählbar sind: **Je voudrais du fromage.** - *Ich möchte Käse.*
Er steht auch bei nicht näher bestimmten abstrakten Begriffen, z. B. **de la chance** - *Glück*, **du bruit** - *Lärm*.
Im Deutschen steht in diesen Fällen kein Artikel.

Der Teilungsartikel setzt sich zusammen aus **de** + bestimmter Artikel.

	männlich	weiblich
Singular	**du** pain (Brot) **de l'**argent (Geld)	**de la** farine (Mehl) **de l'**eau (Wasser)
Plural	**des** livres (Bücher)	**des** cassettes (Kassetten)

⚠ Nicht vergessen (vgl. 2.2.a):

De + le	wird zu	**du**
De + les	wird zu	**des**

- Im **verneinten Satz** wird der Teilungsartikel zu einem einfachen **de**.

bejaht	verneint
Elle prend **du** pain. Elle boit **de l'**eau.	Elle ne prend pas **de** pain. Elle ne boit pas **d'**eau.

- Wie bei der sogenannten Nullmenge **ne … pas**, so steht auch bei den **anderen Mengenangaben** nur ein einfaches **de**: **une tasse de café.**

Combien de...? - Wie viel/e …?		
beaucoup de (viel) peu de (wenig) assez de (genug) trop de (zu viel)	plus de (mehr) moins de (weniger) 100 gr de (100 g) un kilo de (1 kg)	une tasse de (eine Tasse) un verre de (ein Glas) une bouteille de (eine Flasche) un litre de (ein Liter)

d) Der Possessivbegleiter – L'adjectif possessif **U3, 4**

Die Possessivbegleiter („besitzanzeigende Begleiter") richten sich in Geschlecht und Zahl ausschließlich nach dem Besitzgegenstand, nicht nach dem Besitzer (wie im Deutschen).
Um es an einem Beispiel klarzumachen:

Madame Marceau aime **sa** vieille **voiture.**
Madame Marceau liebt **ihr** altes **Auto**.

Pierre aime **sa** nouvelle **voiture.**
Pierre liebt **sein** neues **Auto**.

Besitzer	ein Besitzgegenstand		mehrere Besitzgegenstände	
	männlich	weiblich	männlich	weiblich
je	**mon** pull	**ma** veste	**mes** pulls	**mes** vestes
tu	**ton** pull	**ta** veste	**tes** pulls	**tes** vestes
il	**son** pull	**sa** veste	**ses** pulls	**ses** vestes
elle	**son** pull	**sa** veste	**ses** pulls	**ses** vestes
nous	**notre** pull	**notre** veste	**nos** pulls	**nos** vestes
vous	**votre** pull	**votre** veste	**vos** pulls	**vos** vestes
ils	**leur** pull	**leur** veste	**leurs** pulls	**leurs** vestes
elles	**leur** pull	**leur** veste	**leurs** pulls	**leurs** vestes

⚠ Vor weiblichen Substantiven, die mit **a**, **e**, **i**, **o**, **u** oder **stummem h** beginnen, werden **ma**, **ta**, **sa** zu **mon**, **ton**, **son**: **mon amie**, **ton eau minérale**, **son histoire**.

⚠ **Votre** und **vos** werden analog zu **vous** in der Höflichkeitsform verwendet: **C'est votre glace, Madame?** - *Ist das Ihr Eis, Madame?*

e) Der Demonstrativbegleiter – L'adjectif démonstratif **U7**

Der Demonstrativbegleiter („hinweisender Begleiter") **ce/cet**, **cette**, **ces** (*dieser*, *diese*, *dieses*) richtet sich - wie ein Adjektiv - in Geschlecht und Zahl nach dem Substantiv, das er begleitet.

	männlich	weiblich	männlich	weiblich
Singular	**ce** **cet**	**cette** **cette**	**ce** café **cet** aliment	**cette** boisson **cette** eau
Plural	**ces**	**ces**	**ces** plats	**ces** entrées

⚠ Vor **a**, **e**, **i**, **o**, **u** und vor **stummem h** wird **ce** zu **cet**.

f) Der Fragebegleiter – L'adjectif interrogatif **U5**

Der Fragebegleiter **quel**, **quelle**, **quels**, **quelles** - *welcher*, *welche*, *welches* richtet sich - wie ein Adjektiv - in Geschlecht und Zahl nach dem Substantiv, das er begleitet.

	männlich	weiblich	
Singular	**quel**	**quelle**	**Quel** est votre nom?
Plural	**quels**	**quelles**	**Quelles** fleurs est-ce que tu aimes?

3. Die Pronomen – Les pronoms U1, 2, 7, 10, 11

3.1. Die Personalpronomen – Les pronoms personnels

a) Das Personalpronomen als Subjekt – Le pronom personnel sujet U1, 2

je	ich	**je**	comprends
tu	du	**tu**	comprends
il	er	**il**	comprend
elle	sie	**elle**	comprend
nous	wir	**nous**	comprenons
vous	ihr/Sie	**vous**	comprenez
ils	sie (*männlich*)	**ils**	comprennent
elles	sie (*weiblich*)	**elles**	comprennent

⚠ Alle Pronomen sind entweder männlich oder weiblich. Ein Neutrum gibt es nicht.

⚠ Das Pronomen **je** wird vor **a**, **e**, **i**, **o**, **u** und vor **stummem h** zu **j'**, so z. B.: **J'aime le café crème!**

⚠ **Il** wird auch in unpersönlichen Ausdrücken wie **il pleut** - *es regnet* benutzt.

⚠ **Vous** ist auch das Pronomen der Höflichkeit und kann eine oder mehrere Personen bezeichnen.

b) Das Personalpronomen als Objekt – Le pronom personnel complément d'objet U10, 11

Das Personalpronomen als **direktes Objekt** (*complément d'objet direct*) steht für eine Objektsergänzung **ohne Präposition**:	Das Personalpronomen als **indirektes Objekt** (*complément d'objet indirect*) steht für eine Objektsergänzung **mit der Präposition à**:
Christine donne **son adresse** à Michel. Christine **la** donne à Michel.	Christine donne son adresse **à Michel.** Christine **lui** donne son adresse.

Direktes Objekt				
me, m'	mich	Pierre	**me**	cherche.
te, t'	dich	Pierre	**te**	cherche.
le, l'	ihn	Pierre	**le**	cherche.
la, l'	sie	Pierre	**la**	cherche.
nous	uns	Pierre	**nous**	cherche.
vous	euch/Sie	Pierre	**vous**	cherche.
les	sie	Pierre	**les**	cherche.

Indirektes Objekt				
me, m'	mir	Liliane	**m'**	écrit.
te, t'	dir	Liliane	**t'**	écrit.
lui	ihm	Liliane	**lui**	écrit.
lui	ihr	Liliane	**lui**	écrit.
nous	uns	Liliane	**nous**	écrit.
vous	euch/Ihnen	Liliane	**vous**	écrit.
leur	ihnen	Liliane	**leur**	écrit.

⚠ Die Objektpronomen stehen im Französischen unmittelbar vor dem konjugierten Verb:
Elle les rencontre demain. *Sie trifft sie morgen.*
Pierre lui a répondu. *Pierre hat ihr geantwortet.*

⚠ Die Entsprechungen auf Deutsch (**le** = *ihn*, **la** = *sie* usw.) gelten für die o. g. Beispiele und für viele anderen Verben, aber bei weitem nicht für alle, denn manchmal ist die Verbergänzung im Deutschen anders als im Französischen: **demander <u>à</u> quelqu'un** für *jemanden fragen*. *Du fragst <u>ihn</u>* heißt also **tu <u>lui</u> demandes** (und nicht etwa „tu ~~le~~ demandes"!)

⚠ **Aussprache und Schreibweise:** Vor Verben, die mit **a**, **e**, **i**, **o**, **u** oder **stummem h** beginnen, werden **me**, **te**, **le**, **la** zu **m'**, **t'**, **l'**: **tu m'offres**, **nous t'écrivons**, **cette robe l'habille**.

c) Das betonte Personalpronomen – Le pronom personnel tonique U5, 11

unbetont	betont	unbetont	betont
je	**moi**	nous	**nous**
tu	**toi**	vous	**vous**
il	**lui**	ils	**eux**
elle	**elle**	elles	**elles**

⚠ Die betonten Personalpronomen werden benutzt:
- zur Hervorhebung einer Person: **Lui, il ne va jamais à pied.** - *(Er,) Er geht niemals zu Fuß.*
- nach einer Präposition (**avec**, **chez**, **de**, **pour**, **sans** usw.): **Elle a mangé chez eux.** - *Sie hat bei ihnen gegessen.*
- nach **c'est** und **ce sont**: **Qui est Pierre? C'est lui.** - *Wer ist Pierre? Das ist er.*

3.2. Das Reflexivpronomen – Le pronom réfléchi **U14**

Die Reflexivpronomen ermöglichen die Bildung von sog. reflexiven (rückbezüglichen) Verben.

			se	rappeler
			sich	erinnern
me, m'	mich	je	**me**	rappelle
te, t'	dich	tu	**te**	rappelles
se	sich	il	**se**	rappelle
se	sich	elle	**se**	rappelle
nous	uns	nous	**nous**	rappelons
vous	euch/sich	vous	**vous**	rappelez
se	sich	ils	**se**	rappellent
se	sich	elles	**se**	rappellent

⚠ Vor Verben, die mit **a**, **e**, **i**, **o**, **u** oder **stummem h** beginnen, werden **me**, **te** und **se** zu **m'**, **t'** und **s'**.

⚠ **Achtung!** Manchmal ist ein Verb auf Französisch reflexiv, nicht aber auf Deutsch: **Tu te lèves.** - *Du stehst auf.* Oder auch umgekehrt: **Les choses évoluent.** - *Die Dinge entwickeln sich.*

3.3. Die Pronomen *en* und *y* – Les pronoms *en* et *y* **U15**

Die Pronomen **en** und **y** ersetzen Satzteile, die sich auf Dinge, nicht aber auf Personen beziehen.

En ersetzt Satzteile mit **de.**		
Je		prends **de la salade.**
J'	**en**	prends.

Y ersetzt Satzteile mit **à, dans, sur, sans, près de, à côté de**.			
Elle		va	**à Bordeaux.**
Elle	**y**	va.	

⚠ Auch die Pronomen **en** und **y** gehören vor das konjugierte Verb: **Elle en a beaucoup parlé.** - *Sie hat viel davon gesprochen.*

4. Das Adjektiv – L'adjectif qualificatif **U8, 9, 10**

Das Adjektiv (Eigenschaftswort) beschreibt Personen und Tiere, Dinge und Abstrakta:
Mme Marceau préfère les vacances **sportives**. *Frau Marceau zieht sportliche Ferien vor.*

4.1. Die Form des Adjektivs – La forme de l'adjectif **U8**

Quand Martine était **petite**, elle aimait les fruits **sucrés**, le chocolat **chaud** et les histoires **amusantes** de son père.

Als Martine noch klein war, liebte sie kandierte Früchte, heiße Schokolade und die lustigen Geschichten ihres Vaters.

Das Adjektiv richtet sich in Geschlecht und Zahl nach dem Substantiv, das es näher bestimmt.

	männlich		weiblich	
Singular	le chocolat	chaud	la soupe	chaud**e**
Plural	les chocolats	chaud**s**	les soupes	chaud**es**

• Die **weibliche Form** ist oft durch Anhängen von **-e** gekennzeichnet. **Die Pluralbildung** erfolgt häufig durch Anhängen von **-s**.

⚠ Einige Adjektive haben für das männliche und das weibliche Geschlecht die gleiche Form. Meist enden sie auf **-e**: **belge**, **brave**, **formidable**, **jeune**, **suisse**, **tranquille**, **triste** usw.: **un appartement tranquille**, **une rue assez triste**.

⚠ Andere Adjektive haben für die männliche und weibliche Form unterschiedliche Endungen. Die wichtigsten sind:

heur**eux** - heur**euse**	sporti**f** - sporti**ve**	compl**et** - compl**ète**	fra**is** - fra**îche**
moy**en** - moy**enne**	ch**er**- ch**ère**	blan**c** - blan**che**	gre**c** - gre**cque**

⚠ Einige Adjektive sind unveränderlich wie: **sympa**, **marron**, **orange**.

⚠ Die Adjektive **beau**, **nouveau**, **vieux** und **fou** weisen Besonderheiten in Form und Endung auf:

Singular		Plural	
männlich	weiblich	männlich	weiblich
beau nouveau vieux fou	belle nouvelle vieille folle	beaux nouveaux vieux foux	belles nouvelles vieilles folles

⚠ **Beau** wird zu **bel** vor männlichen Substantiven im Singular, die mit **a**, **e**, **i**, **o**, **u** oder **stummem h** beginnen: **un bel appartement**.

⚠ **Bon** ist ein Adjektiv und darf nicht mit **bien** verwechselt werden. **Bien** ist ein Adverb und steht bei Verben: **Martine parle bien italien.** - *Martine spricht gut italienisch.*

4.2. Die Stellung des Adjektivs - La place de l'adjectif U8

nachgestellt	Vous aimez la cuisine **exotique**? Non, je préfère la cuisine **traditionnelle**. Vous connaissez les crêpes **salées**? C'est une spécialité **française**. Les vins **blancs** de Bourgogne sont aussi très appréciés.

- Im Allgemeinen steht das Adjektiv hinter dem Substantiv, das es näher bezeichnet.
- Farbadjektive und Nationalitätsangaben werden immer nachgestellt.
- Mehrsilbige Adjektive werden meist nachgestellt.

vorangestellt	C'est un **jeune** acteur qui a répondu à notre **petite** annonce.

- Kurze und sehr gebräuchliche Adjektive stehen meistens vor dem Substantiv. Dies gilt vor allem für: **bon**, **grand**, **gros**, **haut**, **jeune**, **long**, **mauvais**, **petit**,**vieux**.

4.3. Die Steigerung des Adjektivs U9, 11

a) Der Komparativ - Le comparatif

Während sich in der deutschen Sprache das Adjektiv aus sich selbst heraus (*schön, schöner, am schönsten*) steigern lässt, benötigt die französische Sprache Steigerungswörter. Diese werden vor die Adjektive gesetzt.

+	**plus que**	Jacques est	**plus**	grand	**que**	Liliane.	*Jacques ist größer als Liliane.*
-	**moins que**	Martine est	**moins**	rêveuse	**que**	Pierre.	*Martine ist weniger verträumt als Pierre.*

Die gleiche Stufe des Vergleichs wird mit **aussi ... que** ausgedrückt.

=	**aussi que**	Pierre est	**aussi**	curieux	**que**	Jacques.	*Pierre ist genauso neugierig wie Jacques.*

⚠ Auch ein Substantiv lässt sich steigern:

plus de ... (que)	Elle a	**plus de**	chance	**que**	lui.	*Sie hat mehr Glück als er.*
moins de ... (que)	Elle a	**moins de**	chance	**que**	lui.	*Sie hat weniger Glück als er.*
autant de ... (que)	Elle a	**autant de**	chance	**que**	lui.	*Sie hat ebenso viel Glück wie er.*

b) Der Superlativ - Le superlatif

Der Superlativ (*der Größte, der Beste, der Schönste*) wird gebildet, indem man dem mit **plus** oder **moins** gesteigerten Adjektiv den bestimmten Artikel (**le**, **la**, **les**) voranstellt.

Jacques est	**le plus**	grand (des quatre).
Martine est	**la moins**	curieuse (de tous).
Ce sont	**les plus**	anciens amis.

⚠ Eine besondere Form hat **bon** - *gut*, das zu **meilleur** - *besser* bzw. **le meilleur** - *das Beste / am besten* wird.

5. Das Verb – Le verbe

Verben (Zeitwörter) drücken Handlungen, Zustände und Ereignisse aus, die in der Gegenwart, der Vergangenheit oder der Zukunft stehen können. Sie stehen in unmittelbarer Beziehung zum „Handlungsverursacher", dem Subjekt des Satzes. Jedes Verb besteht aus einem Stamm und der Endung, die veränderlich ist und die Person und die Zeit angibt, z. B. **parler** (Grundform) → **parl** (Stamm) + **er** (Endung).

Aufgrund ihrer Endung kann man die französischen Verben in vier große Gruppen einteilen:
I. Verben, die auf **-er** enden
II. Regelmäßige Verben, die auf **-ir** enden
III. Regelmäßige Verben, die auf **-(d)re** enden
IV. Unregelmäßige Verben, z. B. alle Verben auf **-oir**

HINWEIS: Beachten Sie die Konjugationstabellen ab Seite 175.

⚠ Auf **-er** enden etwa 90% aller französischen Verben, das einzige unregelmäßige davon ist **aller**.

5.1. Das Präsens – Le présent U1, 2, 3

I. Verben auf -er

parler sprechen	
je	parl**e**
tu	parl**es**
il	parl**e**
elle	parl**e**
nous	parl**ons**
vous	parl**ez**
ils	parl**ent**
elles	parl**ent**

II. Verben auf -ir

dormir schlafen	
je	dor**s**
tu	dor**s**
il	dor**t**
elle	dor**t**
nous	dorm**ons**
vous	dorm**ez**
ils	dorm**ent**
elles	dorm**ent**

III. Verben auf -(d)re

attendre warten	
j'	attend**s**
tu	attend**s**
il	attend
elle	attend
nous	attend**ons**
vous	attend**ez**
ils	attend**ent**
elles	attend**ent**

⚠ Die 2. Person Plural ist gleichzeitig auch die Höflichkeitsform: **vous parlez** - *Sie sprechen.*

⚠ Viele Verben auf **-ir** haben eine sog. Stammerweiterung im Plural (**je finis, tu finis, il/elle finit, nous finissons, vous finissez, ils/elles finissent**).

⚠ Verben auf **-rir** wie **ouvrir**, **offrir** werden folgendermaßen konjugiert: **j'offre, tu offres, il/elle offre, nous offrons, vous offrez, ils/elles offrent.**

IV. Einige häufige unregelmäßige Verben:

	avoir haben	être sein	faire machen	aller gehen/fahren	venir kommen	pouvoir können	savoir wissen/können	vouloir wollen
je	(j')ai	suis	fais	vais	viens	peux	sais	veux
tu	as	es	fais	vas	viens	peux	sais	veux
il/elle	a	est	fait	va	vient	peut	sait	veut
nous	avons	sommes	faisons	allons	venons	pouvons	savons	voulons
vous	avez	êtes	faites	allez	venez	pouvez	savez	voulez
ils/elles	ont	sont	font	vont	viennent	peuvent	savent	veulent

⚠ Vgl. auch die Konjugationstabellen ab Seite 175.

5.2. Der Imperativ – L'impératif U4

Der Imperativ (Befehlsform) wird verwendet, um einen Wunsch, eine Bitte, eine Aufforderung, einen Befehl oder ein Verbot auszudrücken. Er richtet sich an eine oder mehrere Personen.
Für die Verben auf **-er** gelten folgende Formen:

Bejahte Form	Verneinte Form	Ansprechpartner/-in
Téléphone!	Ne téléphone pas!	Du-Ansprache (*Ruf an!*)
Téléphonez!	Ne téléphonez pas!	Ihr/Sie-Ansprache (*Ruft an!/Rufen Sie an!*)
Téléphonons!	Ne téléphonons pas!	Wir-Ansprache (*Lasst uns anrufen!*)

⚠ Bei reflexiven Verben treten in der bejahten Form die betonten Personalpronomen hinter das Verb: **Lève-toi!** - *Steh auf!* ; **Asseyez-vous!** - *Setzt euch!/Setzen Sie sich!*

5.3. Das Passé composé – Le passé composé U6, 8

Das Passé composé drückt eine Handlung in der Vergangenheit aus, die als abgeschlossen betrachtet wird. Diese Zeitform (*ich habe gelacht*) wird zusammengesetzt aus einem Hilfsverb (**avoir**, **être**) und dem Partizip Perfekt (Mittelwort der Vergangenheit) des Vollverbs.

-er	mang**er**	mangé
-ir	part**ir**	parti
-re	descend**re**	descendu

• Die Partizip-Perfekt-Formen der regelmäßigen Verben werden meistens auf **-é**, **-i** bzw. **-u** gebildet. Unregelmäßige Formen finden Sie in den Konjugationstabellen ab Seite 174 aufgelistet.

⚠ Bei einer Verneinung wird das Hilfsverb umschlossen: **Elle n'a pas entendu le cri.** - *Sie hat den Schrei nicht gehört.* (Vgl. auch Kap. 1.3.)

a) Das Passé composé mit avoir U6

Die meisten Verben bilden das Passé composé mit **avoir** - *haben*. Dabei bleibt das Partizip unverändert.

j'	**ai**	acheté	ich habe gekauft
tu	**as**	vendu	du hast verkauft
il	**a**	donné	er hat gegeben
elle	**a**	reçu	sie hat bekommen
nous	**avons**	terminé	wir haben beendet
vous	**avez**	dormi	ihr habt / Sie haben geschlafen
ils	**ont**	demandé	sie haben gefragt
elles	**ont**	répondu	sie haben geantwortet

⚠ Das Passé composé von **être** wird ebenfalls mit **avoir** gebildet: **j'<u>ai</u> été**, **tu <u>as</u> été**... - *ich <u>bin</u> gewesen, du <u>bist</u> gewesen ...*

b) Das Passé composé mit être U8

• Eine Gruppe von Verben, die vielfach als Verben der Bewegung zusammengefasst wird, bildet das Passé composé mit **être**. Die häufigsten sind:

aller gehen, fahren	↔	venir kommen	entrer hineingehen, eintreten	↔	sortir hinausgehen, herauskommen	rester bleiben
descendre hinuntergehen	↔	monter hinaufgehen	partir weggehen, wegfahren	↔	arriver ankommen	tomber fallen

• Auch die reflexiven Verben bilden das Passé composé mit **être**: **Elle s'est couchée.** - *Sie hat sich hingelegt.*
• Das Partizip Perfekt richtet sich wie ein Adjektiv in Geschlecht und Zahl nach dem Subjekt des Satzes.

il est venu	elle est venu**e**
il**s** sont venu**s**	elle**s** sont venu**es**

5.4. Das Imperfekt – L'imparfait U13

Das Imparfait steht häufig bei Verben, die einen Zustand ausdrücken, bei dem Anfang und Ende unbestimmt bleiben.

finir			
je	finiss**ais**	nous	finiss**ions**
tu	finiss**ais**	vous	finiss**iez**
il	finiss**ait**	ils	finiss**aient**
elle	finiss**ait**	elles	finiss**aient**

• Die einzelnen Formen werden gebildet, indem an den Stamm der **nous**-Form im Präsens (z. B. **finir** - **nous finiss/ons**) die Imperfektendungen angehängt werden.
• Es gibt nur eine Ausnahme: **être** - **j'étais, tu étais...**

5.5. Der Gebrauch von Passé composé und Imparfait – L'usage du passé composé et de l'imparfait **U13**

Martine **faisait** de la danse, du ballet et beaucoup de sport quand elle **était** plus jeune. Il y a cinq ans elle **s'est mariée** et elle **a ouvert** un bistrot. Maintenant il ne lui reste plus beaucoup de temps pour ses activités.
Martine tanzte, machte Ballett und trieb viel Sport, als sie jünger war. Vor fünf Jahren heiratete sie und eröffnete ein Bistro. Jetzt bleibt ihr nicht mehr viel Zeit für ihre Hobbies.

- Passé composé und Imparfait sind zwei Zeiten der Vergangenheit, die sich ergänzen.
- Das Passé composé bezeichnet eine Folge von einzelnen, abgeschlossenen Handlungen.
- Das Imparfait wird verwendet, wenn zum Ausdruck gebracht werden soll, dass eine Handlung in der Vergangenheit wiederholt oder regelmäßig geschah.
- Ein Zustand der Vergangenheit ohne bestimmbaren Anfangs- und Endpunkt wird ebenfalls durch das Imparfait ausgedrückt.

5.6. Das Futur I – Le futur simple **U12**

Mit dem Futur simple werden zukünftige Handlungen ausgedrückt.

j'	arrive-	**rai**	nous	écri-	**rons**
tu	parti-	**ras**	vous	sorti-	**rez**
il	répond-	**ra**	ils	viv-	**ront**
elle	mange-	**ra**	elles	dormi-	**ront**

- Das Futur simple wird gebildet, indem man das **-r** bzw. das **-re** der Infinitivendung durch die Futurendungen ersetzt.

- Sonderformen haben folgende Verben:

je	avoir **(j')aurai**	être **serai**	faire **ferai**	aller **(j')irai**	venir **viendrai**	tenir **tiendrai**
je	voir **verrai**	devoir **devrai**	vouloir **voudrai**	recevoir **recevrai**	savoir **saurai**	pouvoir **pourrai**

5.7. Die nahe Zukunft – Le futur proche **U11**

Das Futur proche wird gebildet mit einer Form des Verbs **aller** + Infinitiv des Verbs.

Je	**vais**	apprendre	le japonais.
Tu	**vas**	acheter	les billets d'avion.
Il	**va**	lire	les guides de voyage.
Elle	**va**	réserver	les hôtels.
Nous	**allons**	passer	trois jours à Tokyo.
Vous	**allez**	recevoir	une carte postale.
Ils	**vont**	rester	un mois au Japon.
Elles	**vont**	oublier	la date du retour.

⚠ Die **tu**- und **vous**-Form können auch als Befehlsform verwendet werden: **Tu ne vas pas partir!** *Du wirst nicht wegfahren!*

⚠ Außer der nahen Zukunft kann **aller** + Infinitiv auch eine Bewegung ausdrücken: **Je vais chercher mon ami à l'aéroport**.

5.8. Die nahe Vergangenheit – Le passé récent **U14**

Die Entsprechung für *gerade/soeben etwas getan haben* lautet: **venir de faire quelque chose.**

Mme Marceau **vient de** faire sa valise. *Frau Marceau hat gerade ihren Koffer gepackt.*

5.9. Die Verlaufsform – La forme *être en train de* **U14**

Die Entsprechung für *gerade dabei sein, etwas zu tun* lautet: **être en train de faire quelque chose.**

Mme Marceau **est en train de** faire sa valise. *Mme Marceau packt gerade ihren Koffer/ist gerade dabei, ihren Koffer zu packen.*

Unregelmäßige Verben

infinitif	indicatif				impératif
	présent	**passé composé**	**imparfait**	**futur**	**présent**
aller	je vais tu vas il / elle va nous allons vous allez ils / elles vont	je suis allé(e) tu es allé(e) il / elle est allé(e) nous sommes allé(e)s vous êtes allé(e)s ils / elles sont allé(e)s	j'allais tu allais il / elle allait nous allions vous alliez ils / elles allaient	j'irai tu iras il / elle ira nous irons vous irez ils / elles iront	va allons allez
apercevoir recevoir	j'aperçois tu aperçois il / elle aperçoit nous apercevons vous apercevez ils / elles aperçoivent	j'ai aperçu tu as aperçu il / elle a aperçu nous avons aperçu vous avez aperçu ils / elles ont aperçu	j'apercevais tu apercevais il / elle apercevait nous apercevions vous aperceviez il / elles apercevaient	j'apercevrai tu apercevras il / elle apercevra nous apercevrons vous apercevrez ils / elles apercevront	aperçois apercevons apercevez
boire	je bois tu bois il / elle boit nous buvons vous buvez ils / elles boivent	j'ai bu tu as bu il / elle a bu nous avons bu vous avez bu ils / elles ont bu	je buvais tu buvais il / elle buvait nous buvions vous buviez ils / elles buvaient	je boirai tu boiras il / elle boira nous boirons vous boirez ils / elles boiront	bois buvons buvez
conduire construire détruire introduire produire traduire	je conduis tu conduis il / elle conduit nous conduisons vous conduisez ils / elles conduisent	j'ai conduit tu as conduit il / elle a conduit nous avons conduit vous avez conduit ils / elles ont conduit	je conduisais tu conduisais il / elle conduisait nous conduisions vous conduisiez ils / elles conduisaient	je conduirai tu conduiras il / elle conduira nous conduirons vous conduirez ils / elles conduiront	conduis conduisons conduisez
connaître paraître disparaître	je connais tu connais il / elle connaît nous connaissons vous connaissez ils / elles connaissent	j'ai connu tu as connu il / elle a connu nous avons connu vous avez connu ils / elles ont connu	je connaissais tu connaissais il / elle connaissait nous connaissions vous connaissiez ils / elles connaissaient	je connaîtrai tu connaîtras il / elle connaîtra nous connaîtrons vous connaîtrez ils / elles connaîtront	connais connaissons connaissez
courir	je cours tu cours il / elle court nous courons vous courez ils / elles courent	j'ai couru tu as couru il / elle a couru nous avons couru vous avez couru ils / elles ont couru	je courais tu courais il / elle courait nous courions vous couriez ils / elles couraient	je courrai tu courras il / elle courra nous courrons vous courrez ils / elles courront	cours courons courez
croire	je crois tu crois il / elle croit nous croyons vous croyez ils / elles croient	j'ai cru tu as cru il / elle a cru nous avons cru vous avez cru ils / elles ont cru	je croyais tu croyais il / elle croyait nous croyions vous croyiez ils / elles croyaient	je croirai tu croiras il / elle croira nous croirons vous croirez ils / elles croiront	crois croyons croyez
devoir	je dois tu dois il / elle doit nous devons vous devez ils / elles doivent	j'ai dû tu as dû il / elle a dû nous avons dû vous avez dû ils / elles ont dû	je devais tu devais il / elle devait nous devions vous deviez ils / elles devaient	je devrai tu devras il / elle devra nous devrons vous devrez ils / elles devront	
dire interdire	je dis tu dis il / elle dit nous disons vous dites ils / elles disent	j'ai dit tu as dit il / elle a dit nous avons dit vous avez dit ils / elles ont dit	je disais tu disais il / elle disait nous disions vous disiez ils / elles disaient	je dirai tu diras il / elle dira nous dirons vous direz ils / elles diront	dis disons dites

infinitif	indicatif				impératif
	présent	**passé composé**	**imparfait**	**futur**	**présent**
dormir	je dors tu dors il / elle dort nous dormons vous dormez ils / elles dorment	j'ai dormi tu as dormi il / elle a dormi nous avons dormi vous avez dormi ils / elles ont dormi	je dormais tu dormais il / elle dormait nous dormions vous dormiez ils / elles dormaient	je dormirai tu dormiras il / elle dormira nous dormirons vous dormirez ils / elles dormiront	dors dormons dormez
écrire décrire	j'écris tu écris il / elle écrit nous écrivons vous écrivez ils / elles écrivent	j'ai écrit tu as écrit il / elle a écrit nous avons écrit vous avez écrit ils / elles ont écrit	j'écrivais tu écrivais il / elle écrivait nous écrivions vous écriviez ils / elles écrivaient	j'écrirai tu écriras il / elle écrira nous écrirons vous écrirez ils / elles écriront	écris écrivons écrivez
faire défaire refaire	je fais tu fais il / elle fait nous faisons vous faites ils / elles font	j'ai fait tu as fait il / elle a fait nous avons fait vous avez fait ils / elles ont fait	je faisais tu faisais il / elle faisait nous faisions vous faisiez ils / elles faisaient	je ferai tu feras il / elle fera nous ferons vous ferez ils / elles feront	fais faisons faites
falloir	il faut	il a fallu	il fallait	il faudra	
mettre	je mets tu mets il / elle met nous mettons vous mettez ils / elles mettent	j'ai mis tu as mis il / elle a mis nous avons mis vous avez mis ils / elles ont mis	je mettais tu mettais ils / elle mettait nous mettions vous mettiez ils / elles mettaient	je mettrai tu mettras il / elle mettra nous mettrons vous mettrez ils / elles mettront	mets mettons mettez
ouvrir couvrir découvrir	j'ouvre tu ouvres il / elle ouvre nous ouvrons vous ouvrez ils / elles ouvrent	j'ai ouvert tu as ouvert il / elle a ouvert nous avons ouvert vous avez ouvert ils / elles ont ouvert	j'ouvrais tu ouvrais il / elle ouvrait nous ouvrions vous ouvriez ils / elles ouvraient	j'ouvrirai tu ouvriras il / elle ouvrira nous ouvrirons vous ouvrirez ils / elles ouvriront	ouvre ouvrons ouvrez
partir sortir	je pars tu pars il / elle part nous partons vous partez ils / elles partent	je suis parti(e) tu es parti(e) il / elle est parti(e) nous sommes parti(e)s vous êtes parti(e)s ils / elles sont parti(e)s	je partais tu partais il / elle partait nous partions vous partiez ils / elles partaient	je partirai tu partiras il / elle partira nous partirons vous partirez ils / elles partiront	pars partons partez
plaire gefallen	je plais tu plais il / elle plaît nous plaisons vous plaisez ils / elles plaisent	j'ai plu tu as plu il / elle a plu nous avons plu vous avez plu ils / elles ont plu	je plaisais tu plaisais il / elle plaisait nous plaisions vous plaisiez ils / elles plaisaient	je plairai tu plairas il / elle plaira nous plairons vous plairez ils / elles plairont	plais plaisons plaisez
pleuvoir	il pleut	il a plu	il pleuvait	il pleuvra	
pouvoir	je peux tu peux il / elle peut nous pouvons vous pouvez ils / elles peuvent	j'ai pu tu as pu il / elle a pu nous avons pu vous avez pu ils / elles ont pu	je pouvais tu pouvais il / elle pouvait nous pouvions vous pouviez ils / elles pouvaient	je pourrai tu pourras il / elle pourra nous pourrons vous pourrez ils / elles pourront	
prendre apprendre comprendre	je prends tu prends il / elle prend nous prenons vous prenez ils / elles prennent	j'ai pris tu as pris il / elle a pris nous avons pris vous avez pris ils / elles ont pris	je prenais tu prenais il / elle prenait nous prenions vous preniez ils / elles prenaient	je prendrai tu prendras il / elle prendra nous prendrons vous prendrez ils / elles prendront	prends prenons prenez

infinitif	indicatif				impératif
	présent	**passé composé**	**imparfait**	**futur**	**présent**
rendre	je rends	j'ai rendu	je rendais	je rendrai	
attendre	tu rends	tu as rendu	tu rendais	tu rendras	rends
défendre	il / elle rend	il / elle a rendu	il /elle rendait	il /elle rendra	
descendre	nous rendons	nous avons rendu	nous rendions	nous rendrons	rendons
entendre	vous rendez	vous avez rendu	vous rendiez	vous rendrez	rendez
vendre	il / elles rendent	ils /elles ont rendu	ils / elles rendaient	ils /elles rendront	
répondre	je réponds	j'ai répondu	je répondais	je répondrai	
	tu réponds	tu as répondu	tu répondais	tu répondras	réponds
	il / elle répond	il / elle a répondu	il / elle répondait	il / elle répondra	
	nous répondons	nous avons répondu	nous répondions	nous répondrons	répondons
	vous répondez	vous avez répondu	vous répondiez	vous répondrez	répondez
	ils / elles répondent	ils /elles ont répondu	ils / elles répondaient	ils / elles répondront	
savoir	je sais	j'ai su	je savais	je saurai	
	tu sais	tu as su	tu savais	tu sauras	sache
	il / elle sait	il / elle a su	il / elle savait	il / elle saura	
	nous savons	nous avons su	nous savions	nous saurons	sachons
	vous savez	vous avez su	vous saviez	vous saurez	sachez
	ils / elles savent	ils / elles ont su	ils / elles savaient	ils / elles sauront	
sentir	je sens	j'ai senti	je sentais	je sentirai	
	tu sens	tu as senti	tu sentais	tu sentiras	sens
	il / elle sent	il / elle a senti	il / elle sentait	il / elle sentira	
	nous sentons	nous avons senti	nous sentions	nous sentirons	sentons
	vous sentez	vous avez senti	vous sentiez	vous sentirez	sentez
	ils / elles sentent	ils / elles ont senti	ils / elles sentaient	ils / elles sentiront	
servir	je sers	j'ai servi	je servais	je servirai	
	tu sers	tu as servi	tu servais	tu serviras	sers
	il / elle sert	il a servi	il /elle servait	il / elle servira	
	nous servons	nous avons servi	nous servions	nous servirons	servons
	vous servez	vous avez servi	vous serviez	vous servirez	servez
	ils / elles servent	ils / elles ont servi	ils / elles servaient	ils / elles serviront	
suivre	je suis	j'ai suivi	je suivais	je suivrai	
	tu suis	tu as suivi	tu suivais	tu suivras	suis
	il / elle suit	il / elle a suivi	il / elle suivait	il / elle suivra	
	nous suivons	nous avons suivi	nous suivions	nous suivrons	suivons
	vous suivez	vous avez suivi	vous suiviez	vous suivrez	suivez
	ils / elles suivent	ils / elle ont suivi	ils / elles suivaient	ils / elles suivront	
venir	je viens	je suis venu(e)	je venais	je viendrai	
devenir	tu viens	tu es venu(e)	tu venais	tu viendras	viens
revenir	il / elle vient	il / elle est venu(e)	il / elle venait	il / elle viendra	
tenir (auxiliaire avoir)	nous venons	nous sommes venu(e)s	nous venions	nous viendrons	venons
obtenir (auxiliaire avoir)	vous venez	vous êtes venu(e)s	vous veniez	vous viendrez	venez
	ils / elles viennent	ils / elles sont venu(e)s	ils / elles venaient	ils / elles viendront	
vivre	je vis	j'ai vécu	je vivais	je vivrai	
	tu vis	tu as vécu	tu vivais	tu vivras	vis
	il / elle vit	il / elle a vécu	il / elle vivait	il / elle vivra	
	nous vivons	nous avons vécu	nous vivions	nous vivrons	vivons
	vous vivez	vous avez vécu	vous viviez	vous vivrez	vivez
	ils / elles vivent	ils / elles ont vécu	ils / elles vivaient	ils / elles vivront	
voir	je vois	j'ai vu	je voyais	je verrai	
	tu vois	tu as vu	tu voyais	tu verras	vois
	il / elle voit	il / elle a vu	il / elle voyait	il / elle verra	
	nous voyons	nous avons vu	nous voyions	nous verrons	voyons
	vous voyez	vous avez vu	vous voyiez	vous verrez	voyez
	ils / elles voient	ils / elles ont vu	ils / elles voyaient	ils / elles verront	
vouloir	je veux	j'ai voulu	je voulais	je voudrai	
	tu veux	tu as voulu	tu voulais	tu voudras	veuille
	il / elle veut	il / elle a voulu	il / elle voulait	il / elle voudra	
	nous voulons	nous avons voulu	nous voulions	nous voudrons	veuillons
	vous voulez	vous avez voulu	vous vouliez	vous voudrez	veuillez
	ils / elles veulent	ils / elles ont voulu	ils / elles voulaient	ils / elles voudront	

Wortschatzregister

- Dieses Wörterverzeichnis will kein französisch-deutsches Lexikon ersetzen, sondern soll das Lehrbuch als Hilfsmittel begleiten. Daher sind die Wörter nur mit ihrer deutschen Bedeutung im jeweiligen Zusammenhang angegeben. Die **fett gedruckten Wörter** stellen den obligatorischen Lernwortschatz dar und werden im Band 2 von *Café Crème* als bekannt vorausgesetzt.
- Nicht enthalten sind die **grammatischen Wörter** wie bestimmte und unbestimmte Artikel (*le, la..., un, une...*), Personalpronomen (*je, tu, il..., me, te, le, lui...*), Reflexivpronomen (*se...*), Possessivbegleiter (*mon, ton, son...*), Demonstrativbegleiter (*ce, cette...*), die Zahlen (1 bis 100) und die grammatischen Fachausdrücke (auf Seite 162 gesondert aufgelistet).
- Die **Ziffern** verweisen auf die jeweiligen Seiten des Lehrbuchs. Die erste Ziffer bezieht sich auf die Erstnennung des Wortes; eine weitere Seitenzahl gibt eine abweichende Bedeutung an oder besagt, dass das Wort erst ab dieser Seite zum aktiven Wortschatz zählt.
- Bei Adjektiven, Nomen und Verben ist als zusätzliche Merkhilfe die **Wortart** genannt: *adj*, *n* bzw. *v*.
- Der **Anschluss von Ergänzungen** bei Verben und Adjektiven wird angegeben, wenn ein Unterschied zwischen dem Französischen und dem Deutschen besteht (*téléphoner à qn/jdn anrufen*; *responsable de qc/verantwortlich für etwas*).
- Die Bildung der **weiblichen Form** erfolgt auf zwei Arten:

a) indem an die männliche Form ein einfaches *e* angehängt oder der letzte Buchstabe verdoppelt und dazu ein *e* angehängt wird

le/la client/e	la cliente
ancien/ne	ancienne

b) indem die männliche Endung durch eine weibliche ersetzt wird

le/la vendeur/-euse	la vendeuse
étranger/-ère	étrangère

- Folgende **Abkürzungen** werden verwendet:

adj	Adjektiv/Eigenschaftswort				
etw	etwas	*m*	Maskulinum/männlich	*qn*	quelqu'un
f	Femininum/weiblich	*n*	Nomen/Hauptwort	*sg*	Singular/Einzahl
jdm	jemandem	*pl*	Plural/Mehrzahl	*ugs*	umgangssprachlich
jdn	jemanden	*qc*	quelque chose	*v*	Verb/Zeitwort

Weitere Erläuterungen zu Grammatik, Anwendung und Bedeutungszusammenhang sind *kursiv* gesetzt.

à – in, zu, um ... (*Uhrzeit*) 8, 49, 37
à cause de – wegen 82, 88
à deux – zu zweit 7
à tout de suite – bis gleich 37
abréviation *nf* – Abkürzung 83
abricot *nm* – Aprikose 48
accent *nm* – Akzent 13; Aussprache 34
accident *nm* – Unfall 153
accompagnateur/-trice *nm/nf* – Begleitperson 160
accompagner *v* – begleiten 94
s'accomplir *v* – sich erfüllen 128
accord *nm* – Übereinstimmung 136
d'accord – einverstanden 67
accordéon *nm* – Akkordeon 93
accorder *v* – in Einklang bringen 78
s'accorder avec – sich richten nach 98
accueil *nm* – Empfang 68
accueillir *v* – empfangen 132
achat *nm* – (Ein)Kauf 77
acheter *v* – (ein)kaufen 64, 68
acheteur/-euse *nm/nf* – Käufer/in 77
achevé/e *adj* – vollendet 128
acompte *nm* **de...** – Anzahlung i. H. von ... 133
acteur *nm* **non professionnel** – Amateurschauspieler 96
acteur/-trice *nm/nf* – Schauspieler/in 21
actif/-ve *adj* – aktiv 159
activité *nf* – Aktivität, Tätigkeit 15
actuel/le *adj* – gegenwärtig 104
addition *nf* – Rechnung 49
administratif/-ve *adj* – Verwaltungs- 83
administration *nf* – Verwaltung 159
admiration *nf* – Bewunderung 148
adolescent/e *nm/nf* – Jugendliche/r 54
adorer *v* – über alles lieben, mögen 10
adresse *nf* – Adresse, Anschrift 36
adulte *nm/nf* – Erwachsene/r 104
aéroport *nm* – Flughafen 10
affiche *nf* – Plakat, Aushang 82
affirmation *nf* – Behauptung 14
affolé/e *adj* – aufgeregt 140
africain/e *adj* – afrikanisch 44
âge *nm* – Alter 29
âgé/e *adj* – alt, betagt 96
agence *nf* – Agentur 80
agence *nf* **de voyages** – Reisebüro 80
agréable *adj* – angenehm 140
Agréez mes salutations les plus distinguées. – Hochachtungsvoll, Mit vorzüglicher Hochachtung 160
agriculture *nf* – Landwirtschaft 159
aider *v* **qn** – jdm helfen 100
aimer *v* – mögen, lieben 10
j'aimerais – ich möchte gern 54
ainsi que – so wie 78
air *nm* – Melodie 100, 124; Aussehen 156
avoir *v* **l'air** – aussehen 156
ajouter *v* – hinzufügen 122
album *nm* – Album 102
alcool *nm* – Alkohol 54
aliment *nm* – Nahrungsmittel 51
alimentation *nf* – Lebensmittel 67
Allemagne *nf* – Deutschland 21
allemand/e *adj* – deutsch 21
aller *v* gehen (*befinden*) 6; gehen, fahren 34, 40
aller chercher qc/qn – etw/jdn holen 94
aller ensemble – zusammenpassen 33
aller *nm* **simple** – einfache Fahrt, Hinfahrt 75

aller-retour *nm* – Hin- und Rückfahrt 74
Allô! – Hallo! (*am Telefon*) 36
alors – also 18, 80
Alpes *nfpl* – Alpen 44
alphabet *nm* – Alphabet 13
alpiniste *nm/nf* – Bergsteiger/in 143
alto *nm* – Bratsche 93
américain/e *adj* – amerikanisch 148
ameublement *nm* – Einrichtung, Möbel 68
ami/e *nm/nf* – Freund/in 24
amitié *nf* – Freundschaft 38
Amitiés. *nfpl* – Herzliche Grüße 38
amour *nm* – Liebe 96
amoureux/-euse *nm/nf* – Liebhaber/in 81
amoureux/-euse *adj* **de** – verliebt in 76
amusant/e *adj* – unterhaltsam 140
s'amuser *v* – sich amüsieren 135
an *nm* – Jahr 29
ananas *nm* – Ananas 52
ancien/ne *adj* – alt 82, antik 156
anglais/e *adj* – englisch 21
Angleterre *nf* – England 21
animal *nm* (*pl* -aux) – Tier 132
année *nf* – Jahr 33
anniversaire *nm* – Geburtstag 156
annonce *nf* – Anzeige 81
ANPE *nf* (**Agence nationale pour l'emploi**) – Arbeitsamt 88
antiquaire *nm/nf* – Antiquitätenhändler/in 159
août *nm* – August 30
apercevoir *v* – bemerken 150
appartement *nm* – Wohnung 36
appeler *v* – rufen 49
s'appeler *v* – heißen 6
apporter *v* – (mit)bringen 55
appréciation *nf* – Einschätzung, Beurteilung 55
apprécier *v* – beurteilen, (ein)schätzen 51
apprendre *v* – lernen 8
après – nach 52, 57
après-demain – übermorgen 115
après-midi *nm* – Nachmittag 39
arbre *nm* – Baum 44, 135
arc *nm* de triomphe – Triumphbogen 149
arche *nf* – Bogen 143
architecte *nm/nf* – Architekt/in 8
architecture *nf* – Architektur 82
argent *nm* – Geld 72
argument *nm* – Argument 160
arrêt *nm* – Haltestelle 145
arrêter *v* – aufhören 96
arrivée *nf* – Ankunft 38
arriver *v* – ankommen 18
arrondissement *nm* – Bezirk 83, 158
art *nm* – Kunst 121, 149
arts *nmpl* **de la table** – Tischkultur 68
article *nm* – Artikel 15
artisanal/e *adj* – handwerklich 159
artiste *nm/nf* – Künstler/in 148
artistique *adj* – künstlerisch 158
ascenseur *nm* – Aufzug 135
aspect *nm* – Aspekt, Gesichtspunkt 50
assassin *nm* – Mörder/in 150
assassiner *v* – ermorden, umbringen 152
s'asseoir *v* – sich setzen 57
assez (de) – genug 59, 71
assiette *nf* – Teller 51
assis/e *adj* – sitzend 42
associer *v* – verbinden, verknüpfen 12
assurance *nf* – Versicherung 159
atelier *nm* – Werkstatt 159
atmosphère *nf* – Atmosphäre 82
attendre *v* **qc/qn** – auf etw/jdn warten, (er)warten 98, 156
attendu/e *adj* – erwartet 151
attente *nf* – Warten 160
attention *nf* – Achtung 62
faire *v* **attention à qc** – auf etw aufpassen 62
attraper *v* – fangen 140
attribuer *v* – zuschreiben 61
au – (*à + le*) 40
au revoir – auf Wiedersehen 24
au-dessous de – unterhalb von, unter 145
au-dessus de – oberhalb von, über 145
auberge *nf* de jeunesse – Jugendherberge 160
aucun/e – kein/e 100
auditeur/-trice *nm/nf* – Hörer/in 30
audition *nf* – Vorstellung 96
augmenter *v* – zunehmen, steigen 94
aujourd'hui – heute 24
aussi – auch 14, 34
aussi grand que – so groß wie 91
autant de (*+Nomen*) **que** – so viel ... wie 99
autant que – so viel wie 91
auteur *nm* – Autor/in, Verfasser/in 17
autobus *nm* – Omnibus 145
autographe *nm* – Autogramm 140
automne *nm* – Herbst 33
autour de – um ... herum 82, 104
autrefois – früher 148
les autres – die anderen 28
Autriche *nf* – Österreich 21
autrichien/ne *adj* – österreichisch 21
aux – (*à + les*) 40
par avance – im Voraus 160
avancer *v* – vorwärts kommen 140
avant – vor (*zeitlich*) 44, 52, 57
avantage *nm* – Vorteil 105
avec – mit 14, 49
aventure *nf* – Abenteuer 80
avenue *nf* – *breite Straße*, Avenue 39
averse *nf* – (Regen)Schauer 30
avion *nm* – Flugzeug 13
avis *nm* – Meinung 46, 67
à mon avis – meiner Meinung nach 47, 67
avocat/e *nm/nf* – Rechtsanwalt/-anwältin 159
avoir *v* – haben 29, 32
avoir besoin de qc – etw brauchen, benötigen 93
avoir l'air – **aussehen 156**
avoir lieu – stattfinden 120
avoir mal à... – Schmerzen an ... haben 56
avoir rendez-vous avec qn – mit jdm verabredet sein 114
avril *nm* – April 3

B

bac (*ugs*), **baccalauréat** *nm* – Abi, Abitur 89
bagages *nmpl* – Gepäck 130
bague *nf* – (Finger)Ring 157
baguette *nf* **(de pain)** – Baguette 51
se baigner *v* – baden 135
baignoire *nf* – Badewanne 135
bain *nm* – Bad 139
baisser *v* – senken 62
balcon *nm* – Balkon 82
balle *nf* – Ball 97
ballet *nm* – Ballett 130
bande *nf* **dessinée** – Comic 110
banlieue *nf* – Vorort 92
banque *nf* – Bank 159
bar *nm* – Bar 64, 148
barrer *v* – (ver)sperren 152
en bas (de) – unten (an), am Fuß (von) 145
base *nf* – Sockel, Fundament 142
basket *nm* – Basketball 137
basketteur *nm* – Basketballspieler 86
bassin *nm* Parisien – Pariser Becken 44
bateau *nm* (*pl* -x) – Boot 140
beau/bel / belle *adj* – schön 12, 62
beaucoup (de) – viel 57, 71
beige *adj* – beige 131
belge *adj* – belgisch 21
Belgique *nf* – Belgien 21
ben alors (*ugs*) – also gut 62
béton *nm* – Beton 130
beurre *nm* – Butter 52
bibliothèque *nf* – Bibliothek 37

bicyclette *nf* – Fahrrad 144
bien – gut 6
bien sûr – natürlich 68
bientôt – bald 62
bière *nf* – Bier 51
bijouterie *nf* – Schmuckwaren(abteilung) 68
bilan *nm* – Bilanz 26
billet *nm* – (Fahr)Karte 75
bise *nf* – Kuss 38
bisou *nm* (*ugs*) – Küsschen 50
bistrot *nm* – Kneipe, Bistro 49
bizarre *adj* – eigenartig, seltsam, komisch 12
blanc / blanche *adj* – weiß 66
bleu/e *adj* – blau 66
blond/e *adj* – blond 66
blouson *nm* – Blouson, Jacke 68
bœuf *nm* – Rind 51
boire *v* – trinken 48
boisson *nf* – Getränk 51
boîte *nf* **à outils** – Werkzeugkasten 7
bon marché (*unveränderlich*) *adj* – billig 51
bon / bonne *adj* – gut; richtig 24
bonheur *nm* – Glück 122
bonjour – guten Tag 6
Bonne chance! – Viel Glück! 106
Bonne journée! – Schönen Tag! 24
au bord de la mer – am Meer, an der Küste 132
bordeaux (*unveränderlich*) *adj* – weinrot 131
bouche *nf* – Mund 57
boucherie *nf* – Metzgerei 115
bouger *v* – bewegen, rühren 62; sich bewegen, sich regen 112
boulangerie *nf* – Bäckerei 115
boulevard *nm* – *breite Straße* 39
boulot *nm* (*ugs*) – Arbeit, Job 110
bourgeois/e *adj* – bürgerlich 82
bout *nm* **du monde** – Ende der Welt 80
bouteille *nf* – Flasche 61
boutique *nf* – Boutique 72
boxe *nf* – Boxen 13
bras *nm* – Arm 59
brasserie *nf* – Gaststätte, Bierhalle 84
Bravo! - Bravo! 18
bricolage *nm* – Basteln, Heimwerken 68
briller *v* – scheinen 30
bruit *nm* – Lärm 132
brun/e *adj* – braun, dunkel-, braunhaarig 66
brusquement – plötzlich 34
bûche *nf* de Noël – Weihnachtskuchen 122
bulletin *nm* **météo** – Wetterbericht 30
bureau *nm* (*pl* -x) – Büro 16
bus *nm* – Bus 40
but *nm* – Ziel 91

C

c'est – das ist, hier ist 12, 33
ça – das, dies, es 6
cabine *nf* – (Umkleide)Kabine 68
cabinet *nm* – Praxis 38
cadeau *nm* (*pl* -x) – Geschenk 127
cadre *nm* – (leitende/r) Angestellte/r 89; Umgebung 128
café *nm* – Kaffee 8; Café, Kneipe 10
caisse *nf* – Kasse 92
caissier/-ière *nm/nf* – Kassierer/in 21
calendrier *nm* – Kalender 30
calme *adj* – ruhig 76
calme *nm* – Ruhe 132
camp *nm* – Lager 140
campagne *nf* – Land (≠*Stadt*) 46, 124
camping *nm* – Camping, Campingplatz 76
Canada *nm* – Kanada 20
canadien/ne *adj* – kanadisch 21
cantine *nf* – Kantine 105
capable *adj* **de qc** – zu etw fähig 112
capitale *nf* – Hauptstadt 83, 158
car *nm* – Reisebus 80
caractériser *v* – charakterisieren, kennzeichnen 82
caractéristique *adj* – charakteristisch, typisch 44
carnet *nm* – Notizbuch, Heft 36
carnet *nm* **d'adresses** – Adressbuch 36
carreau *nm* (*pl* -x) – Fensterscheibe 143
carrefour *nm* – Kreuzung 115
carte *nf* – Karte 44, 49
carte *nf* **bancaire** – Kreditkarte 69
carte *nf* **postale** – Postkarte 63
carte *nf* téléphonique – Telefonkarte 84
cas *nm* – Fall 71
casser *v* – zer-, aufschlagen 122
cassette *nf* – Kassette 43
cassoulet *nm* – *Eintopf aus Fleisch und Bohnen* 54
cathédrale *nf* – Kathedrale, Dom 37
cause *nf* – Grund, Ursache 91
à cause de – wegen 88
cave *nf* – Keller 150
ce – das, dies 12
cela – das, dies(es) 51
célèbre *adj* – berühmt 12
célibataire *adj* – ledig, unverheiratet 126
centre *nm* – Zentrum 42
centre *nm* **commercial** – Einkaufszentrum 110
centre *nm* **de loisirs** – Freizeitzentrum 11
centre-ville *nm* – Stadtzentrum, Innenstadt 113
certain/e *adj* – bestimmt 136
certitude *nf* – Sicherheit, Gewissheit 125
chacun/e – jede/r 138
chaise *nf* – Stuhl 102
chalet *nm* – Chalet, Hütte 133
chambre *nf* – (Schlaf)Zimmer 82, 128, 133
champ *nm* – Feld 135
champagne *nm* – Champagner 156
champion/ne *nm/nf* – Sieger/in 18
chance *nf* – Glück 106
Chandeleur *nf* – Mariä Lichtmess (*2. Februar*) 122
changement *nm* – Änderung, Veränderung 33, 141
changer *v* – (sich) ändern, wechseln 14, 44; umsteigen 75
chanson *nf* – Lied 10
chanter *v* – singen 100
chantier *nm* – Baustelle 115
Chapeau ! – Hut ab! 62
chaque – jede/r/s 82
charcuterie *nf* – Wurst 49
chasser *v* – jagen, hinauswefen 15
chat *nm* – Katze 102, 150
châtain *adj* – (kastanien)braun 66
château *nm* (*pl* -x) – Schloss 77
chaud/e *adj* – heiß 28
chauffeur *nm* – Fahrer 8, 112
chaussette *nf* – Socke 69
chaussure *nf* – Schuh 67
chemin *nm* – Weg 37
chemise *nf* – Hemd 69
chemisier *nm* – Bluse 69
chèque *nm* – Scheck 69
cher / chère *adj* – liebe/r 30; teuer 50
chercher *v* – suchen 24, 36
venir *v* **chercher qn** – jdn abholen 95
chéri/e – Liebling 98
cheval *nm* (*pl* -aux) – Pferd 77
cheveux *nmpl* – das Haar 59
chez – bei 43
chez vous – (bei Ihnen) zu Hause 57
chien *nm* – Hund 136
chiffre *nm* – Ziffer 19
chinois/e *adj* – chinesisch 159
chocolat *nm* – Schokolade, Kakao 48, 52
choisir *v* – auswählen 25
choix *nm* – Wahl, Auswahl 21, 105
chômage *nm* – Arbeitslosigkeit 86
chose *nf* – Sache 110
chouette (*ugs*) – toll, prima 130
Chuuut! – Psst! 8
ci-dessous – nachstehend, weiter unten 61
ciel *nm* – Himmel 140, 147
cigarette *nf* – Zigarette 84

ciné *nm (ugs)* – Kino 106
cinéaste *nm/nf* – Cineast/in, Filmemacher/in 125
cinéma *nm* – Kino 11
circonstance *nf* – Umstand 125
circulation *nf* – Verkehr 112
circuler *v* – (herum)fahren 86
cité *nf* – Stadt(zentrum) 100
citron *nm* – Zitrone 48
civilisation *nf* – Zivilisation, Kultur 44
clair/e *adj* – klar 138
classe *nf* – Unterricht, Klasse 7; Klasse (*Fahrschein*) 75
classe *nf* **de neige** – Skilager 134
classement *nm* – Siegerliste, Klassifizierung 20
classer *v* – (ein)ordnen 11
clé *nf* – Schlüssel 130
client/e *nm/nf* – Kunde/Kundin 49
climat *nm* – Klima 44
club *nm* – Klub 80
code *nm* postal – Postleitzahl 83
cœur *nm* – Herz 56
coffre *nm* – Kofferraum 150
coin *nm* – Ecke 135
colère *nf* – Zorn, Wut, Ärger 115
collant *nm* – Strumpfhose 69
collectif/-ve *adj* – kollektiv, Gemeinschafts- 120
collectionneur/-euse *nm/nf* – Sammler/in 156
collège *nm* – *Realschule/Gymnasium (6. bis 9. Klasse)* 89
collègue *nm/nf* – Kollege/-in 31
colo *nf (ugs)* – *Abkürzung für* colonie de vacances 138
colonie *nf* **de vacances** – Ferienlager, -kolonie 138
colonne *nf* – Spalte, Kolonne 101
colonne *nf* Morris – Litfaßsäule 82
combien (de)? – wie viel/e? 30, 61
commander *v* – bestellen 49
comme – wie (*Konjunktion*) 14
commémoratif/-ve *adj* – Gedenk-, Gedächnis- 120
commencer *v* **qc** – mit etw beginnen 77
comment? – wie? 6
commentaire *nm* – Kommentar 12
commerce *nm* – Handel, Geschäft 159
commercial/e *adj* – Handels-, kaufmännisch 159
commissariat *nm* – Polizeirevier 110
commun/e *adj* – gemeinsam 82
compagnie *nf* **d'assurances** – Versicherungsgesellschaft 94
comparaison *nf* – Vergleich 91
comparer *v* – vergleichen 46, 66
compétition *nf* – Wettbewerb, Wettkampf 121
complet/-ète *adj* – vollständig 147
compléter *v* – ergänzen, vervollständigen 7
compliment *nm* – Kompliment 127
composer *v* – bilden, zusammenstellen, herstellen 33
compréhension *nf* – Verständnis 87
comprendre *v* – verstehen 7
comprimé *nm* – Tablette 57
compris/e *adj* – inbegriffen 160
compte tenu de – unter Berücksichtigung von 160
compter *v* – zählen 116, 132
concert *nm* – Konzert 42, 76
conclusion *nf* – Schluss 160
concombre *nm* – Gurke 84
Concorde *nm* – Concorde (*Flugzeug*) 112
concours *nm* – Wettbewerb 105
concurrent/e *nm/nf* – Konkurrent/in 86
conducteur/-trice *nm/nf* – Fahrer/in 119
conduire *v* – fahren 92
conférence *nf* – Konferenz 16
confiance *nf* – Vertrauen 94
confirmation *nf* – Bestätigung 137
confirmer *v* – bestätigen 133
confiture *nf* – Marmelade 48
confondre *v* – verwechseln 147
confortable *adj* – bequem 16
conjugaison *nf* – Konjugation 14
se conjuguer *v* – konjugiert werden 53
connaître *v* – kennen 10
connu/e *adj* – bekannt 140
conseil *nm* – Rat 58
conseiller *v* – (be)raten 58
conseiller *nm* **municipal** – Stadt-, Gemeinderat 100
conseiller/-ère *nm/nf* – Berater/in 88
consentir *v* – gewähren, einräumen 160
conséquence *nf* – Folge, (Aus)Wirkung, Konsequenz 91
construction *nf* – Bildung, Form 109, 116; Bau, Errichtung 148
construire *v* – bauen, bilden 83, 91
consulter *v* – zu Rate ziehen 58
contact *nm* – Kontakt 132
contacter *v* qn – mit jdm Kontakt aufnehmen 100
conte *nm* – Märchen 43
content/e *adj* – zufrieden 29
continental/e *adj* – kontinental 45
continuer *v* – fortfahren, fortsetzen, weitermachen 11
contraire *nm* – Gegenteil 30
contrat *nm* – Vertrag, Arbeitsvertrag 87
contrat *nm* **à durée indéterminée** – unbefristeter Arbeitsvertrag 87
contre – contra, dagegen 119
conversation *nf* – Gespräch, Konversation 65, 133
conversation *nf* **téléphonique** – Telefongespräch 133
copain / copine *nm/nf (ugs)* – Freund/in 64, 92
cor *nm* – Horn 93
Corée *nf* – Korea 21
coréen/ne *adj* – koreanisch 21
corps *nm* – Körper 59
correct/e *adj* – richtig, korrekt 22, 27
correspondance *nf* – Anschluss 74
correspondre *v* **à qc** – mit etw übereinstimmen 83, 122
corriger *v* – korrigieren 139
costume *nm* – Anzug 152
côte *nf* – Küste 135
côté *nm* – Seite 44
à côté de – neben 67
cou *nm* – Hals 59
se coucher *v* – ins Bett gehen 140, 150
couleur *nf* – Farbe 66
coup *nm* – (Glocken)Schlag 137
coup *nm* **de téléphone** – Anruf 36
tout à coup – plötzlich 100
couple *nm* – Paar 31
courage *nm* – Mut, Einsatz 62
coureur *nm* – Läufer 20
courir *v* – laufen 151
courrier *nm* – Post 16
cours *nm* – Kurs 62
course *nf* – Rennen 84
course *nf* au trésor – Schnitzeljagd, Schatzsuche 138
coursier/-ière *nm/nf* – Bote/-in 86
court/e *adj* – kurz 72
couteau *nm (pl -x)* – Messer 51
coûter *v* – kosten 68
coutume *nf* – Brauch, Gewohnheit 149
couvert/e *adj* – bedeckt 30
couvre-lit *nm* – Tagesdecke 131
cravate *nf* – Krawatte 69
créer *v* – gründen, schaffen 82, 86
crème *nf* – Sahne 8
crêpe *nf* – Crêpe (*dünner Pfannkuchen*) 122
cri *nm* – Schrei 150
crier *v* – schreien 151
critique *nf* – Kritik 50
critique *nm* – Kritiker/in 140
croire *v* – glauben 152
croisière *nf* – Kreuzfahrt 80
crudités *nfpl* – Rohkost, Salat 49
cuillère *nf* – Löffel 51
cuire *v* – backen, kochen 122
cuisine *nf* – Küche 64, 133
cuisinier/-ière *nm/nf* – Koch, Köchin 21

D

E

en – davon (*Pronomen*) 57, 60
en – in, auf ... (*Präposition*) 7, 14, 57
en avance – zu früh 77
en colère – wütend 115
en forme – fit 59
en pleine forme – topfit 62
encadrer *v* – betreuen 141
enchaîner *v* – verbinden 43, 91
Enchanté! – Sehr erfreut, angenehm! 8
encore – noch, nochmals 54
s'énerver *v* – sich aufregen 144
enfance *nf* – Kindheit 42, 124
enfant *nm* – Kind 29
enfin – endlich 110
engagement *nm* – Anstellung, Engagement 125
engager *v* – engagieren, einstellen 140
ennemi *nm* – Feind 44
ennuyé/e *adj* – bedrückt, besorgt 114
je suis ennuyé/e – es ist mir peinlich, unangenehm 114
ennuyeux/-euse *adj* – langweilig 80
enquête *nf* – Untersuchung, Umfrage 50
ensemble – zusammen, miteinander 21, 33
ensoleillé/e *adj* – sonnig 30
ensuite – dann 76
entendre *v* – hören, verstehen 14
enthousiasme *nm* – Begeisterung 157
entier/-ière *adj* – gesamt 121
entourer *v* – umgeben 44
entre – zwischen 17
entrée *nf* – Eingang 67; Eintritt 160
entreprise *nf* – Unternehmen 86
entrer *v* – eintreten 72
enveloppe *nf* – (Brief)Umschlag 138
avoir envie de faire qc – Lust haben etw zu tun 96
envoyer *v* – schicken 86
épaule *nf* – Schulter 59
épeler *v* – buchstabieren 13
épinards *nmpl* – Spinat 54
Épiphanie *nf* – Heilige Drei Könige 122
équipe *nf* – Mannschaft, Team 138
escalier *nm* – Treppe 67
espace *nm* – Raum, Platz 44
Espagne *nf* – Spanien 21
espagnol/e *adj* – spanisch 21
en espèces – (in) bar 69
espérer *v* – hoffen 140
espoir *nm* – Hoffnung 121
essai *nm* – Versuch 66
essayer *v* – probieren, versuchen 68
est *nm* – Osten 30
est-ce que – *Fragepartikel* 14
estomac *nm* – Magen 56
et – und 6
étage *nm* – Etage, Stockwerk 67
état *nm* physique – körperlicher Zustand 32
États-Unis *nmpl* – die Vereinigten Staaten 90
été *nm* – Sommer 30
éteindre *v* – ausschalten 34
étirer *v* – strecken 62
étonnement *nm* – Erstaunen, Verwunderung 93
étranger *nm* – Ausland 64
étranger/-ère *adj* – Fremd-, fremd 88
être *v* – sein 6, 22
être à la mode – in Mode sein 66
être assis/e – sitzen 42
être désolé/e – (einem) Leid tun 114
être en train de faire qc – gerade dabei sein etw zu tun 100, 133
études *nfpl* – Studium 89
études *nfpl* **secondaires** – Gymnasialzeit 89
étudiant/e *nm/nf* – Student/in 6
étudier *v* – studieren 24
euh – äh 37
événement *nm* – Ereignis 116, 151
éventuellement – eventuell, unter Umständen 109
évoluer *v* – sich weiter entwickeln 112
exactement – genau 148
exagérer *v* – übertreiben 106
excellent/e *adj* – hervorragend 100
exclamation *nf* – Ausruf 111
excursion *nf* – Ausflug 77
excuse *nf* – Entschuldigung 114
s'excuser *v* – sich entschuldigen 7
exemple *nm* – Beispiel 13
exercice *nm* – Übung 60, 62, 87
expéditeur/-trice *nm/nf* – Absender/in 50
expérience *nf* – Erfahrung 88
explication *nf* – Erklärung 105
expliquer *v* – erklären 104
exposer *v* **un projet** – ein Projekt erläutern, darlegen, vortragen 100
exposition *nf* – Ausstellung 76
express – Schnell- 49
expression *nf* – Ausdruck 58
exprimer *v* – ausdrücken 8
extérieur *nm* – Äußere, Außenseite 142
à l'extérieur de – außen, außerhalb von 82, 145
extraction *nf* – Abbau, Förderung 159
extrait *nm* – Auszug 148
extraordinaire – außergewöhnlich 140, 148

F

fac (*ugs*), faculté *nf* – Uni, Universität 24
façade *nf* – Fassade 82, 148
en face de – gegenüber 67
facile *adj* – leicht 37
facilement – leicht 44
facteur *nm* – Postmann, Briefträger 43
facultatif/-ve *adj* – wahlweise, nach Geschmack 122
faim *nf* – Hunger 29
faire *v* – machen 12, 60
faire attention à qc – auf etw aufpassen 62
faire de qc (+ *Instrument*, + *Sport*) – etw spielen 60, 97
faire la cuisine – kochen 95
faire la queue – Schlange stehen, anstehen 152
faire la vaisselle – abspülen 95
faire le ménage – den Haushalt erledigen 95
faire les courses *nfpl* – Einkäufe machen (*Lebensmittel*) 95
faire parler qn – jdn sprechen lassen 18
faire sa toilette – sich waschen 95
faire sauter – (*beim Wenden*) in die Luft werfen 122
il fait chaud/froid – es ist warm/kalt (*Wetterangaben*) 30
famille *nf* – Familie 31
farceur/-euse *nm/nf* – Spaßvogel 156
farine *nf* – Mehl 122
fatigué/e *adj* – müde, erschöpft 34
il faut – man muss, es ist nötig 58
faux / fausse *adj* – falsch 8
favori/te *adj* – Lieblings-, bevorzugt 100
fax *nm* – Fax 34
féminin *nm* – weibliche Form 71
féminin/e *adj* – weiblich 15
femme *nf* – Frau 20
fenêtre *nf* – Fenster 92
fermer *v* – schließen 86
festival *nm* – Festival, Festspiele 36
fête *nf* – Feier, Fest 28
fête *nf* **foraine** – Jahrmarkt 152
feu *nm* (*pl* -x) – Feuer 140
février *nm* – Februar 30
fiche *nf* – Bogen, Blatt, Zettel 21
fier / fière *adj* – stolz 96
fièvre *nf* – Fieber 57
fil *nm* – Faden 54
fille *nf* – Tochter 31; Mädchen, junge Frau 72
film *nm* – Film 34, 77

impossible *adj* – unmöglich 114
inattendu/e *adj* – unerwartet 151
incliné/e *adj* – geneigt, schräg 82
inconnu/e *nm/nf* – Unbekannte/r 72
incroyable *adj* – unglaublich 156
indication *nf* – Angabe, Hinweis 134
indiquer *v* – angeben, zeigen 69
industrie *nf* – Industrie 158
industriel/le *adj* – Industrie-, industriell 121
infirmier/-ière *nm/nf* – Kranken-pfleger/-schwester 18
influencer *v* – beeinflussen 120
informaticien/ne *nm/nf* – Informatiker/in 20
information *nf* – Information 105
informatique *nf* – Informatik 60
ingénieur *nm* – Ingenieur/in 21
ingrédients *nmpl* – Zutaten 122
innover *v* – erneuern 112
inquiet/-iète *adj* – beunruhigt 110
inscription *nf* – (An)Meldung, Einschreibung 21
inscrire *v* – eintragen 50
insister *v* – Nachdruck auf etw legen 53
s'installer *v* – sich einrichten, sich niederlassen 134
instant *nm* – Augenblick, Moment 62
instrument *nm* – Instrument 97
intellectuel/le *adj* – geistig, intellektuell 158
intelligent/e *adj* – intelligent 112
intention *nf* – Absicht 160
interdire *v* **qc** – etw verbieten 113
intéressant/e *adj* – interessant 96
intéresser *v* – interessieren 76
à l'intérieur de – innerhalb von, im Inneren von 145
international/e *adj* – international 121
interprète *nm/nf* – Dolmetscher/in 102
interroger *v* – befragen 88
interviewer *v* – interviewen, befragen 17
intrus *nm* – Eindringling 15
inventer *v* – ausdenken, erfinden 29
invitation *nf* – Einladung 36
invité/e *nm/nf* – Gast 98
inviter *v* – einladen 50
Italie *nf* – Italien 20
italien/ne *adj* – italienisch 21

J

jaloux/-ouse *adj* – eifersüchtig 110
jambe *nf* – Bein 56
janvier *nm* – Januar 30
Japon *nm* – Japan 20
japonais/e *adj* – japanisch 21
Japonais/e *nm/nf* – Japaner/in 8
jardin *nm* – Garten 144
jardinage *nm* – Gartenbau 68
jaune *adj* – gelb 66
jazz *nm* – Jazz 10
se jeter *v* dans – münden, fließen in 44
jeu *nm* (*pl* -x) – Spiel 84
jeudi *nm* – Donnerstag 30
jeune *adj* – jung 92
jeunesse *nf* – Jugend 125
Joconde *nf* – Mona Lisa (*Gemälde*) 138
jogging *nm* – Jogging 128
joli/e *adj* – hübsch 66
jouer *v* – spielen 16
jouer à (+ *Sport*) – spielen 97
jouer de (+ *Instrument*) – spielen 97
jouet *nm* – Spielzeug 68
joueur/-euse *nm/nf* – Spieler/in 64
jour *nm* – Tag 24, 76
jour *nm* férié – Feiertag 120
journal *nm* (*pl* -aux) – Zeitung 20
journalisme *nm* – Journalismus 126
journaliste *nm/nf* – Journalist/in 8
journée *nf* – Tag 24
tous les jours – jeden Tag 76
judo *nm* – Judo 11
juillet *nm* – Juli 30
juin *nm* – Juni 30
jupe *nf* – Rock 69
jus *nm* – Saft 51
jusqu'à – bis 94
justifier *v* – begründen, rechtfertigen 76

K

kilo *nm* – Kilo 51
kilomètre *nm* – Kilometer 135

L

là – da 42
là-bas – da unten, da hinten 126
laboratoire *nm* – Labor 23
lac *nm* – See (*nm*) 91, 135
laisser *v* – lassen 42; (ver)lassen 106
lait *nm* – Milch 51
lampe *nf* – Lampe 157
langue *nf* – Sprache 66
large *adj* – breit, weit, groß 68
largeur *nf* – Breite 145
larme *nf* – Träne 110
laveur/-euse *nm/nf* – Wäscher/in 143
le/la moins grand/e – der/die kleinste ... 109
le/la plus grand/e – der/die größte ... 109
léger/-ère *adj* – leicht 51
légèreté *nf* – Leichtigkeit 141
légumes *nmpl* – Gemüse 50
lendemain *nm* – nächster Tag 138
lettre *nf* – Buchstabe 13; Brief 64, 88
lever *v* – heben 62
se lever *v* – aufstehen 134
lexique *nm* – Wortschatzregister 139
liaison *nf* – Bindung 73
libraire *nm/nf* – Buchhändler/in 126
librairie *nf* – Buchhandlung 68
libre *adj* – frei 38
lieu *nm* (*pl* -x) – Ort 69
avoir *v* lieu – stattfinden 120
ligne *nf* – Linie, Figur 54
limiter *v* – begrenzen, einschränken 112
linge *nm* – Wäsche 82
lingerie *nf* – Damen(unter)wäsche 68
lire *v* – lesen 7
Lisbonne – Lissabon 20
liste *nf* – Liste 17
lit *nm* – Bett 95
litre *nm* – Liter 51
livre *nm* – Buch 43
location *nf* – Mieten, Vermietung 133
loin – weit 37
loin de – fern, weit weg 145
loisirs *nmpl* – Freizeit 77
long / longue *adj* – groß, lang 145
longtemps – lange (Zeit) 64, 104
longueur *nf* – Länge 145
louer *v* – mieten, vermieten 133
lourd/e *adj* – schwer 49
Louvre *nm* – Louvre (*Museum*) 138
lumière *nf* – Licht 150
lundi *nm* – Montag 30
lune *nf* – Mond 151
lycée *nm* – Gymnasium (*10. bis 12. Klasse*) 89
lycéen/ne *nm/nf* – Gymnasiast/in 105

M

madame *nf* – Frau 6
mademoiselle *nf* – Fräulein 6
magasin *nm* – Geschäft, Laden 21
magique *adj* – magisch, Zauber- 138
magnifique *adj* – wunderbar 12
mai *nm* – Mai 10, 30
maillot *nm* **de bain** – Badeanzug 119
main *nf* – Hand 59
maintenant – jetzt 32, 34

N

nominal/e *adj* – Nominal-, des Nomen 108
nommé/e *adj* – genannt 158
non – nein 7
nord *nm* – Norden 30
notaire *nm* – Notar 159
note *nf* – Note 138
noter *v* – notieren, aufschreiben 71
nouveau/nouvel / nouvelle *adj* – neu 42
novembre *nm* – November 30
être *v* dans les nuages – zerstreut, geistesabwesend sein 130
nuageux/-euse *adj* – bewölkt 30
nuit *nf* – Nacht 39
nul/le *adj* – gleich Null, wertlos 42
numéro *nm* – Nummer 18

O

objet *nm* – Objekt 148
observer *v* – betrachten, beobachten 8
obstacle *nm* – Hindernis 44
occasion *nf* – Anlass, Gelegenheit 121
occuper *v* **qn** – jdn beschäftigen 100
s'occuper de qc/qn – sich um etw/jdn kümmern 140
océan *nm* Atlantique – Atlantik 44
océan *nm* Pacifique – Pazifik 44
octobre *nm* – Oktober 30
œil *nm* (*pl* yeux) – Auge 59
œuf *nm* – Ei 51
office *nm* **du tourisme** – Fremdenverkehrsbüro 115
officiel/le *adj* – offiziell, amtlich 120
offre *nf* – Angebot 87
offrir *v* – ausgeben, schenken 80
Oh là là! – Wow! 18
oiseau *nm* (*pl* -x) – Vogel 159
olivier *nm* – Olivenbaum 44
on – man (*wir*) 42, 53
opéra *nm* – Oper 13
opinion *nf* – Meinung 67
opposé/e *adj* – gegensätzlich, entgegengesetzt 66
opposition *nf* – Gegensatz 53, 139
or *nm* – Gold 122
orage *nm* – Gewitter 30
à l'oral – mündlich 79
orange *adj* – orange(farben) 66
orange *nf* – Orange 54
orangerie *nf* – *Museum in Paris* 149
orchestre *nm* – Orchester 93
ordinal/e *adj* – Ordnungs- 71
ordinateur *nm* – Computer 24, 34
ordre *nm* – Reihenfolge, Ordnung 71
oreille *nf* – Ohr 59
organiser *v* – organisieren 55
orgue *nm* – Orgel 93
original *nm* – Original, Unikum 80
ou – oder 8
où? – wo? 18
d'où? – von wo? 90
oublier *v* – vergessen 118
ouest *nm* – Westen 30
oui – ja 7
ouvert/e *adj* – offen, geöffnet 121
ouvrier/-ière *nm/nf* – Arbeiter/in 23, 143
ouvrir *v* – öffnen 57

P

paella *nf* – Paella 55
pain *nm* – Brot 51
paire *nf* – Paar 102
palace *nm* – Palast 80
palais *nm* **de justice** – Justizpalast 37
palmier *nm* – Palme 91
panoramique *adj* – Rundblick-, Panorama- 148
pantalon *nm* – Hose 69
papa *nm* – Papa 126
papeterie *nf* – Schreibwaren 68
par – durch, über, pro, mit, mittels ... 14, 22, 51, 69, 92
par avance – im Voraus 160
par écrit – schriftlich 33
paragraphe *nm* – Absatz 151
parc *nm* – Park 115
parc *nm* **naturel** – Naturpark 132
parce que – weil 86
entre parenthèses – in Klammern 22
parents *nmpl* – Eltern 31
parfait/e *adj* – perfekt 68
parfois – manchmal 96
parfum *nm* – Parfüm 12
parfumerie *nf* – Parfümerie 68
parisien/ne *adj* – pariserisch 44, 143
parking *nm* – Parkplatz 101
parler *v* – sprechen 7
parler à qn de qc/qn – mit jdm über etw/jdn sprechen 106
parmi – unter, von 158
parole *nf* – Wort 8
paroles en liberté – *singngemäß*: freie Rede 8
de la part de qn – von seiten 160
participant/e *nm/nf* – Teilnehmer/in 34, 149
particulier/-ière *adj* – besonders 82
partie *nf* – Spiel, Partie 64; Teil 9, 70
partir *v* – abfahren, weggehen 74, 125
partir en déplacement *nm* – auf Dienstreise gehen 116
partout – überall 113
pas assez (de) – nicht genug 71
pas de ... – kein/e 52
pas: ne ... pas – nicht 7, 14
passé *nm* – Vergangenheit 77
passer *v* – laufen, gezeigt werden (*Film*) 155
passer une audition – vorsprechen (*beim Theater*) 96
passer (d'un côté à l'autre) – überqueren, überwinden (*örtlich*) 44
passer du temps – Zeit verbringen 64, 72, 76
se passer – sich ereignen 143
pâte *nf* – Teig 122
pâtes *nfpl* – Nudeln 59
patrimoine *nm* – Kulturerbe 121
patron *nm* – Chef 89
pause *nf* – Pause 48
payer *v* – zahlen 69
pays *nm* – Land 20
Pays-Bas *nmpl* – Niederlande 86
paysage *nm* – Landschaft 44
pêche *nf* – Fischerei 159
peintre *nm* – Maler/in 83
peinture *nf* – Malerei 10
pendant – während 56
péniche *nf* – Hausboot 156
penser *v* – denken 80
penser à qc/qn; penser que – an etw/jdn denken 12; denken, dass 70
en pente – abfallend, geneigt 82
Pentecôte *nf* – Pfingsten 160
perdre *v* – verlieren 86
se perdre *v* – sich verirren, sich verlaufen 134
père *nm* – Vater 31
(boulevard) périphérique *nm* – *Ringautobahn um Paris* 118
permettre *v* – erlauben 148
personnage *nm* – Persönlichkeit 12; Figur 33
personne (ne) – niemand 104
personne *nf* – Person, Mensch 96
personnel *adj* – Personal- 71
petit déjeuner *nm* – Frühstück 51
petit mot *nm* – Notiz, ein paar Zeilen 106
petit rat *nm* à l'Opéra *nm* – Ballettratte, Ballettschülerin 130
petit/e *adj* – kurz, klein 12
peu – wenig 44
peu à peu – nach und nach 122
peur *nf* – Angst 127
peut-être – vielleicht 104
pharmacie *nf* – Apotheke 115
phénomène *nm* – Phänomen, Erscheinung 104

photo *nf* – Foto 12
photographe *nm/nf* – Fotograf/in 140
phrase *nf* – Satz 23
physique *adj* – physisch, körperlich 153
piano *nm* – Klavier 93, 97
pièce *nf* – Stück 96
pied *nm* – Fuß 42, 59
à pied – zu Fuß 113
pierre *nf* – Stein 82
piéton/ne *nm/nf (nf ungebräuchlich)* – Fußgänger/in 113
pilote / femme *nf* **pilote** *nm/nf* – Pilot/in 18
piloter *v* – steuern 140
pin *nm* (maritime) – (Strand)Kiefer 44
pincée *nf* – Prise 122
piscine *nf* – Schwimmbad 81
piste *nf* **cyclable** – Radweg 113
place *nf* – Platz 37
place *nf* **de parking** – Parkplatz 113
se placer *v* – gesetzt werden 60
plage *nf* – Strand 76
plaire *v* – gefallen 68
plaisanter *v* – scherzen 143
plaisir *nm* – Freude, Vergnügen 66
plan *nm* – Plan 37
plaque *nf* – Schild, Tafel 83
plat *nm* – Gericht 49
plat/e *adj* – flach 82
plein/e de – voll, ganz 62, 118
pleuvoir *v* **(il pleut)** – regnen (es regnet) 30
pluie *nf* – Regen 30, 56
plus – mehr 45, 91
plus de (+*Nomen*) **que** – mehr ... als 99
plus grand/e que – größer als 91
plus ... que – mehr als 91
le/la plus grand/e (de) – der/die größte (von) 109
ne ... plus – nicht mehr 76
plusieurs – mehrere, verschiedene 40, 105
poêle *nf* – Pfanne 122
point *nm* – Punkt 38
pointure *nf* – (Schuh)Größe 69
poire *nf* – Birne 91
poisson *nm* – Fisch 48
poissonnerie *nf* – Fischgeschäft 115
poitrine *nf* – Brust 59
police *nf* – Polizei 110
policier *nm* – Polizist 154
policier/-ière *adj* – Kriminal- 153
poliment – höflich 78
politesse *nf* – Höflichkeit 78
politique *nf* – Politik 107
polluant/e *adj* – umweltschädlich 112
polluer *v* – (die Umwelt) verschmutzen 113
pollution *nf* – Umweltverschmutzung 112
pomme *nf* – Apfel 61
pomme *nf* **de terre** – Kartoffel 51
pont *nm* – Brücke 115
populaire *adj* – Arbeiter-, volkstümlich 82
porc *nm* – Schwein 51
port *nm* – Hafen 46, 49
porte *nf* – Tür 92
porter *v* – tragen 66
portrait *nm* – Porträt 12
portugais/e *adj* – portugiesisch 21
Portugal *nm* – Portugal 20
poser *v* – stellen 21
positif/-ve *adj* – positiv 50
possession *nf* – Besitz 32
possible *adj* – möglich 160
poste *nf* – Post 37
poste *nm* **de police** – Polizeiwache 110
potage *nm* – Suppe 102
poulet *nm* – Huhn 55
pour – pro, dafür 119
pour – um ... zu, für, nach 14, 49, 90
pour qui? – für wen? 114
pourquoi? – warum? 46, 86
pousser *v* – ausstoßen 152
pouvoir *v* – können 7
pratique *adj* – praktisch 113
pratiquer *v* – ausüben, betreiben 58
précéder *v* – vorausgehen 108, 146
précis/e *adj* – ganz bestimmt 128
préciser *v* – präzisieren, genauer angeben 153
précisions *nfpl* – Einzelheiten 160
préféré/e *adj* – bevorzugt, Lieblings- 52
préférer *v* – bevorzugen 13
premier/-ière *adj* – erste/r/s 52, 71
le premier – der Erste 30
prendre *v* – nehmen 37; einnehmen 57
prénom *nm* – Vorname 21
préparation *nf* – Zubereitung, Vorbereitung 122
préparer *v* – vorbereiten 34
préposition *nf* – Präposition 52, 90
près de – in der Nähe von 42; fast 51
présent *nm* – Gegenwart, Präsens 22, 77
présent/e *adj* – gegenwärtig 22
présentatif *nm (c'est...)* – Vorstellung mit *ce* + *être* 33
présentation *nf* – Vorstellung 8
présenter *v* – vorstellen 27
se présenter *v* – sich vorstellen 6
président/e *nm/nf* – Präsident/in 121
presque – beinahe 84, 124
être *v* **pressé/e** – in Eile sein 92
prestigieux/-euse *adj* – hervorragend, anspruchsvoll 121
prêt/e *adj* **à qc** – bereit zu etw 92
preuve *nf* – Beweis 96
prévoir *v* – vorsehen 160
prier *v* **qn de faire qc** – jdn bitten, etw zu tun 115
principal/e *adj* – Haupt-, wichtigste/r/s 44, 49
printemps *nm* – Frühling 33
priorité *nf* – Vorrang 113
prix *nm* – Preis 68
problème *nm* – Problem 65, 88
prochain/e *adj* – nächste/r/s 112
proche *adj* – nahe 145
professeur *nm* – Lehrer/in 6
profession *nf* – Beruf 21
professionnel/le *adj* – beruflich 86; Profi- 96
professions *nfpl* libérales – *selbstständig ausgeübte Berufe (die meistens eine akademische Ausbildung erfordern)* 159
programme *nm* – Programm 25
projet *nm* – Plan, Projekt 42
promenade *nf* – Spaziergang 116, 124
se promener *v* – spazieren gehen 135
promeneur/-euse *nm/nf* – Spaziergänger/in 132
se prononcer *v* – (aus)gesprochen werden 16, 60
à propos de – betreffs, was ... anbelangt 138
proposer *v* – vorschlagen, anbieten 50
proposition *nf* – Vorschlag 50
prospérité *nf* – Wohlstand 122
protester *v* – protestieren, sich beschweren 49
province *nf* – Provinz 104
public *nm* – Öffentlichkeit, Publikum 121
puces *nfpl* – Flohmarkt 148
puis – dann 13
pull *nm* – Pullover 69
pureté *nf* – Reinheit, Klarheit 148
pyjama *nm* – Schlafanzug 119
Pyrénées *nmpl* – Pyrenäen 44

Q

qc – *siehe* quelque chose
qn – *siehe* quelqu'un
qu'est-ce que? – was? 18
quai *nm* – Kai 37; Bahnsteig 74
qualité *nf* – Qualität 72
quand?, quand – wann? 38; wenn 60; als/wenn 129
quantité *nf* – Menge 45, 51
quart *nm* – Viertel 39
quartier *nm* – (Stadt)Viertel 82, 144

que – dass 70
ne ... que – nur (*Verneinung*) 142
québécois/e *adj* – aus Quebec 34
quel / quelle; quels / quelles? – welche/r/s? 29, 52
quelqu'un – jemand 104
quelque chose – etwas 107
quelques – einige 62
question *nf* – Frage 14
queue *nf* – Schlange, Ende, Schwanz 152
faire *v* **la queue** – Schlange stehen, anstehen 152
qui – der, die, das (*Relativpronomen*) 44, 136
qui est-ce qui? – wer? 12
quitter *v* – verlassen 126
quoi? – was? 34

R

raccrocher *v* – auflegen 54
raconter *v* – erzählen 96
radio *nf* – Radio 22
avoir *v* **raison** – Recht haben 100
rallye *nm* – Ralley 148
ramasser *v* – aufheben 130
randonnée *nf* – Tour 77
randonnée *nf* **à pied** – Wanderung 77
rapide *adj* – schnell 16
rapidement – schnell 92
se rappeler *v* – sich erinnern 91
rapport *nm*; **rapports** *nmpl* – Beziehung 83, 94; Beziehungen 96
rapporter *v* – bringen 148
rare *adj* – selten 31
rarement – selten 76
rayon *nm* – Abteilung 67
réaction *nf* – Reaktion 80
réalisation *nf* – Leistung, Errungenschaft 158
récent/e *adj* – jüngst, unmittelbar 137
réception *nf* – Empfang, Rezeption 130
réceptionniste *nm/nf* – Empfangschef/-dame 130
recette *nf* – Rezept 122
recevoir *v* – empfangen 114
recherche *nf* – Suche 88
rechercher *v* – suchen 87
reconnaître *v* – (wieder)erkennnen 84
recontacter *v* qn – wieder mit jdm Kontakt aufnehmen 100
rédiger *v* – verfassen 25
réduction *nf* – Ermäßigung 160
réécouter *v* – noch einmal hören, wieder hören 16
réfléchir *v* – überlegen, nachdenken 149
regarder *v* – schauen 7
régime *nm* – Diät 59
région *nf* – Gegend, Gebiet 45, 126
relation *nf* – Verhältnis 94
relations *nfpl* – Beziehungen, Bekannte 31
relever *v* – aufschreiben, festhalten 151
relier *v* – verbinden 33
religieux/-euse *adj* – religiös, kirchlich 120
religion *nf* – Religion 149
relire *v* – noch einmal lesen 12
remerciement *nm* – Dank 36
remercier *v* qn – sich bei jdm bedanken 160
remettre *v* **qc à qn** – jdm etw übergeben 138
remplacer *v* – ersetzen 22
remplir *v* – ausfüllen 21
rencontre *nf* – Begegnung, Treffen 38
rencontrer *v* – treffen 24
rendez-vous *nm* – Verabredung, Treffen, Termin 37
renifler *v* – die Nase hochziehen, schniefen 110
renseignement *nm* – Auskunft 49
rentrée *nf* – Rückkehr, Wiederbeginn 120
rentrer *v* – zurückkommen 100
rentrer (le ventre) – (den Bauch) einziehen 62
repas *nm* – Essen, Mahlzeit 51
repérer *v* – ausfindig machen 10
répéter *v* – wiederholen 6; proben, einstudieren 92, 110
répétition *nf* – Probe 125
répondre *v* **à qc** – etw beantworten 16
répondre à qn – jdm antworten 7
répondre affirmativement – bejahen, bestätigend antworten 147
répondre négativement – mit nein antworten 141
réponse *nf* – Antwort 17
reporter *nm/nf* – Reporter/in 18
reposer *v* – ruhen 122
se reposer *v* – sich ausruhen 135
représentation *nf* – Aufführung 96
représenter *v* – darstellen, bedeuten 51
République *nf* – Republik 121
rescapé/e *nm/nf* – Überlebende/r 140
réservation *nf* – Reservierung 133
réserver *v* – reservieren 133
résidence *nf* – Wohnsitz 121
respecter *v* – respektieren 132
responsable *adj* **de qc** – verantwortlich, zuständig für etw 34
ressembler *v* **à qn** – jdm ähnlich sehen 138
restaurant *nm* – Restaurant 21
rester *v* – bleiben 57
résultat *nm* – Ergebnis 76
résumer *v* – zusammenfassen 152
en retard – verspätet 77
retour *nm* – Rückkehr, Rückfahrt 76
retourner *v* – zurückkehren 72
retraite *nf* – Ruhestand 102
retrouver *v* – wiederfinden 86
réunir *v* – versammeln, zusammenkommen 138
rêve *nm* – Traum 121
réveil *nm* – Wecker 95
réveiller *v* – wecken 95
revenir *v* – zurückkommen 102, 146
rêver *v* – träumen 12
rêveur/-euse *adj* – verträumt 139
revivre *v* – noch einmal erleben 96
rez-de-chaussée *nm* – Erdgeschoss 68
riche *adj* – reich 122
rideau *nm* (*pl* -x) – Vorhang 131
ne ... rien – nichts 104
rigolade *nf* – Spaß 138
rigoler (*ugs*) – lachen, sich amüsieren 106
rigolo/te *adj* (*ugs*) – lustig, spaßig 148
rire *v* – lachen 118
rivière *nf* – Fluss 135
riz *nm* – Reis 51
robe *nf* – Kleid 69
roche *nf* – Fels(en) 135
rock *nm* – Rockmusik 11
roi *nm* – König 122
rôle *nm* – Rolle 97
Romains *nmpl* – Römer 44
roman *nm* – Roman 129
Rome – Rom 20
rôti *nm* – Braten 54
rouge *adj* – rot 66
rouille *nf* – Rost 142
rouler *v* – fahren 112
route *nf* – Weg, Straße 152
roux / rousse *adj* – rothaarig 66
rue *nf* – Straße 37
rugby *nm* – Rugby 54
rythme *nm* – Rhythmus 16

S

sac *nm* – Sack, Tüte, Beutel 150
sac-poubelle *nm* – Müllsack 150

saison *nf* – Jahreszeit 102
salade *nf* – Salat 49
saladier *nm* – Schüssel 122
salaire *nm* – Gehalt 88
salarié/e *nm/nf* – Arbeitnehmer/in 86
salé/e *adj* – salzig, gesalzen 48
salle *nf* – Saal 42; Speisesaal 51
salle *nf* **de bains** – Badezimmer 133
salon *nm* – Wohnzimmer 133
Salut! – Tag!, Grüß dich! 6
salutation *nf* – Gruß 160
Avec mes salutations distinguées. – Mit freundlichen Grüßen 160
samedi *nm* – Samstag 30
sandwich *nm* – Sandwich 76
sans – ohne 31
sans emploi – arbeitslos 96
santé *nf* – Gesundheit 56
Santé! – Prost!, Zum Wohl! 80
sapin *nm* – Tanne 140
sauf – außer 71
sauter *v* – springen 140
faire *v* sauter – (*beim Wenden*) in die Luft werfen 122
sauvage *adj* – wild 132
savoir *v* – wissen, können 7, 42, 116
savoir *v* **faire qc** – etw können 116
saxo(phone) *nm* – Saxophon 92
scène *nf* – Szene 17; Bühne 96
schéma *nm* – Schema, Plan 127
science *nf* – Wissenschaft 158
scolaire *adj* – Schul- 120
sec / sèche *adj* – trocken 45
second/e *adj* – zweite/r/s 71
secouriste *nm/nf* – (Rot-Kreuz-) Helfer/in 134
secret *nm* – Geheimnis 42
secret/-ète *adj* – geheim 42
secrétaire *nf* – Sekretärin 16
secteur *nm* – Sektor, Bereich 159
séjour *nm* – Aufenthalt, Wohn- 135
sel *nm* – Salz 92
selon – nach, gemäß 147
selon vous – Ihrer Ansicht nach 82
semaine *nf* – Woche 30
semblable *adj* – ähnlich, gleich 79
sens *nm* – Sinn, Bedeutung 40
sentir *v* – fühlen 57
séparé/e *adj* – getrennt 135
septembre *nm* – September 30
serré/e *adj* – eng 72
serveur/-euse *nm/nf* – Kellner/in 21
service *nm* **après-vente** – Kundendienst 87
services *nmpl* – Dienstleistungen 159
serviette *nf* – Serviette 51
seul/e *adj* – allein 28; einzige/r/s 51
seulement – nur 102, 144
si – doch 143
siècle *nm* – Jahrhundert 82
siège *nm* social – Firmensitz 159
signer *v* – unterschreiben 140
signifier *v* – bedeuten, heißen 83
silence *nm* – Stille, Ruhe 141
silencieux/-euse *adj* – ruhig, leise 113
s'il te plaît – bitte (*2.Pers.sg*) 54
s'il vous plaît – bitte (*2.Pers.pl*) 7
simple *adj* – einfach 106
simuler *v* – simulieren, nachahmen 119
situation *nf* – Situation 96
situer *v* – einordnen 159
ski *nm* – Ski (fahren) 13
slogan *nm* – Schlagwort, Parole 81
société *nf* d'assurance – Versicherungsgesellschaft 159
sœur *nf* – Schwester 31
soif *nf* – Durst 29
soir *nm* – Abend 39
soirée *nf* – Abend 28
soleil *nm* – Sonne 10
solution *nf* – Lösung 92
sommet *nm* – Gipfel 44
sonner *v* – klingeln 95
sonnerie *nf* – Klingeln 95
Sorbonne *nf* – *Universität in Paris* 149
sorcière *nf* – Hexe 152
sortie *nf* – Ausgang 38
sortir *v* – ausgehen 64, 72
souffrir *v* – leiden 62
souligné/e *adj* – unterstrichen 98
soupe *nf* – Suppe 122
sourire *v* – lächeln 62
sourire *nm* – Lächeln 138
sous – unter 56
sous-sol *nm* – Untergeschoss 67
souvenir *nm* – Erinnerung 124
souvent – oft 60, 76
spécial/e *adj* – besondere/r/s, speziell 64
spécialisé/e *adj* – spezialisiert 102, 159
spécialité *nf* – Spezialität 55
spectacle *nm* – Veranstaltung 13
sport *nm* – Sport 13
sportif/-ve *nm/nf* – Sportler/in 54
sportif/-ve *adj* – sportlich 52, 77
square *nm* – kleine Grünanlage 83
squelette *nm* – Skelett 151
stade *nm* – Stadion 121
stage *nm* – Praktikum 24, 89
star *nm/nf* – (Film)Star 25
station *nf* **de bus** – Bushaltestelle, Busbahnhof 115
statistique *nf* – Statistik 59
steak *nm* **frites** – Steak mit Pommes frites 49
studio *nm* – Appartement 133
style *nm* – Stil 66
succès *nm* – Erfolg 96
sucre *nm* – Zucker 51
sucré/e *adj* – süß, gezuckert 48
sud *nm* – Süden 30
Suède *nf* – Schweden 21
suédois/e *adj* – schwedisch 21
suggestion *nf* – Anregung, Vorschlag 50
suisse *adj* – schweizerisch 21
Suisse *nf* – Schweiz 20
suite *nf* – Fortsetzung, Folge 152
tout de suite – sofort 54
suivant/e *adj* – folgend 26
suivre *v* qc – etw folgen 61, 78
suivre des cours – Kurse besuchen 125
supermarché *nm* – Supermarkt 55
sur – auf, in, über, von 30, 31, 33, 34
sûr/e *adj* – sicher 125
surprise *nf* – Überraschung 34
symbole *nm* – Symbol 138
sympa (*ugs*), **sympathique** *adj* – sympathisch 92, 105

T

tabac *nm* – Tabak 84
table *nf* – Tisch 51
tableau *nm* (*pl* -x) – Bild 11
taille *nf* – Größe 68
tailleur *nm* – Kostüm 69
tard – spät 24
tarif *nm* – Tarif, Preis 160
tarte *nf* – Obstkuchen, -torte 49
tasse *nf* – Tasse 51
taxi *nm* – Taxi 8
taxiphone *nm* – Taxifunk 92
technicien *nm*, **ne** *nf* – Techniker/in 20
technique *adj* – technisch 114
technique *nf* – Technik 58
tee shirt *nm* – T-Shirt 69
télé (*ugs*), **télévision** *nf* – Fernseher 11
télécopie *nf* – (Tele)Fax 50
téléphone *nm* – Telefon 36
téléphoner *v* **à qn** – jdn anrufen, mit jdm telefonieren 34
téléphonique *adj* – telefonisch 133
température *nf* – Temperatur 140
temps *nm* – Zeit, Zeitform 27; Wetter 30
tout le temps – immer, die ganze Zeit 100
tennis *nm* – Tennis 11
ténor *nm* – Tenor 125
terminer *v* **qc** – etw beenden, abschließen 34
terminus *nm* – Endstation 74

terrasse *nf* – Terrasse 24, 106
territoire *nm* – Territorium, Gebiet 45
tête *nf* – Kopf 56
texte *nm* – Text 12
TGV *nm*, Train à Grande Vitesse – Hochgeschwindigkeitszug, ICE 16
thé *nm* – Tee 51
théâtre *nm* – Theater 11
Tiens! – Da! 54
timbre *nm* – Briefmarke 84, 157
timide *adj* – schüchtern 106
timidité *nf* – Schüchternheit 141
tissu *nm* – Stoff 159
toilette *nf* – Waschen, Säuberung 142
toit *nm* – Dach 82
tomate *nf* – Tomate 52, 147
tomber *v* – fallen 45, 106
tomber amoureux/-euse de qn – sich in jdn verlieben 106
tonne *nf* – Tonne 51
tôt – früh 140
toujours – immer (noch) 16
tour *nf* – Turm 160
à votre tour *nm* – Ihrerseits 81
Tour *nf* **Eiffel** – Eiffelturm 93
touriste *nm/nf* – Tourist/in 113
tournée *nf* – Runde 80
tourner *v* – abbiegen, drehen, wenden 37
tournoi *nm* – Turnier 121
tous – alle 8
tous les ans – jedes Jahr, jährlich 104
tous les jours – jeden Tag 76
tout/e – ganz, gesamt 34
tout à coup – plötzlich 100
tout de suite – sofort 54
à tout de suite – bis gleich 37
tout droit – geradeaus 37
tout le monde – alle, jede/r 117
tout le temps – immer, die ganze Zeit 100
traditionnel/le *adj* – traditionell 122
train *nm* – Zug, Bahn 13
train *nm* **fantôme** – Geisterbahn 152
traîner *v* – herumlungern 100
tramway *nm* – Straßenbahn 112
tranquille *adj* – ruhig 77
transformation *nf* – Umgestaltung 158
transformer *v* – umwandeln 14
transition *nf* – Übergang 45
transport *nm* – Transport, Beförderung 112
transports *nmpl* – Verkehrsmittel 13
transports *nmpl* **en commun** – öffentliche Verkehrsmittel 113
travail *nm* (*pl* -aux) – Arbeit 37
au travail – bei der Arbeit 69
travailler *v* – arbeiten 20
à travers – durch 148
traverser *v* – überqueren, durchqueren 37
très – sehr 6
triomphe *nm* – Triumph 149
trompette *nf* – Trompete 97
trop (de) – zu viel 56
trou *nm* – Loch, Vertiefung 122
trouver *v* – finden, herausfinden 13
se trouver *v* – sich befinden 115
type *nm* – Art, Typ 45, 77; Kerl 152
typique *adj* – typisch 82

U

un peu de – ein wenig, ein bisschen, etwas 44, 57
université *nf* – Universität 8
usine *nf* – Fabrik, Werk 21
utile *adj* – nützlich, geeignet 58
utiliser *v* – verwenden, benutzen 14

V

vacances *nfpl* – Ferien, Urlaub 76
vaisselle *nf* – Geschirr 95
valise *nf* – Koffer 118
vallée *nf* – Tal 135
varié/e *adj* – verschiedenartig, vielfältig 44
varier *v* – wechseln, variieren 140
vaste *adj* – geräumig 131
veau *nm* (*pl* -x) – Kalb 54
vedette *nf* – Star, Prominente/r 121
végétation *nf* – Vegetation 44
la veille – am Vortag 153
vélo *nm* – Fahrrad 13
vendeur/-euse *nm/nf* – Verkäufer/in 21
vendre *v* – verkaufen 92
vendredi *nm* – Freitag 30
venir *v* – kommen 34, 50
venir chercher qn – jdn abholen 95
venir de faire qc – soeben etw getan haben (*nahe Vergangenheit*) 133
ventre *nm* – Bauch 57
verre *nm* – Glas 51
vers – gegen, etwa um 134
verser *v* – (hinein)gießen 122
vert/e *adj* – grün 66
veste *nf* – Jacke 68
vêtement *nm* – Kleidungsstück, Kleidung 66
viande *nf* – Fleisch 48
vidéo *nf* – Video 68
vie *nf* – Leben 18
vieux/vieil / vieille *adj* – alt 156
ville *nf* – Stadt 12
vin *nm* – Wein 48
violet/te *adj* – violett 131
virage *nm* – Kurve 152
visite *nf* – Besichtigung 77
visiter *v* – besichtigen 77
visiteur/-euse *nm/nf* – Besucher/in 77
vite – schnell 118
Vive les vacances! – Es lebe der Urlaub! 80
vivre *v* – leben 80, 104; erleben 150
vocabulaire *nm* – Wortschatz 7
voici – hier sind 26
voie *nf* – Gleis 74
voilà – da ist 16, 49
voile *nf* – Segel 140
voir *v* – sehen 110
voisin/e *adj* – Nachbar-, benachbart 79
voisin/e *nm/nf* – Nachbar/in 21
voiture *nf* – Auto 13
voix *nf* – Stimme 17
volet *nm* – Fensterladen 131
vouloir *v* – wollen 75
je voudrais – ich möchte, ich würde gerne 38
À vous! – Sie sind dran! 6
voyage *nm* – Reise 63
voyager *v* – reisen 12
voyageur/-euse *nm/nf* – Reisende/r 74
voyelle *nf* – Vokal 14
vrai/e *adj* – richtig, wahr 8
vraiment – wirklich 114
VTT *nm* **(vélo tout terrain)** – Mountainbike 86

W

W.-C. *nmpl* – WC 135
week-end *nm* – Wochenende 77

Y

y – dort, da, hier 144
yaourt *nm* – Joghurt 55

Z

zone *nf* – Zone, Gebiet 120
zone *nf* **piétonne** – Fußgängerzone 115

Unterrichtssprache Französisch

Sollten Sie einmal Schwierigkeiten haben, die eine oder die andere Anweisung aus dem Lehrbuch richtig zu verstehen, wird Ihnen diese Seite behilflich sein: Nachstehend finden Sie, alphabetisch geordnet, die wichtigsten Wörter aus den Arbeitsanweisungen der Lektionen mit ihren deutschen Entsprechungen.

Des activités ...
Tätigkeiten ...

attribuez qc à qn	weisen Sie etw jm zu
chassez l'intrus	welches Element passt nicht?
cherchez	suchen Sie
classez les mots	ordnen Sie die Wörter ein
comparez	vergleichen Sie
complétez	ergänzen Sie
composez	stellen Sie zusammen
construisez	bilden Sie
continuez	fahren Sie fort
corrigez	korrigieren Sie
décrivez	beschreiben Sie
dessinez	zeichnen Sie
dictez	diktieren Sie
discutez	diskutieren Sie
distinguez	unterscheiden Sie
donnez...	geben Sie ...
la bonne réponse	die richtige Antwort
votre avis	Ihre Meinung
échangez	tauschen Sie ... aus
écoutez	hören Sie
écrivez	schreiben Sie
épelez	buchstabieren Sie
exprimez-vous	äußern Sie sich
faites des commentaires	geben Sie Kommentare
faites des hypothèses	stellen Sie Vermutungen auf
faites correspondre à qc	lassen Sie ... mit etw übereinstimmen
faites parler...	lassen Sie ... sprechen
finissez	beenden Sie
formez des phrases	bilden Sie Sätze
inventez	denken Sie sich ... aus
jouez la scène	spielen Sie die Szene
lisez	lesen Sie
mélangez	(ver)mischen Sie
notez	schreiben Sie auf
observez	betrachten Sie
parlez	sprechen Sie
posez des questions	stellen Sie Fragen
préparez	bereiten Sie vor
rappelez-vous	erinnern Sie sich
réécoutez	hören Sie noch einmal
réfléchissez	überlegen Sie
regardez	betrachten Sie
relevez	schreiben Sie, notieren Sie
reliez les éléments	verbinden Sie die Teile
relisez	lesen Sie noch einmal
remplacez	ersetzen Sie
remplissez	füllen Sie aus
répétez	wiederholen Sie
répondez	antworten Sie
résumez	machen Sie eine Zusammenfassung
simulez	ahmen Sie nach, spielen Sie
soulignez	unterstreichen Sie
transformez	wandeln Sie um
trouvez	finden Sie
utilisez	benutzen Sie
variez	variieren Sie

... et des mots utiles pour la classe
... und nützliche Wörter

à deux	zu zweit
à votre tour	Ihrerseits
À vous!	Sie sind dran!
l'avis *m*	Meinung
la carte	Karte
le changement	(Ver)Änderung
la colonne	Spalte, Kolonne
le commentaire	Kommentar
la compréhension	Verständnis
la conversation	Gespräch, Konversation
le début	Anfang
le dialogue	Dialog
l'élément *m*	Element, Teil
entre parenthèses	in Klammern
l'exemple *m*	Beispiel
la forme correcte	richtige Form
le groupe	Gruppe
l'intrus *m*	Wort, das nicht in die Reihe passt
le jeu	Spiel
le lexique	Wortschatz, Vokabular
le mini débat	kleine Diskussion, Debatte
le mot	Wort
par écrit	schriftlich
le paragraphe	Absatz
la photo	Foto
la phrase	Satz
le portrait	Porträt
la question	Frage
la réponse	Antwort
le rythme	Rhythmus
la scène	die Szene
le schéma	Schema, Plan
la suite	Fortsetzung, Folge
le texte	Text
le voisin, la voisine	Nachbar, Nachbarin
Vrai ou faux?	Richtig oder falsch?

Achevé d'imprimé en Italie par Rotolito
Dépôt Légal: 3730-07/2000 - Collection 44 - Edition 03
Code de reférence: 15.5016.9
EAN: 300201150073.6